# 동아시아의 포스트제국과
# 문화권력

민족, 문화, 국경의 갈등

엮은이
**한림대학교 일본학연구소**

글쓴이
**후쿠마 요시아키** 福間良明, Fukuma Yoshiaki
리쓰메이칸대학 산업사회학부 현대사회학과 교수
**마쓰다 히로코** 松田ヒロ子, Matsuda Hiroko
고베학원대학 현대사회학부 교수
**히라노 가쓰야** 平野克弥, Hirano Katsuya
UCLA 역사학과 조교수
**왕유틴** 王鈺婷, Wang Yu-Ting
국립칭화대학 인문사회학원 대만문학연구소 교수
**신조 이쿠오** 新城郁夫, Shinjo Ikuo
류큐대학 인문사회학부 류큐아시아문화학과 교수
**김동현** 金東炫, Kim Dong-Hyun
경희대학교 글로벌류큐·오키나와연구소 책임연구원, 제주민예총 이사장
**김남은** 金男恩, Kim Nam-Eun
한림대학교 일본학연구소 HK연구교수
**김웅기** 金雄基, Kim Woong-Ki
한림대학교 일본학연구소 HK교수
**김현아** 金炫我, Kim Hyun-Ah
한림대학교 일본학연구소 HK연구교수

한림일본학연구총서2 포스트제국의 문화권력 시리즈 06
**동아시아의 포스트제국과 문화권력** 민족, 문화, 국경의 갈등

**초판인쇄** 2022년 12월 24일 **초판발행** 2022년 12월 31일

**엮은이** 한림대학교 일본학연구소

**펴낸이** 박성모 **펴낸곳** 소명출판 **출판등록** 제1998-000017호

**주소** 서울시 서초구 사임당로14길 15 서광빌딩 2층

**전화** 02-585-7840 **팩스** 02-585-7848

**전자우편** somyungbooks@daum.net **홈페이지** www.somyong.co.kr

값 28,000원

ISBN 979-11-5905-760-1 93910

ⓒ 한림대학교 일본학연구소, 2022

이 책은 2017년도 정부(교육부)의 재원으로 한국연구재단의 지원을 받아 한림대학교 일본학연구소가 수행하는 인문한국플러스지원사업의 일환으로 이루어진 연구임 (2017S1A6A3A01079517)

06

한림일본학연구총서 II
포스트제국의
문화권력시리즈

# 동아시아의
# 포스트제국과
# 문화권력

민족, 문화, 국경의 갈등

한림대학교 일본학연구소 엮음

## THE IMPACT OF
## POST-IMPERIAL JAPAN'S
## CULTURE POWER
## ON EAST ASIA
CONFLICTS
AMONG PEOPLES,
CULTURES,
AND BORDERS

# 서문

한림대학교 일본학연구소는 2008년부터 9년에 걸쳐 '제국일본의 문화권력 — 학지學知와 문화매체'한국연구재단 대학중점연구소지원사업 연구를 수행했다. 이 프로젝트는 일본이 제국을 지향한 19세기 말부터 패전을 맞이한 1945년 전후까지의 시간, 즉 식민자와 피식민자가 비대칭적으로 공존한 '제국일본'이라는 공간에 주목하여 그 시공간에서 형성된 학지와 문화매체를 둘러싼 '문화권력'의 동태와 그 원리를 규명하고자 했다.

이어서 2017년부터는 '포스트제국의 문화권력과 동아시아'한국연구재단 인문한국플러스HK+ 사업, 기초학문 분야라는 아젠다로 제국일본의 문화권력이 제국 해체 이후에 그 공간에 건설된 동아시아의 새로운 국민국가 내부, 즉 '식민지/제국 이후＝후기後期, post제국'의 시공간에 어떻게 수용되고 거부되었는지, 어떠한 변용을 거쳐서 잠재하는지, 또는 어떠한 양상으로 재생산되고 있는지를 밝힘으로써, 제도의 차원을 넘어선 정신의 탈식민지화—탈脫, post제국화의 가능성을 모색하고 있다.

이러한 공동연구 프로젝트 성과는 아래에서 보는 것처럼 '한림일본학연구총서[포스트제국의 문화권력 시리즈]'로 남기고 있다.

01『문화권력 — 제국과 포스트제국의 연속과 비연속』, 소화, 2019.8.
02『문화권력과 버내큘러』, 소화, 2020.6.
03『제국과 포스트제국을 넘어서 — 공유된 기억과 조각난 기억』, 소화, 2020.7.

04 『제국과 국민국가―사람 기억 이동』, 학고방, 2021.4.

05 『제국의 유제―상상의 '동아시아'와 경계와 길항의 '동아시아'』,
소명출판, 2022.4.

본 사업단은 국내외 학술회의를 기반으로 위와 같은 총서를 간행함
으로써 제국의 기억과 욕망이 망각과 은폐를 수반하며 중층적으로 재현
되는 양상을 규명함과 동시에 이에 대한 비판적 인식을 확인했고, 국민
국가의 경계를 넘어서 생산하는 대항적 공간의 개편, 동아시아의 정체성
과 문화권력의 투쟁, 문화권력의 변이와 환류 등을 다루는 대안적 성찰
을 고민하고 있다.

이 책은 '한림 일본학 연구 총서[포스트제국의 문화권력 시리즈]' 여섯 번
째인 06권이며, '포스트제국의 문화권력과 동아시아'라는 아젠다의 핵심
인 동아시아에 있어 제국과 포스트제국의 연속성 혹은 비연속성과 이를
둘러싼 문화권력에 대한 되묻기를 목적으로 한다.

구체적으로는 ①포스트제국의 국민국가 체제하에서 민족, 젠더, 세
대, 계급과 같은 '경계'가 사람의 이동, 기억, 신체, 의식에 영향을 미치고
있다는 점, ②동아시아에서는 포스트제국으로 이행하며 '앎·지식', '매
체·문화', '일상·생활'의 영역에 냉전이라는 긴장과 대립이 고착화되었
고 제국의 질서와 권력이 단절되면서도 의도치 않은 방식으로 재생산되
어왔다는 점, ③텍스트와 더불어 이에 국한되지 않는 목소리 등 다양한
매체를 통한 기억의 계승, 탈제국과 탈국가에 대한 욕망이 도리어 다양
한 모순과 역설, 과잉과 균열, 소거와 망각 등을 가시적/비가시적으로 생

성해왔다는 점, ④ 역설적으로 전후 일본은 내외부의 타자에 대해 제국의 경험과 욕망을 의도적으로 드러내기도 했다는 점에 주목한다.

이 같은 관점에서 다양한 주체의 길항拮抗과 그 경험의 양상을 재고하여 포스트제국 시대에 있어 제국의 문화권력이 어떠한 도전과 위험, 관계성 속에서 재편되는지 고찰함으로써 '앎·지식', '매체·문화', '일상·생활'의 영역에서 탈제국과 탈국가의 가능성을 모색하는 데에 이 책을 간행하는 의의가 있다고 할 수 있겠다.

이 책의 집필자 가운데 후쿠마 요시아키福間良明, 마쓰다 히로코松田ヒロ子, 왕유틴王鈺婷, 신조 이쿠오新城郁夫는 본 사업단이 2022년 1월 21일에 개최한 국제심포지엄 '동아시아의 포스트제국과 권력-갈등하는 사람, 문화 그리고 경계'에서 발표한 내용을 바탕으로 본 총서에 옥고를 기고해 주셨다. 히라노 가쓰야平野克弥는 2021년 2월 26일에 개최한 국제심포지엄 '제국의 지배와 인식, 해체와 갈등-국민국가의 형성과 동아시아'에서 발표한 내용을 대폭 가필·수정하여 옥고를 기고해 주셨다. 히라노 가쓰야의 글은 문화권력의 변경적 존재로서의 선주민 사회가 경험한 재코드화 과정='정착민 식민주의적 번역'에 내재한 비대칭적 관계성과 폭력, 의미세계의 말소를 논하고 있고, 나아가 횡령당한 목소리, 발화의 과잉과 균열, 폭력의 망각과 정당화 등을 다루며 현재와 과거의 구제 가능성에 대해 사유하는바 제1부의 후쿠마 요시아키, 마쓰다 히로코의 글과 논지가 맞닿아 하나의 부로 구성했고, 제2부에서는 대만여성문학과 오키나와문학을 다룬 왕유틴과 신조 이쿠오의 글에 제주문학과 오키나와문학을 통해 지역과 냉전체제의 로컬리티를 재고하는 김동현의 논고를 더함으로써 문학텍스트 읽기를 통해 포스트제국의 문화권력을 통찰하는 역사적 사정射程을 확장시켰다. 여기에 본 사업단 연구진 세 명이 제3부에 글을 수록했다. 각 부의 구성과 간략한 내용은 다음과 같다.

제1부 '이동하는 신체와 언어, 미디어, 기억의 길항'은 제국-포스트제국의 국민국가 체제하에서 인종, 민족, 젠더, 세대, 계급과 같은 '경계'와 이를 둘러싼 권력이 사람의 이동, 기억, 신체, 언어, 의식에 다대한 영향을 미치고 있다는 점을 고찰하는 논고로 구성된다.

제1부의 첫 번째 글 「전후 일본과 전쟁체험론의 변용 - '계승이라는 단절'의 역설」에서 후쿠마 요시아키는 아시아·태평양전쟁기에 정신 형성을 이룬 이른바 전중戰中파 세대의 전쟁체험이 전후 일본의 시공간 속에서 어떻게 수용되고 전유되었는지, 그리고 그 과정에 어떠한 역사적 기억이 계승되고 단절 혹은 풍화되었는지, 그리고 거기에 내재하는 정치 역학에 관해 논의한다. 전전戰前파와 전후戰後파 세대 사이에 끼인 존재로서 일종의 소외감을 느끼는 전중파는 자신감이 결여된 상태에서 탈각하기 위해 전쟁체험을 회고하며 자신들의 아이덴티티를 형성했다는 점을 전중파 세대의 전쟁체험 텍스트를 통해 읽어낸다. 그러나 전중파 세대의 전쟁체험은 편린의 집적으로, 그 틈새에 수많은 침묵이 존재한다는 점에 주의가 요구된다. 또한 전중파의 전쟁체험론은 60년 안보투쟁, 한일기본조약, 베트남 반전운동, 야스쿠니 신사의 국가 호지護持, 오키나와 반환, 대학 분쟁 등 전후 일본의 격랑, 가해와 피해의 담론 속에서 풍화되고 망각되며 전유된 측면이 있다는 점도 지적된다. 특히 후쿠

마는 오늘날의 일본이라는 시점에서 볼 때 그저 기억의 계승만 논의될 뿐 무엇이 어떻게 망각되어 왔는지를 묻는 일이 없고, 기억과 기억을 말하는 체험자가 소비되고 있는 세태에 대해 이의를 제기해야 한다고 말한다. 즉 패전 후 80년에 가까운 세월 동안 남겨진 기억의 계승이라는 욕망을 둘러싼 담론 이면에 자리한 망각이 어떻게 생성되어 왔는지에 대한 성찰의 촉구, 그것이 바로 단절의 전후사와 정면으로 마주하는 일이라는 것이다.

이어서 두 번째 글인 「식민지 의학과 제국주의적 커리어—오키나와현 출신자의 대만으로의 이동과 의학교 진학」은 오키나와와 대만을 중심으로 한 동아시아에 있어 사람의 이동에 관해 천착해온 마쓰다 히로코가 대만 식민지에서 제국주의적 커리어를 쌓은 이들 중에 근로나 노동이 아닌 진학을 목적으로 한 이민자가 있었다는 점에 착안하여 후에 그들이 다시 오키나와로 돌아와 사회 전반에 걸쳐 긴요한 역할을 했다는 역사적 사실을 라이프 히스토리 분석을 통해 밝히고 있다. 마쓰다는 제국 특유의 구조나 제도를 배경으로 하면서 개인의 대응력에 주목하는 '제국주의적 커리어'라는 개념을 원용하여, 국민국가로서의 일본에서 주변화되며 교육적 혜택을 받기 어려운 변방 오키나와 출신 청년들이 어떻게 일본제국 내의 통합과 격차의 구조를 활용하여 식민지 대만으로 이동했고, 또 대만 혹은 오키나와에서 어떠한 네트워크와 기회를 통해 의사로서의 커리어를 형성했는지 정치하게 검토한다. 이를 통해 마쓰다는 패전 후 오키나와의 의료가 식민지로의 이동과 '제국주의적 커리어'를 초석으로 삼아 탄생한 의사들에 의해 발전할 수 있었다는 점도 중요하며, 또 제국 일본에 있어 오키나와의 근대와 정체성이 변방성과 경계성이라는 양면성 속에서 형성되었다는 점을 포착해야 할 필요가 있다고 강조한다.

제1부의 세 번째 글 「정착민 식민주의적 번역─'문명화' 작용과 아이누의 목소리」에서 히라노 가쓰야는 자본주의와 문명화의 외부적 존재인 선주민 사회가 수렵·어로·채집이라는 생활세계에서 경험한 재코드화 과정에 관해 논의한다. 방법론으로서 제시되는 '정착민 식민주의적 번역'에 있어 문제화되는 것은 번역 불가능한 존재the untranslatable로서의 타자를 특정한 보편적 가치체계에 의거하여 압도적인 비대칭적 관계성 속에서 포섭하고 종속시킬 때 발생하는 전유의 폭력성이라고 지적한다. 또 정착민 식민주의는 타자의 의미세계를 말소하는 지배구조였다는 점에 있어, 그것에 의한 번역과 표상은 폭력 작용이 가장 명징하게 드러나는 비대칭적 대립관계를 보여준다는 점에서 논의를 시작한다. 메이지 일본의 홋카이도 개척과 아이누에 대한 강탈 과정, 문명화 담론에 대한 분석, 그리고 이를 통해 자본 축적을 목표로 하는 제국적 주권국가가 선주민으로부터 대지를 수탈하는 탈영토화와 재영토화의 과정을 밝힌다. 나아가 '정착민 식민주의적 번역'이 만들어내는 정치의 네 가지 특징 ①정착민 식민주의적인 지배는 국민국가라는 제도와 그 이데올로기의 창출과 강화를 위한 내재적인 계기로 기능, ②정착민 식민주의적인 수탈과 포섭 과정에서 차이와 동화라는 개념은 상반된 개념이 아닌 상호보완적이고 공범적인 관계에 있다는 점, ③정착민 식민주의적인 수탈과 포섭은 선주민의 완전 소멸이 아닌 선주민의 창조적 활동이 만들어내는 모순, 균열,

마찰, 긴장에 항상 노출되어 있다는 점, ④그런 활동은 유토피아적인 이미지를 통해 선주민들의 고투를 역사의 여백에 새기며, 그들 그리고 현재를 살아가는 이들의 구제를 요구하고 있다는 점에 대해 논한 후에 아이누의 횡령당한 목소리, 발화의 과잉과 균열, 폭력의 망각과 정당화, 비상사태의 정상상태로의 전유 문제 등을 다루며 현재와 과거의 구제 가능성과 책임에 대한 사유의 필요성을 촉구한다.

제2부 '자아와 타자―욕망과 질서의 균열'은 포스트제국으로 이행하는 동아시아에서 생활세계의 제 영역에 냉전이라는 긴장과 대립이 고착화되었고, 제국의 질서와 권력이 단절되면서도 의도치 않은 방식으로 재생산되어온 것의 의미를 소설텍스트 분석을 통해 살펴본다.

왕유틴은 제2부의 첫 번째 글 「민족·계급·성별―셰빙잉謝冰瑩과 린하이인林海音 작품 속 대만 양녀養女에 관하여」에서 1950년대 대만의 여성 작가를 대표하는 셰빙잉과 린하이인의 삶, 그리고 그들의 글쓰기를 통해 재현된 대만 양녀 표상을 고찰함으로써 전후 대만 여성 작가의 글쓰기 전략과 위치를 밝히고 텍스트라는 상징공간을 통해 전후 대만의 민족·계급·성별에 관해 논한다. 셰빙잉에 관해서는 『팥紅豆』이라는 텍스트 분석을 중심으로 논의가 진행되는데, 셰빙잉의 글쓰기는 여성의 관점에서 전통 예절과 규범, 그리고 남성 중심의 문화와 사회적 시선이 여성의 신분에 미치는 영향에 천착했다는 점을 밝힌다. 특히 혁명과 연애, 반공 소설의 전형이라 할 수 있는 『팥』은 당시 외성外省 출신 망명 학생의 모습을 형상화하는 한편 남성과 여성, 본성本省과 외성, 성적省籍 통혼='성적 간 혼인'이라는 대비를 제시하며 당시 대만 사회의 빈부격차와 성적에 대한 편견을 재현한다. 나아가『팥』이라는 텍스트는 대만을 반공 기지로 만들고 국가를 위해 희생해야 한다는 인식을 소환하는 국가의 반공 서사에 응답하는 정치적 소설로서 전후 대만의 초기 사회를 들여다볼 수 있는 일면이 있지만, 성적 연애를 둘러싼 비극의 해소는 한계로 지적된다. 한편 국민정부와 함께 대만으로 이동한 린하이인은 권위주의가 주도하는 문화권력과 친밀한 관계를 이루며 즉자적인 중층적 정체성을 통해 전통과 현대, 대륙과 대만, 부권과 여권 등의 경계를 넘나들며 풀어내는 글쓰기를 한 작가로, 왕유틴은 린하이인이 설정하는 일인칭 시점에 주목한다. 린하이인의 작품은 주로 외성적 지식인을 일인칭 화자로 삼는데, 문제는 종종 화자가 작품세계의 현실을 관조하는, 거리감을 유지한 태도를 취하는 점에 있다는 것이다. 이러한 일인칭 시점 화자에 내재하는 의도성은 린하이인의 소설뿐만 아니라 산문 텍스트에서도 드러나며, 1950년대 담론에서 여전히 대만 고유의 풍습으로 여겨진 양녀 제도와 성적, 계급 문제 등이 전유되는 양상을 담담하게 서술하며 이것이 단순히 양녀를 해방하라는 호소와 구호에만 그칠 것이 아니라 대만의 사회와 도덕이 문제라는 점, 제국 일본의 식민지배가 대만 민족에 대한 노예화 사상과 봉건성의 폐해에 영향을 미쳤다는 점을 가시화했다는 점에 있어 평가되어야 한다고 말한다.

두 번째 글은 신조 이쿠오의 「미군의 오키나와 점령과 오키나와문학 속 '자기' 표상－오시로 다쓰히로大城立裕『칵테일 파티カクテル・パーティー』1967의 균열」이다. 이 글은 오키나와 반환 50주년을 맞이하는 2022년 현재, 오키나와는 여전히, 아니 과거보다 훨씬 더 미국과 일본의 군사 동맹

이 빚어내는 폭력에서 해방되지 못하고 있다는 액추앨리티에서 시작된다. 미군이 오키나와에 끼치는 잠재적 영향력은 일본이라는 국민국가의 적극적인 동의 혹은 정치적인 의도에 의해 가능한 것이고, 이 군사적 식민지주의는 양국을 넘어선 다층적 동맹의 관계망 속에서 형성된다는 점, 미·일을 축으로 하는 군사 동맹의 이음매로써 오키나와는 언제든 전쟁터가 될 수 있으며, 또 미군기지를 떠안고 있는 오키나와의 주민은 언제든 정치적 폭력의 주체가 될 수 있다는 위기의식이 이 글을 촉발시켰다고 할 수 있다. 또한 신조는 미군의 점령정책으로 오키나와인은 일본 본토와의 분리라는 이반의 감정과 아이덴티티를 견고히 구축했고, 이것을 전후 오키나와문학과 매체 등이 미군 점령의 그림자를 비가시화하며 재생산해온 측면이 있다고 지적한다. 이 같은 문제의식을 바탕으로 신조는 오키나와(인)의 아이덴티티 구축이 때로는 미국의 패권과 연동하며 그 구조화를 떠받치는 위험성을 가진다는 점을 문제 삼는데, 이러한 비판적 사고에 있어 중요한 가능성을 보여준 작품이 바로 오시로 다쓰히로의 『칵테일 파티』라는 것이다. 신조는 1967년 아쿠타가와상 수상작이자 전후 오키나와문학을 대표하는 이 소설텍스트에 담긴 동아시아에 있어 일본에서 미국으로 이어지는 식민지 제국주의 구조의 재생산 위험과 군사적 강간폭력의 표상/반표상에 주목하여, 미·일 군사 동맹 구조에 균열을 내어 오키나와(인)의 자기의식을 하나의 물음으로 환원하는 가능성에 대해 논한다. 무엇보다 신조는 이 작품이 군사점령하 오키나와 사회의 법/사회 내부를 유사 주권적인 형태로 다루는 동시에 늘 '법의 타자'로 소외되어 있던 존재가 살아나가는 방식에 하나의 자세를 제시했다는 점을 높이 평가한다.

제2부의 세 번째 글 「제주/오키나와, 냉전의 억압과 문학의 상상력」에서 김동현은 냉전의 시공간을 경유한 제주와 오키나와의 문학적 상상력에 주목한다. 1972년 오키나와 반환을 앞두고 제주와 오키나와에서는 미군 기지 이전 문제가 중요한 이슈로 대두되었는데, 김동현은 여기서 확인할 수 있듯이 미국 주도의 냉전 질서는 지역이 타자를 발견하게 하는 힘으로 작용했다는 점을 포착한다. 지역은 냉전 질서 속에 포섭되면서 군사적 폭력을 외면하거나, 개발담론을 적극적으로 내면화하는 방식으로 냉전체제에 적응해 나갔고, 이러한 움직임 속에서 냉전이 만들어놓은 근대적 사유에 대한 비판적 시각도 나타난다는 것이다. 김동현은 이러한 인식을 현기영, 고시홍, 그리고 메도루마 슌과 오시로 사다토시 등의 작품들에서 확인한다. 나아가 제주와 오키나와는 냉전체제라는 시공간을 거치면서 서울과 제주, 일본 본토와 오키나와라는 중심과 주변을 둘러싼 끊임없는 진폭 속에서 문학을 통한 지역성의 확인과 지속의 가능성을 타진해왔고, 이러한 지역의 경험은 단순히 일국적 차원에 머무는 것이 아니라 국민국가라는 경계를 넘어서는 탈경계의 상상력이 되며, 제주와 오키나와라는 지역이 관통해왔던 냉전 질서는 역설적으로 지역의 근대가 폭력적 방식으로 기억을 억압할 수도 있다는 근대에 대한 근원적 성찰을 가능케 했다는 점을 밝히고 있다.

제3부 '제국과 국민국가를 넘어서'는 냉전기에 있어 전후 일본의 외교 전략을 통한 아시아주의의 변용과 '역무배상'이라는 전쟁배상을 통해 전후 일본이 제국의 경험과 욕망을 가시화하는 양상, 재일조선인에 대한

법적 지위와 처우에 관한 비교 고찰을 통해 국민국가에 잔존하는 제국의 유제를 검토한다.

제3부의 첫 번째 글「전후 일본과 아시아주의의 변용─대미 '협조' 와 '자주' 외교의 길항관계에 대한 재고찰」에서 김남은은 19세기 후반 일본에서 등장한 아시아주의가 다양한 문화를 가진 아시아 국가들을 '서구로부터 억압받는 하나의 아시아'로 묶어내기 위한 이데올로기에 가까웠으며, '탈아脫亞'와 '입아入亞'라고 하는 상호배타적인 경향성을 포괄하는 특징을 가진다는 점에 주목한다. 근대 일본은 '탈아'와 '입아'를 오가며 일본을 포함하지 않는 아시아를 타자로 설정함으로써 역사적·문화적으로 아시아를 무시 혹은 왜곡하면서도, 다른 한편으로는 대륙으로의 팽창 공간으로써 중요시하는 '멸시'와 '연대'를 동시에 분출하는 자기 모순적인 이중의 모습을 보였다는 점을 지적한다. '탈아'와 '입아'에 바탕을 둔 의식 구조는 패전 이후에도 이어졌으며, 그것은 일본의 특수한 패전 형태로 인해 미국에 대한 '협조'와 '자주'의 문제로 드러났고, 한편 냉전기 일본 외교는 미국의 냉전전략 틀 속에서 '자주외교'를 전개할 여지가 극히 제한되어 있었지만, 일본은 동남아시아 지역을 대상으로 경제적 지원과 협력을 제공하면서 이 지역에서 나름의 영향력을 강화시키고자 했다는 것이다. 또한 김남은은 전후 일본이 추진한 대중/대미 노선의 전략과 한계를 제시하며, 전후 일본은 대미 '협조'와 '자주'를 오가며 대미추종외교에 입각한 '탈아'를 추구하면서도, 지리적으로나 경제적으로 아시아를 중요시하는 이중적인 모습을 보여왔고, 이러한 점에서 일본 외교의 대미 '협조'와 '자주'는 모순이 아닌 상호보완적

이며 동일 행위의 표리를 이루는 속성을 지니는 것으로 평가 가능하다고 말한다.

두 번째 글은 김웅기의 「일본의 전쟁배상에 의한 아시아 시장 재진출과 '제국'의 온전」이다. 이 글은 일본이 '제국'을 극복하지 못하는 원인을 논하며, 패전 후 아시아 국가들과의 경제 관계 회복과정이 '제국'이 부활/심화하는 길이었기 때문이라고 말한다. 김웅기는 이 주장을 뒷받침하기 위해 패전국 일본의 대아시아 외교 관계의 시작이 된 전쟁배상 교섭과 합의 내용 그리고 추진과정을 검토한다. 우선, 제2차 세계대전 전후처리의 실패와 냉전체제 그리고 국공내전이나 한국전쟁과 같은 '열전' 등이 조성한 외적 여건이 일본에 대해서 '과도'한 전쟁배상을 요구하지 못하도록 하는 요소로 작용했으며 이것이 반영되었던 것이 샌프란시스코강화조약이었다고 지적한다. 연합국들은 이 조약으로 대일배상청구를 포기했으며, 후에 한국에게 타협을 요구했던 것과 마찬가지로 미국은 반공체제 구축을 위해 필리핀, 인도네시아 등 아시아의 교전국들에게 배상을 포기하도록 압력을 가했다는 역사적 사실을 환기한다. 그러나 이들 국가의 반일감정이 거셌기 때문에 배상 포기를 이끌어내는 데는 이르지 못했다. 대신 샌프란시스코강화조약에 반영되었던 것이 일본과 피해국 간의 양국 간 교섭방식과 역무배상이라는 배상방식이었다는 것이다. 특히 필리핀과 인도네시아가 벌인 일본과의 양국 간 협상은 한일 간의 청구권협정보다 10년 먼저 체결되었고 한일 간 협상에서 결정된 내용과 흡사하다는 점을 포착하고 있다. 이는 일본의 대아시아 전략을 이해하는 데 많은 시사를 준다. 한편, 전후 일본은 제국의 경험이 가져다준 매우 유리한 위치에서 교섭을 할 수 있었고 이를 통해 인도네시아와 필리핀 등 아시아 국가에 대해 압도적 교섭력을 발휘하며 주도권을 잡을 수 있었다는 점을 지적했다. 특히 '역무배상'을 통해 일본은 커다란 이익을 실현하고 '제국'을 온전 내지 심화했다고 논한다. 김웅기는 이 '역무배상'의 특징으로 ①피해국이 원하는 사업을 발주할 수 있는 것은 사실이었지만 수주 자격이 있는 것이 오로지 일본 기업이었다는 점, ②피해국의 독자적 구상으로 사업을 발주했다기보다 일본제국 시기에 구상된 사업을 상당 부분 그대로 발주할 수밖에 없었던 점, ③피해국이 일본으로부터 현금을 공여받은 것이 아니라 오로지 발주권만 있었고, 일본 정부가 사업을 수주한 일본 기업에 대해서 외화에 상당하는 엔화를 지급했기 때문에 실제로는 외화 지출 부담이 없었다는 점, ④10년이 넘는 장기에 걸친 공여 기간이 설정됨에 따라 일본 측 재정부담이 최소화되었다는 점, ⑤사업이 발전소, 다목적댐 등 인프라개발사업으로 치우친 탓에 배상 이행이 종료된 후에도 일본 제품에 대한 지속적 수요를 유발하여 경제적 종속구조를 형성케 했다는 점 등을 든다. 패전국 일본은 이러한 '역무배상'을 통해 '제국' 시대에 무력으로 쟁취하려 했던 아시아 시장을 역설적이지만 패전 이후에 얻게 되었고, 이때 형성된 수직적 경제 관계가 '제국' 시기의 것 그대로 온전히 존속되었다는 점에서 연속성을 지니고 있으며, 이 같은 일본과 아시아 국가 간의 구도가 그대로 답습된 마지막 사례가 한일교섭 및 청구권사업이었다고 결론을 맺는다.

제3부의 세 번째 장인 「해외의 정주외국인 정책으로 본 포스트제국 일본－『계간삼천리』의 재일조선인 법적지위 관련 기사를 중심으로」에

서 김현아는 우선 단일민족이자 민족 동일성을 강조하는 일본인에 물음을 던지고 그 이유가 천황 지배를 정당화하는 가족국가관과 그 국체 사상에 있다며 논의를 시작한다. 특히 이것이 패전 후 일본국헌법이 제정되며 퇴색한 듯 보이나 여전히 전후 일본 사회에 잠재태로서 존재한다는 점에 주의를 촉구한다. 이러한 문제의식에서 출발하는 김현아는 다민족·다종족으로 구성된 이질성과 다양성이 공존하는 구미 사회를 비교항으로 삼아 이민족에 대한 일본의 외국인 정책, 특히 재일조선인의 사회적 환경과 지위를 검토한다. 구체적으로는 미국의 경우 영주권자는 외국인이라기보다 국민의 일원으로 인식되었고, 미국 사회는 아시아계 소수민족 정주외국인에게 차별과 편견 없이 자유롭게 교육받고 직업을 선택하여 경제활동을 하도록 함으로써 사회경제적 지위를 보장하고 있었으며, 영국의 경우는 정주외국인을 사회의 주민으로서 권리를 보장하고 일반 외국인처럼 법적으로 관리해야 하는 대상으로 보지 않았다는 점이 제시된다. 한편 영국 정부의 교육정책에는 인종차별주의에 반대하는 다문화교육과 문화간교육을 실시하는 교육과정을 편성하여 인종 간의 우호와 공존을 지속발전시켜나가는 노력을 하고 있었지만, 이와 달리 일본의 경우는 일본 국민 이외는 모두 외국인으로 간주하기 때문에 정주외국인으로 취급받는 재일조선인도 엄격하게 법적 규제를 받고 있다는 사실이 지적된다. 특히 재일조선인은 직업선택에 제약을 받아 귀화하지 않으면 일본 정부의 인허가가 필요한 공공기관에 취직할 수가 없었는데, 이러한 배경에는 단일민족국가라는 전전의 동화정책이 전후의 일본 사회에 여전히 자리하고 있는 점에 있다는 것이다. 김현아는 이러한 논의를 통해 재일조선인이 일본의 식민지배 과정에서 파생된 존재임을 간과해서는 안 되고, 따라서 재일조선인에 대한 일본 사회의 배제와 차별, 법적 지위는 역사적으로 정주하게 된 근본 원인에서부터 새로 논의가 시작되어야 함을 주장한다.

이상 총 아홉 편의 글은 논자가 각각의 '지금 여기'에서 제국과 제국의 유제란 도대체 무엇이며, 그 자장 속의 문화권력은 사람들에게 어떠한 갈등을 낳고 어떠한 경계를 창출 혹은 소거했는지 탐구하고 있다. 물론 이 아홉 편의 논의가 정합성을 갖춘 하나의 논리를 갖추고 있는 것은 아니다. 그러나 폭력·차별·억압·자본·민족·계급·세대·젠더 등의 문제가 '앎·지식', '매체·문화', '일상·생활'의 영역에서 복잡다단하게 뒤엉켜 있음을 보여준다는 점에서 중요한 시사점을 제공한다. 타자의 신체를 선별, 통제, 감시하는 위계적 문화권력은 그 부당함을 정당화 혹은 법제화하며 지배를 합리화했고, 그 인식은 제국 이후 즉 포스트제국 동아시아를 살아가고 있는 사람들의 문화에 뿌리 깊이 자리하며 국민국가의 경계를 넘어 재현되고 있음을 각 필자의 논의를 통해 엿볼 수 있다.

2022년 2월 24일, 블라디미르 푸틴 대통령의 특별군사작전 개시 명령으로 시작된 러시아의 우크라이나 침공, 2022년 1월 윤석열 대선 후보의 대북 선제타격 발언과 2022년 11월 북한의 미사일 도발 등 '제국주의적 욕망'이 현현하는 신냉전의 도래를 목도하고 있는 '지금 여기' 한국의 자장에서 본 사업단은 공동연구 프로젝트를 통한 인문학적 성찰을 토대로 '동아시아의 화해와 협조, 공존'을 위한 길을 모색할 것이다. 위계적

역사관에서 벗어난 탈중심적 역사 인식을 가지고 이 문제를 고민하는 데
있어 이 책이 자그마한 디딤돌이 되길 기대한다.

마지막으로 이 한 권의 총서가 나오기까지 많은 도움을 주신 소명출
판 노예진 편집담당자님과 본 연구소 조수일 HK교수에게 깊은 감사의
마음을 전합니다.

2022년 11월

한림대학교 일본학연구소 HK+ 사업단장 서정완

# 차례

# 제3부 제국과 국민국가를 넘어서

제1부

# 이동하는 신체와 언어, 미디어, 기억의 길항

# 전후 일본과 전쟁체험론의 변용

## '계승이라는 단절'의 역설

**후쿠마 요시아키**

"전쟁의 기억을 계속 전해야 한다." 아시아·태평양전쟁이 끝난 지 80년 가까이 지났지만 여전히 매년 여름이 되면 일본의 매스미디어에서는 이 문구가 반복된다. 하지만 '전후戰後' 일본의 시공간에서 당사자의 체험이나 기억이 80년간 일관되게 '계속 전해야' 하는 것으로 간주되어 왔는가 하면 반드시 그러한 것은 아니었다. 1964년에 행해진 '일본전몰학생기념회'와다쓰미회[わだつみ会]: 전후의 주요 반전운동 단체 중 하나의 좌담회 중, 한 전후파 세대戰後派 : 전후에 정신형성을 이룬 세대 참석자는 이렇게 말한다. "전중파戰中派 중에는 전후 여러 과정에서 소외되어 전쟁체험에 스스로를 가두고 우리와 소통할 통로가 없는 곳에 들어가 버린 사람이 있지 않은가."[1] 여기서 가장 많이 전장에 동원된 전중파 세대戰中派 : 전쟁기에 정신형성을 이루고, 종전 때 20세 전후였던 세대의 체험 이야기에 대한 명백한 거부감을 느낄 수 있다.

---

1    座談会「わだつみ会の今日と明日」, 『わだつみのこえ』第20号, 1964.

그렇다면 전후 일본에서 전쟁체험, 특히 전중파 세대의 그것은 어떻게 이야기되고 어떻게 받아들여졌는가. 거기에는 무엇이 '계승'되고 무엇이 '단절' 혹은 '풍화'되었는가. 그 뒤에는 어떠한 사회적 역학이 얽혀 있었는가. 이 글에서는 전중파 지식인의 전쟁체험론과 그 수용의 변용 과정을 추적해 전후 일본의 '계승'과 '단절'의 정치를 읽어내고자 한다.[2]


## 1. 전쟁체험에 대한 고집

### 1) '전중파' 세대의 성립

1949년 『들어라 와다쓰미의 소리를きけわだつみのこえ』이라는 제목의 유

---

2   전후 일본의 전쟁체험론의 변용에 대해서는 졸저 『'전쟁체험'의 전후사(「戦争体験」の 戦後史)』(中公新書, 2009)나 졸저 『초토의 기억 － 오키나와 · 히로시마 · 나가사키에 비치는 전후(焦土の記憶－沖縄 · 広島 · 長崎に映る戦後)』(新曜社, 2011)에서 검토하고 있다. 또 전중파 세대의 전쟁체험론과 그것을 둘러싼 논쟁에 주목하면서 '계승이라는 단절'이 만들어지는 양상을 논한 것으로서는 졸고 「'전중파'와 그 시대 － 단절과 계승의 역설(『戦中派』とその時代－断絶と継承の逆説)」(福間良明編, 『シリーズ戦争と社会 4  言説 · 表象の磁場』, 岩波書店, 2022)이 있다. 전후 일본의 미디어 문화에 있어 '계승'의 욕망이 망각을 만들어 온 양상에 대해서는 졸저 『전후 일본, 기억의 역학(戦後日本、記憶の力学)』(作品社, 2020)에서 논하고 있다. 이 글은 졸고 「'전중파'와 그 시대」를 대폭적으로 가필 · 수정하고, 졸저 『전후 일본, 기억의 역학』의 논점도 섞으면서 '전후 일본에 있어서의 전쟁체험론이나 가해책임론이 어떻게 만들어지며 받아들여졌는가', '오늘날 일본에서 무엇이 어떻게 간과되고 있는지'에 주목하여 '계승'이 만들어내는 '단절'과 '풍화'에 대해 논한다. 기타, 전후 일본의 전쟁관 변용이나 말단 병사들의 기억 · 담론의 변용에 대해서는 요시다 유타카(吉田裕)의 『일본인의 전쟁관(日本人の戦争観)』(岩波現代文庫, 2005) · 『병사들의 전후사(兵士たちの戦後史)』(岩波現代文庫, 2020), 나리타 류이치(成田龍一)의 『증보 '전쟁경험'의 전후사(増補「戦争経験」の戦後史)』(岩波現代文庫, 2020)등이 있다.

고집이 도쿄대 협동조합東大共同組合 출판부에서 간행되었다. 고등교육기

관대학·구제고등학교[旧制高等学校]·구제전문학교[旧制専門学校] 등 졸업 후 혹은 재학 중

에 출정하여 전몰한 학도병 75명의 수기를 모은 것이다. 이 책은 나중에

이와나미岩波문고 시대를 넘어 읽어야 할 고금동서의 '고전'을 모은 총서

에 수록되는 등 전후 일본에서 널리 읽혀온 유고집이다.

다만 이 유고집은 어디까지나 매우 한정된 학력 엘리트의 손에 의한

것이었다. 전쟁 전 시기 고등교육 진학률은 세대 인구의 3% 정도밖에 되

지 않는다. 그럼에도 불구하고 이 책은 베스트셀러가 되어 연간 매출 4위<sub>1950</sub>

1950를 기록했다. 군 복무를 위해 학문을 포기해야 했던 번민과 군대·전

쟁 수행에 대한 위화감이 전체 기조를 이루고 있는데, 이는 전쟁에 떠밀

려 나가거나 혹은 육친을 잃은 비애를 사람들에게 상기시켜주었다. 이듬

해에는 이를 원작으로 한 영화 〈들어라, 와다쓰미의 소리를きけ、わだつみの声〉

이 제작되었다. '총명한 반전 지향의 학도병'과 '극악무도한 직업군인'의

이항 대립 도식을 바탕으로 한 이 영화는 유고집과 함께 공전의 히트를

기록했고, 제작·배급을 담당한 도요코東横영화현 도에이[東映]는 경영위기에

서 벗어날 수 있었다.

1952년에는 특공대원들의 유고집 『구름 흘러간 끝에雲ながるる果てに』

가 간행되었다. 이 유고집은 '주간 베스트 셀러'일반용 서적 6위에 오를 정도

로 매출 호조를 보였다.[3] 1953년에는 이에키 미요지家城巳代治 감독에 의

해 영화화되기도 했다. 이것은 소규모 독립 프로덕션에 의한 작품이었기

---

3    『読売新聞』, 1952.7.13.

때문에 대기업 영화사만큼 관객을 모을 수는 없었지만, 독립 프로덕션의 작품으로는 예외적으로 6,900만 엔의 배급 수입을 기록했다.[4]

다만 『들어라 와다쓰미의 소리를』이나 『구름 흘러간 끝에』가 히트했다 해도 이를 통해 전중파라는 세대 구분이 가시화된 것은 아니다. 이들은 모두 종전 시점에 20세 전후 전몰자들의 수기와 유고를 모은 것이지만, 그 세대적인 범주가 사회적으로 인식되기 시작한 것은 1950년대 후반 이후였다. 『중앙공론中央公論』1956.3월호에는 좌담회 「전중파는 호소한다 戰中派は訴える」가 게재되었고, 다음 달 호에는 무라카미 효에村上兵衛의 「전중파는 이렇게 생각한다戰中派はこう考える」가 발표되었다.

다이쇼大正 말기1920년대 초중반에 출생한 전중파 세대의 소학교 시절은 만주사변1931, 5・15 사건1932, 천황 기관설 배격 사건1935, 2・26사건1936과 겹쳐진다. 구제 중학・고등학교・대학 시절은 중일전쟁1937~45과 태평양전쟁1941~45이 발발하여 총동원 체제의 시대였다. 필연적으로 다이쇼 데모크라시 시기에 청춘을 보낸 윗세대에 비하면, 자유주의적인 교양문화를 접하는 것은 어려웠고 국가주의에 둘러싸인 사춘기와 청춘을 보낼 수밖에 없었다.

한편, 전쟁터에 동원되지 않은 1930년대 태생의 세대는 소년기에 전시에서 전후로의 가치전환을 경험했으며 청춘기에는 데모크라시와 자유주의, 공산주의를 접할 수 있었다. 마침 그때 이러한 전후가 되어 정신 형성을 완수한 전후파 세대가 문단에 대두하던 시기가 1950년대 중반이

---

4    『雲ながるる果てに』(유고집・영화)의 수용 동향이나 편집, 감독의 의도에 대한 세부적인 내용은 졸저 『순국과 반역(殉国と反逆)』(靑弓社, 2007)을 참조하기 바란다.

었다. 작가 이시하라 신타로石原慎太郎, 1932년생와 오에 겐자부로大江健三郎, 1935
년생는 그 세대의 대표적인 문화인이었다.

그런 가운데 전중파 세대는 전후 세대로부터의 소외감을 안고, 스스
로 '자신감 없음'을 느끼고 있었다. 1923년생으로 전쟁기에 근로동원에
끌려갔던 엔도 슈사쿠遠藤周作는 앞의 좌담회 「전중파는 호소한다」에서
"우리의 경우, 일상에서 제일 근간이 되는 기술적인 공부가 불충분한 결
과가 전전파와 슬슬 자라난 전후파 사이에 끼어서 뚜렷하게 드러나는 것
같다"라고 말했다.[5] 전후 세대에 비해 '교양'과 '자신'이 부족하다는 자각
에서부터 '전중파'라는 세대의 정체성이 만들어진 것이다.

### 2) 체험에 대한 고집과 말하기 어려움

'자신감 부족'은 그들의 전쟁체험을 되돌아보는 것으로도 이어졌
다. 조치대학上智大学 재학 중에 학도 출진으로 징병되어, 옥음방송의 날
1945.8.15에 한반도 국경 지역에서 소련군과의 격전을 경험한 평론가 야스
다 다케시安田武는 전중파 세대의 심성을 다음과 같이 말한다.

  [전중파의] 구도적求道的인 자세와 과잉 성실주의에 대해서는 이미 다뤘
  다. 살아남은 전중세대는 '전후'에서 그 성실주의를 심판해야 했다. 성실주의
  이기 때문에 전쟁 협력, 자기의 운명에 충실하고 성실하게 응하려 한 자세 자
  체를 심판해야 했다. 아니, 스스로 재판해야 했다. 게다가 많은 동세대의 부재

---

5   座談会「戦中派は訴える」, 『中央公論』, 1956.3月号, p.157.

와 공백. 그들은 어리석고 침묵했다. 피로감과 공범의식이 살아남은 전중세대를 조금 니힐하게 만들었다.[6]

비록 학도 출진이 강제된 것이었다고 해도 전쟁에 가담/협력한 과거는 자책과 치욕을 불러일으켰다.

한편, 그들은 군대 안에서 처참한 폭력에 노출된 경험도 갖고 있었다. 야스다는 저서 『전쟁체험戦争体験』1963에서, "[병영 중 상관에게] 괴롭힘을 당하고 들볶여지고, '폐하'의 총대로 맞고, 말똥을 먹고, 징이 달린 편상화로 때려눕혀지고, 피를 흘리고, 이가 부러지고, 귀가 멀고, 발광하고, 자살한 동포"[7]를 언급하고 있는데 그것은 야스다 자신의 체험과 큰 차이가 없었다.

당연히 군대의 폭력과 조직 병리에 대한 증오에는 뿌리 깊은 것이 있었다. 야스다는 일본군의 병리를 다음과 같이 적고 있다.

한창 공부할 시기에 군대라는 '실제 사회'에 갑자기 쏟아져 나온 내가 내무반이라는 '죽음의 집'에서 본 것은 원숭이처럼 외설적이고 빤질거리고 참혹할 정도로 비인간적인 사람들의 집단이었다. 예를 들어 난징 사건이라는 것이 있었기 때문에 일본 병사가 잔학하다는 것이 아니다. 그것은 병영과 내무반 내의 매일 반복되는 시간 속에서 날마다 그러했던 것이다.[8]

---

6    安田武, 『人間の再建』, 筑摩書房, 1969, p.62.

7    安田武, 『戦争体験』, 未来社, 1963, p.163.

8    Ibid., p.158.

군대 조직의 병리와 폭력에 대한 분노, 그 한편 전쟁에 협력할 수밖에 없었던 것에 대한 자책과 치욕. 전중파 세대는 전쟁체험을 기억하는 가운데, 이러한 복잡한 감정에 사로잡혀 있었다.

이것은 전쟁체험의 말하기 어려움으로 이어졌다. 야스다 다케시는 『전쟁체험』에서 체험을 말할 때의 답답함을 다음과 같이 서술한다. "전쟁체험은 오랫동안 강력하게 우리에게 판단과 고백의 정지를 강요했을 정도로 비정상적이고 압도적이었기 때문에 나는 그 체험의 정리, 즉 모든 것이 추상화되고 일반화되는, 부당한 일반화만을 우려해 왔다. 아무래도 수긍하기 어려운 부분, 그 부분의 무게에 계속 압도되어 왔다."[9]

전쟁체험은 '추상화', '일반화'할 수 있는 것이 아니었다. 그것은 어디까지나 단편적인 것의 집적이며, 단일한 의미나 이야기로 회수하기는 어려웠다. 전쟁체험은 당사자마다 각기 다른, 다양한 양상을 보일 뿐 아니라 각각의 체험자에게 있어서도 자기 체험을 깔끔하게 '정리'하는 것은 불가능했다. 야스다는 전쟁체험의 이러한 측면에 천착하여 '그 부분의 무게'와 '답답한 침묵'에 정면으로 마주하고자 했던 것이다.

### 3) '체험'과 '반전' 사이의 어긋남

전중파의 전쟁체험론에는 60년 안보투쟁과의 갈등도 보였다. 미일안보조약 개성 저지를 복표로 한 60년 안보투쟁은 전후 최대의 시민운동이며, 이것이 정점에 다다랐을 때는 전국에서 620만 명이 다 같이 행동

---

9    Ibid., p.92.

했다. 기시 노부스케岸信介 총리의 강한 정치 수법에 대한 반감 외에도, 기시가 개전 시 각료를 맡아 A급 전범 혐의로 구속된 과거가 있었던 것, 또 조약 개정으로 인해 일본이 다시 전쟁에 휘말릴 우려가 있었던 것이 그 배경에 있었다. 당연히 안보투쟁은 종종 이전의 전쟁체험과 연결되어 논의되었다.

하지만 야스다 다케시 등은 전쟁체험을 정치운동에 연결시키는 사고에 대해 위화감을 가지고 있었다. 야스다에게 전쟁체험은 '반전·평화를 위한 직접적인 "행동"'을 위해 이용되어야 하는 것이 아니었다. 그러한 행위는 전쟁체험의 극히 일부를 꺼내 정치적인 운동이나 이데올로기의 도구로서 유용하는 것과 다름이 없고, 나아가 복잡하고 말하기 어려운 체험의 전모로부터 눈을 돌리는 것과 같았다. 60년 안보투쟁이 고양되는 가운데, 운동에 편리하게 전쟁체험을 이용하는 움직임이 퍼지는 것을 야스다는 우려하고 있었다.[10]

그것은 체험과 사상을 '유효성'이라는 척도로 측정하는 것에 대한 반감으로 이어졌다. 레이테만 해전에서 격침된 전함 무사시武蔵에 승선하고 있던 와타나베 기요시渡辺清는 1967년의 한 좌담회에서 "전후파의 젊은 사람들은 사상을 언제나 무언가의 유효성의 측면에서 측정하려고 합니다. 저는 그 점이 늘 마음에 걸립니다. 그것은 나의 전쟁체험에서 오는 사상의 공허함 같은 것이 아닐까 생각합니다. 유효성으로 측정하려고 하면 의외로 부서지기 쉬운 것이 아닐까 생각하거든요"[11]라고 말한 바 있

---

10    Ibid., p.137.
11    座談会「戦記物ブームを考える」,『わだつみのこえ』第39号, 1967, p.37.

다. 운동을 위한 '유효성'의 관점에서만 전쟁체험을 읽어내려고 하는 것은 분명 체험 자체를 편리하게 이용하는 것과 다름없었다.

### 4) 젊은 세대의 반발과 '현대의 입장'

이러한 전중파의 논의에 대해 전후파나 전무파戰無派 : 종전 후에 출생한 세대라 불리는 젊은 세대는 강한 반감을 가졌다. 1966년의 일본전몰학생기념회 심포지엄에서 한 대학생은 "우리에게 있어 전후 체험과 단절된 형태로 전쟁체험이 나오는 한, 언제까지나 불가해한 것으로 머무를 수밖에 없다고 생각합니다. 현실에 일어나고 있는 다양한 문제, 예를 들면 한일 문제, 그러한 문제에 맞춰 전쟁체험을 말해야 하지 않을까 생각합니다"[12]라고 발언했다.

1960년대는 60년 안보투쟁을 시작으로 한일기본조약문제, 베트남 반전운동, 오키나와 반환 문제, 대학분쟁 등 정치적인 운동이 고조를 보였다. 그리고 이러한 운동을 주로 맡은 것이 젊은 세대였다. 그들의 입장에서 보면 전쟁체험을 운동이나 이데올로기와 연결시키는 것을 거부하는 전중파의 자세는 그들의 활동을 부인하는 것처럼 비칠 수밖에 없었다.

이러한 흐름 속에서 젊은 세대가 자주 강조한 것이 '현재'의 관점에서 과거의 체험을 포착하는 것에 대한 필요성이었다. 1935년생 불문학자 다카하시 다케토모高橋武智는 1965년의 글에서 "현재와 절연하여 전쟁체험에만 몰입해 나가자"라는 태도는 "체험 자체가 풍화해 변질해 버리

---

12 「第七回シンポジウム記録」, 『わだつみのこえ』第36号, 1966, p.3.

는" 상황을 초래하며, "어디까지나 현대의 입장에 서서 때때로 시시각각 과거를 파악하는 것에 의해서만(바로 이것이 체험을 의식화한다는 것이다), 체험은 끊임없이 되살아나고 새로운 가치를 부여받는다"라고 말했다.[13] 다카하시는 베트남 반전운동에 깊게 관여했고 이후 탈주 미국병사의 국외 망명을 지원했다. 다카하시에게 있어 전쟁체험은 어디까지나 '현대의 입장'에서 시시각각 읽어야 할 그것이었다.

### 5) 야스쿠니靖国를 거부하는 망자들

다만 전쟁체험에 고집하는 전중파의 논의는 반전운동의 이데올로기 뿐만 아니라 '죽은 자의 현창顯彰'에 대한 비판으로도 이어졌다. 야스쿠니 신사의 국가 호지護持 문제에 대한 야스다 등의 논의에는 그것이 여실히 드러난다.

자민당은 일본유족회 등의 입김 속에 1969년부터 73년까지 다섯 번에 걸쳐 국회에 야스쿠니 신사 법안을 제출했다. 정교분리 규정에 대한 저촉과 국가 신도의 부활, 전쟁 찬양으로 이어질 우려로 인해 결과적으로 법안이 성립되지는 못했지만, 이 움직임은 격렬한 논쟁을 일으켰고 일본 국내의 혼란은 이분화되었다.

야스다 다케시는 야스쿠니의 국가 호지에 비판적이었다. 하지만 그 근거는 신교의 자유나 정교분리에 있었던 것은 아니다. 오히려 망자의 심정을 생각한 끝에 국가 호지 비판이나 야스쿠니 비판으로 이어진 것이

---

13   高橋武智, 「総会への覚書」, 『わだつみのこえ』第27号, 1965, p.10.

다. 야스다는 「야스쿠니 신사에 대한 나의 기분靖国神社への私の気持」1968이라는 글의 말미에 다음과 같이 적고 있다.

> 마지막으로 한 가지 유족분들께 여쭤보고 싶은 것이 있다. 전몰자들은 '전사하면 야스쿠니의 신'이 되는 것을 진정 믿으며, 그것을 진정 명예롭게 생각하고 있었을까. 나에게는 야스쿠니 신사에 합사되는 것을 철저히 거부하고 있는 전몰자의 목소리가 들려와 견딜 수 없는데……[14]

앞서 언급한 바와 같이 야스다는 상관이나 고참 병사에게 "괴롭힘을 당하고 들볶여지고, '폐하'의 총대로 맞고, 말똥을 먹고, 징이 달린 편상화로 때려눕혀지고, 피를 흘리고, 이가 부러지고, 귀가 멀고, 발광하고, 자살한 동포"와 거의 비슷한 경험을 갖고 있었다. 그만큼 야스다에게 '야스쿠니의 신'으로 망자를 떠받드는 것은 그들의 분노를 가리는 행위에 불과했다.

1922년생 하시카와 분조橋川文三도 국가에 의한 현창을 거부할 망자의 심정에 대해 말한 바 있다. 하시카와는 「야스쿠니 사상의 성립과 변용靖国思想の成立と変容」1974에서 다음과 같이 밝히고 있다.

> 야스쿠니를 국가에서 호지하는 것은 국민 총체의 심리라는 논법에는 종종 죽음에 직면했을 때의 개별 전사자의 심정과 심리에 대한 배려가 부족하고, 생자의 사정에 맞춰 망자의 영혼과 그 모습을 마음대로 묘사해 규정해 버

---

14  安田武, 「靖国神社への私の気持」, 『現代の眼』, 1968.2月号, p.199.

리는 정치의 오만함을 볼 수 있습니다. 역사 속에서 망자의 모든 고민과 회의는 단절되고 봉인되어 버립니다.[15]

여기에는 망자의 유념에 다가가는 것의 연장선에서 야스쿠니 국가 호지에 대한 위화감이 담겨 있다. 망자를 현창하는 것이 망자의 고민과 회의를 꺾어 버린다. 그것은 원념에 뿌리를 내린 망자의 비판으로부터 눈을 돌리는 것일 뿐이었다. 하시카와는 이러한 문제성을 국가 호지 운동 속에서 보고 있었던 것이다.

하시카와와 야스다의 문제의식은 '다른 사람의 죽음으로부터 깊은 감명을 얻는다'는 경계감에서 기인하고 있었다. 야스다 다케시는 「산 자의 오만한 퇴폐生者の傲岸な頹廢」1962라는 제목의 글에서 이렇게 적고 있다.

전몰자와 희생자의 유서나 수기 간행은 적지 않은 수에 달했지만, 이들은 많든 적든 편집자들의 성급한 정치적 의도에 착색되고, 독자들의 성급한 정치적 해석에 착색되어, 망자와 그 망자의 주위에 남겨진 이들의 깊은 한탄은 한 사람 한 사람의 한탄 속에 멈춘 그대로이다. 이 미발의 한탄을 부상시켜 분노로 바꾸고 평화로 조직하는 유일한 길은 망자의 죽음 그 자체를 추궁하는 것, 우선 거기서부터 시작되어야 한다고 생각한다. (…중략…) 시라토리 구니오白鳥邦夫 : 전 학도병으로 도호쿠[東北] 지방의 서클 잡지 『산맥(山脈)』의 주최자는 "'다른 사람의 죽음으로부터 깊은 감명을 받는' 것은 산 자의 오만한 퇴폐"라고 썼

---

15    橋川文三, 「靖国思想の成立と変容」, 『中央公論』, 1974.10月号, pp.236~238.

다. 나는 이 시라토리의 말에 깊이 공감한다.[16]

'반전'이라는 말이든 '현창'이라는 말이든 야스다 등에게 있어 망자에게 감명을 받는 것은 고민과 회의라는, 망자의 죽기 직전 심정으로부터 눈을 돌리고, 전후를 사는 사람에게 형편 좋은, 망자의 표상을 만들어내는 것에 불과했다. 전중파들의 논의 속에는 감명이라는 이름의 욕망을 거부하면서 망자의 자책과 회개, 분노에 마주고자 하는 지향이 떠오르고 있었다.

## 2. '단절'의 풍화와 망각

### 1) '피해자 의식 비판'

하지만 이런 전중파의 논의는 젊은 세대의 공감을 얻지 못했다. 야스다 다케시는 『전쟁체험』1963에서 "계승하고 싶지 않다고 생각하는 사람에게, 어떻게든 전승해야 한다고 분발하게 하는 사명감과 나 자신의 마음은 아주 멀리 떨어져 있다"라고 했는데, 이에 대해 다카하시 다케토모高橋武智는 "전승할 생각이 없는 사람의 전쟁체험은 내가 돌려주고 싶다. 받을 생각은 없다"라고 반박했다.[17] 1969년 5월 20일에는 리쓰메이칸立命館대학에 있던 와다쓰미조각상이 전공투계의 학생들에 의해 파괴되었다. 이

---

16    安田武, 『戦争体験』, 1963, pp.141~142.

17    「第6回シンポジウム報告ー戦後20年と平和の立場」, 『わだつうみのこえ』第30号, 1965, p.41.

것은 전중파와 아래 세대의 격렬한 갈등을 이야기하는 사건이었다.[18]

이런 가운데 젊은 세대가 전중파에게 들이민 것이 '피해자 의식 비판'이었다. 한 대학생은 1964년의 좌담회 「와다쓰미회의 오늘과 내일わだつみ会の今日と明日」에서 야스다 다케시의 논의를 염두에 두면서 "와다쓰미회의 밑바탕에는 피해자 의식이라는 것이 있다고 생각하는데, 전쟁체험을 피해자 의식만으로 받아들이는 것에 깊은 의문이 있습니다"[19]라고 말했다. 다카하시 다케토모 역시 1965년의 심포지엄에서 "역시 한마디로 말하면 피해자 의식에 사로잡혀 말로는 아무것도 할 수 없는 것이 아닐까"[20]라고 말하고 있다.

이는 한편으로는 전후파와 전무파가 전중파에 대해 우위에 서기 위한 논리이기도 했다. 전쟁체험이 없는 젊은 세대는 필연적으로 체험을 가진 전중파에 대해 열위에 놓이는 경향이 있었다. 하지만 반대로 말하면 젊은 세대는 군대나 전쟁터에서 폭력을 휘두른 경험도 없고 직접적인 가해 책임 및 전쟁책임이 없었다. 그에 비해 군 복무 경험을 가진 전중파는 군대나 전쟁터에서 직접적 폭력을 휘둘렀는지에 대한 여부는 차치하더라도 구 일본군의 일원이었다. 즉, 전중파에 비해 젊은 세대에게는 폭력이라는 오점이 없다는 것을 의미했다. '피해자 의식'을 비판하고 가해책임을 묻는 것은 전중파와 젊은 세대의 계층구조를 반전시키는 일이기도 했다.

이 논쟁의 이면에는 베트남전쟁의 영향도 있었다. 1965년 미군이 북

---

18  와다쓰미조각상파괴사건에 관한 상세와 그 배후에 있는 '교양주의의 몰락'에 대해서는 졸저 『戦争体験」の戦後史』(中公新書, 2009)를 참조 바람.

19  座談会 「わだつみ会の今日と明日」, p.40.

20  「第6回シンポジウム報告－戦後20年と平和の立場」, p.41.

폭을 시작하자 베트남전쟁의 양상이 일본의 신문과 TV에 연일 보도되었다. 이는 아시아·태평양전쟁 말기 일본의 공습 피해를 상기시킴과 동시에 미국을 지지하고 그 후방 기지로 변해 있던 전후 일본에 대한 비판을 환기했다. 나아가 한때 동아시아에서 같은 폭력을 휘둘렀던 구 일본군을 소환하기도 했던 것이다. 그런 가운데 '가해'를 둘러싼 논점이 사회적으로 부상해, 재한在韓 피폭자와 오키나와 집단 자결을 둘러싸고 일본군의 폭력과 식민지 책임에 대해 묻게 되었다.

베트남 반전운동에 깊이 관여한 작가 오다 마코토小田実는 후년의 글에서 "베트남 반전운동을 시작하는 가운데 베트남전쟁에 대한 일본의, 아니, 우리 자신의 전쟁 가담 사실이 명료하게 보여왔을 때, 동시에 내 눈에는 과거의 우리 모습도 똑똑히 보였다. 그 '발견'은 무거운 '발견'이었다"[21]라 했다. 베트남전쟁에 있어 일본의 '가해'가 아시아·태평양전쟁기에서의 그것을 다시금 떠올리게 한 것이었다.

거기서 도출된 것이 '피해'와 '가해'의 복잡한 얽힘이었다. 오다는 「평화의 윤리와 논리平和の倫理と論理」1966에서 이렇게 기록하고 있다.

1945년의 '패전'으로 끝난 일본의 근대사는 결국 죽이고, 불태우고, 빼앗은 끝에 죽임을 당하고, 불태워지고, 빼앗긴 역사였다. 그 역사의 전개 속에서 일본인은 단지 피해자였던 것이 아니었다. 분명히 가해자이기도 했다. 피해자이면서 가해자였다고 하는 것은 오히려 없었다. 피해자임에 따라 가해자가

21    小田実, 「まえがき」, 『「難死」の思想』, 岩波同時代ライブラリー, 1991, p. v.

되었다. 그 상태는 소집되어 전선으로 끌려간 병사를 생각해보면 쉽게 이해될 것이다. 그는, 그의 입장에서 보면 피해자이지만 그는 전선에서 무엇을 했는가. 총을 쏘고 '중국인'을 죽였다. 그래서 그는 틀림없이 가해자였다. 가해자가 되었다.[22]

전쟁터에 동원되거나 공습에 노출된 경험은 결코 '피해'에 머무르지 않는다. 전쟁터로 떠밀린 '피해자'는 중국 대륙과 남태평양의 섬들에서 현지 주민에게 총을 겨누는 '가해자'이기도 했다. 공습의 경우도 그러한데, 일본은 단지 재해를 당했던 것만이 아니라 그에 앞서 1938년부터 1943년에 걸쳐 총 218차에 걸쳐 충칭重慶 폭격을 벌이고 있었다. 오다는 베트남 반전운동을 하나의 계기로 삼아 '피해'와 '가해'가 복잡하게 얽힌 양상을 적극적으로 논했던 것이다.

### 2) 전중파의 '가해책임'론

그렇다고는 해도 '피해자 의식'을 비판받은 전중파가 실제로 '전쟁 협력'의 문제를 간과하고 있었는가 하면 반드시 그런 것은 아니다. 야스다 다케시만 해도 전술한 바와 같이 "자기의 운명에 충실하게 성실하게 응하려 한 자세 자체를 심판해야 했다. 아니, 스스로 재판해야 했다"라고 말한다. 전중파 중에서도 와타나베 기요시는 천황의 전쟁책임을 스스로의 책임과도 겹쳐보며 적극적인 논의를 전개했다.

---

22 小田実, 『「難死」の思想』, 岩波現代文庫, 2008, p.306.

천황을 깊게 숭배하고 있던 소년기 와타나베는 고등소학교 졸업 후에 해군을 지원해 입대했다. 레이테만 해전에서 승무했던 전함 무사시가 가라앉는 경험을 했지만, 천황 신앙의 독실함은 여전한 것이었다. 하지만 종전 후 맥아더와 쇼와 천황이 나란히 찍힌 첫 회견1945.9.27을 신문을 통해 목격했을 때의 격렬한 분노를 와타나베는 기억했다. 군대의 폭력을 견디고 처참한 전투를 겪은 자신의 전쟁체험과 수많은 전우들의 죽음을 생각하면 천황의 행위는 배신과 다름없었다. 와타나베는『부서진 신砕かれた神』1977에 당시의 격정을 다음과 같이 적고 있다.

그런데 어떠한가. 목숨만 겨우 부지해서 돌아와보니, 장본인은 패전의 책임을 지기는커녕, 약아빠져서는 적의 사령관을 방문했다. 사이좋게 나란히 사진을 찍고 있었다. 후안무치……. 그리고 우리는 그 천황을 위해 전쟁터에서 목숨을 걸고 있었던 것이다. 그것을 생각하면 토하고 싶은 분노에 숨이 막힐 것 같다. 감정이 폭발해서 도저히 가만히 있을 수 없다.

나는 지금이라도 날아가서 '미야기[황궁]'를 깡그리 태워버리고 싶다. 그 해자의 소나무에 천황을 거꾸로 매달아 우리가 함대 내에서 했던 것처럼 떡갈나무 곤봉으로 마구 때리고 싶다. 아니, 그것으로는 부족하다. 할 수 있다면 천황을 과거의 해전 장소로 끌어내, 해저에 끌어내리고, 거기 누워있을 전우의 끔찍한 시체를 그 눈에 보여주고 싶다. 이게 당신의 명령으로 시작한 전쟁의 결말입니다. 이렇게 해서 수십만에 이르는 당신의 병사가 당신을 위해서라고 믿으며 죽어갔습니다. 그렇게 말하면서 그 번질번질한 7 대 3의 머리를 붙잡아서 해저의 바위 바닥에 꽝꽝 머리를 내치게 하고 싶다……[23]

이러한 생각에서부터 와타나베는 1960년대 중반 이후, 천황의 전쟁 책임을 묻는 논고를 다수 발표했고, 일본전몰학생기념회 기관지에도 '천황 문제 특집天皇問題特集'을 수차례 다뤘다.

하지만 그것은 스스로의 책임을 묻는 것과 직결되어 있었다. 와타나베는 『부서진 신』에서 "나는 천황에게 배신당했다. 사기를 당했다. 그러나 사기를 당한 쪽인 나 역시 확실히 사기를 당할 만한 약점이 있었다고 생각한다", "천황에게 배신당한 것은 바로 천황을 그렇게 믿고 있던 자신이었다"라고 적었다.[24] 국가(원수)를 지탄하는 논리와 스스로 전쟁책임을 추궁하는 논리가 거기서는 표리일체였다.

그것은 또한 전쟁에서의 '가해'의 책임을 묻는 일과 연결되었다. 와타나베는 해군에서 전함에 승무하고 있었기 때문에 중국 대륙이나 태평양 도서부에서 현지 주민에게 직접 폭력을 가한 적은 없었다. 그러나 그렇다고 해서 와타나베는 자신이 '가해'와 무관하다고 생각하지는 않았다. 와타나베는 중국 전선에서 벌어진 일본군의 폭력을 기록한 수기『산코(三光)』 등에 감상으로 "내가 만약 그들과 같은 입장에 있었다면 나 역시 같은 비행非行을 피할 수 없었을 것이다"[25]라고 말했다. 군중의 불문율이나 스스로의 행동을 돌아봤다면 '가해'의 문제는 와타나베 자신의 문제이기도 했다.[26]

---

23  渡辺清, 『砕かれた神』, 岩波現代文庫, 2004, p.58. 초출은 評論社(1977).

24  Ibid., pp.220~221.

25  渡辺清, 「私の戰争責任－入会にあたって」, 『わだつみのこえ』第3号, 1960, p.50.

26  와타나베 기요시의 이러한 논의는 '스스로가 같은 폭력을 행사하는 측에 서지 않는다고 단언할 수 있을까'라는 질문을 환기하는 것이기도 하다. 현재의 가치 규범에서 과거를 묻는 것은 어떤 의미에서 보면 쉬운 일일 것이다. 하지만 자신이 전시하의 동일한 상황에 놓였을 때 '올바름'을 확신을 가지고 계속 주장할 수 있을까. 그것은 현재의

### 3) '단절'의 시대와 그 종언

이러한 전중파의 논의는 오다 마코토의 사상과도 통하는 것이 있었다. 앞서 언급했듯이 오다는 '피해'와 '가해'가 서로 얽히고설키는 양상을 논했다. 그 최초의 계기는 미군에 의해 촬영된 공습 사진이 '미군 비행사의 위치에서 보고' 있다는 것을 깨달은 것이었다. 오다는 캡션을 보고 한때 스스로가 도망친 오사카 공습 때의 사진임을 알았을 때 경악했던 기억을 언급하며 "그것은 한 걸음을 더 나아가면 내가 평온하게 폭탄을 떨어뜨려 연기에 쌓인 광경을 만든 하수인이 될 수 있었다는 것이 아닌가?"[27]라고 말한다. '피해'와 '가해'의 얽힘을 묻는 것은 스스로가 범했을지도 모르는 '가해'를 추궁하는 것이었다.

하지만 그들의 논의를 제외하면 이러한 관점에서 '가해'가 논의되는 일은 적었다. 전후파와 전무파에 의한 '피해자 의식 비판'은 때때로 체험의 말하기 어려움에 구애받는 전중파의 논의를 봉인하게 되었다. 베평련'베트남에 평화를! 시민연합[ベトナムに平和を! 市民連合]'의 사무국장이었던 요시카와 유이치吉川勇一는 1971년 "젊은 사람들의 비판을 듣고 있으면 '자기도 자

---

안전한 위치와는 완전히 다른 장소이며 '올바름'을 관통하더라도 상당한 '강함'이 요구된다. 바꿔 말하면 '강하지 않은' 대다수의 사람들에게는 그러한 종류의 '올바름'을 유지하는 것이 분명히 어려운 일일 것이다. 오히려 오늘날과는 다른 '올바름'에 삼켜지는 것이 더 일반적이지 않을까. 그렇다면 물어야 할 것은 '올바름'에 해당하는지 그 여부가 아니라 폭력(혹은 전시하의 '올바름')을 자명하게 여기는 상황을 낳는 사회나 군대 조직의 메커니즘이어야 한다. 윤리의 문제가 아니라 사회나 조직의 구조 문제로서 폭력을 포착하는 시점을 와타나베 기요시의 논의는 시사하고 있는 것으로 보인다. 그것은 아시아 · 태평양전쟁 시기의 구 일본군의 존재와 함께, 그 후 세계 각지에서 산출된 다양한 전쟁터의 폭력을 사유하는 것으로도 연결되는 것은 아닐까.

27   小田実, op. cit., 2008, pp.70~71.

기비판한 후에'라는 한마디를 말한 것만으로 마치 본인이 재일조선인이나 피차별 부락민의 입장에 설 수 있었던 것처럼, 다른 사람들을 향한 고발이나 규탄을 시작하는(것처럼 생각되는) 경향"[28]이 있음을 지적했다. 일본전몰학생기념회의 심포지엄이나 좌담회에서도 "전승할 생각이 없는 사람의 전쟁체험은 내가 돌려주고 싶다"와 같은 감정적인 말이 부딪히는 지점은 앞에서 설명한 바 그대로이다.

필연적으로 전중파와 전후파·전무파의 논쟁은 평행선을 달렸고 '전쟁체험의 단절'이 사회문제화되었다. 와다쓰미조각상파괴사건 다음 날의 「천성인어天声人語」『아사히신문』, 1969.5.21에는 "적지 않은 학생들이 어른들의 죄를 묻는다. 싫다면 왜 전쟁터에서 도망치지 않았는가. 어째서 총을 버리지 않았는가. 그렇게 하지 않은 점을 보면 모두 파시스트였음에 틀림없다. 그들의 논리는 비약적이다"라고 적혀 있었다. 전쟁체험을 둘러싼 세대 간의 갈등이 거기에 부상하고 있었다.

이런 상황을 혐오했는지 야스다 다케시는 1960년대까지 많은 전쟁체험론을 가지고 있었음에도 불구하고 1970년대에 들어서자 급속히 그러한 종류의 발언이 줄어든다. 『예와 미의 전승芸と美の伝承』1972, 『틀의 문화재흥型の文化再興』1974, 『속·놀이론続·遊びの論』1979 등 일본의 예능 문화에 관한 저작이 늘어난 한편, 일본전몰학생기념회의 심포지엄이나 좌담회에 등단하는 일은 거의 볼 수 없게 되었다.

와타나베 기요시는 1970년부터 일본전몰학생기념회의 사무국장을

---

28   小田実, 『「べ平連」·回顧録でない回顧』, 第三書館, 1995, pp.52~53.

맡아 '천황의 전쟁책임'으로부터 파생해 식민지 책임이나 여성의 전쟁 협력 등 기념회의 논의 폭을 넓히는 데 공헌했다.[29] 하지만 한때 젊은 세대를 좌절시킨 '전쟁체험의 말하기 어려움'이 논의되는 일은 줄어들었고 따라서 세대 간의 대립이 더 표면화되지도 않았다. 따라서 60년대 말과 달리 '전쟁체험의 단절'은 사회적으로 보기 어려웠다.

### 4) '가해'와 '현창'의 이항 대립

한편, 가해책임과 전쟁책임은 종종 사회적인 쟁점이 되었다. 1979년 4월에 야스쿠니 신사가 A급 전범 형사자·옥사자 14명을 합사하고 있던 것이 밝혀지자 일본 내외에서는 비난이 일어났다. 1985년 8월 15일에 나카소네 야스히로中曽根康弘 총리가 '총리의 자격으로' 야스쿠니 신사를 참배했을 때는 아시아 각국으로부터 강한 반발을 초래했다.

1982년에는 역사 교과서 문제가 부상했다. 일본의 판도 확대를 둘러 싼 고등학교 교과서 기술에 있어 문부성 검정을 통해 '침략'에서 '진출'로 바뀐 것이 전국 신문에 보도되면서 외교 문제로까지 발전했다.

이러한 움직임은 역사 인식을 둘러싼 논쟁을 환기했다. 당시 A급 전범 합사나 야스쿠니 신사 공식 참배 문제에 대한 비판이 커지는 가운데, 많은 교과서에서는 난징 사건이나 조선인 강제연행이 서술되어 있었는데, 그에 대해 자민당 기관지 『자유신보自由新報』는 1980년 1월부터 교과서 비판 캠페인을 전개했다. 교과서 문제를 둘러싼 논쟁은 '가해'와 '현

---

29    상세한 내용은 졸저 『「戦争体験」の戦後史』(中公新書, 2009)를 참조 바람.

창'의 이항 대립을 전경화했다. 하지만 뒤집어 말하자면 거기에 '피해인가 가해인가'가 초점화된 것은 아니었다.

1995년에는 무라야마 도미이치村山富市 내각이 국회 채택을 목표로 한 '전후 50년 결의戰後50年決議'가 논쟁을 불러일으켰다. 거기에는 아시아 국가에 대한 가해책임과 식민지 책임을 인정하려는 사회당·신당의 선구적 행동과 '대동아전쟁은 자위의 전쟁이었다'라고 주장하는 자민당 보수파·신진당이 격렬하게 대립했다. 전후의 역사교육을 미국 점령군이 밀어붙인 '자학사관'이라고 비판하는 '자유주의사관'도 대두하며 '일본인의 자부심'을 가진 '국가의 정사' 수립을 주장했다.

그 배경에는 냉전이 끝난 후, 아시아 국가들로부터 일본의 가해책임을 묻는 움직임이 강해진 것에 있었다. 냉전체제하에서는 일본을 공산권에 대한 방파제로 삼아 미국은 일본에 경제부흥과 자위력 증강을 요구했다. 피해국에 대한 보상도 배상액은 낮게 책정되었으며, 그 대부분은 '경제협력'이라는 형식으로 이뤄졌다. 이는 전후 일본 기업이 아시아 국가에 경제 진출하는 발판이 되었고, 미국의 의향과 더불어 전후 아시아의 친미 개발 독재 정권을 지지하는 것으로도 직결되었다. 냉전 종결은 이러한 상황을 전환시켰다. 전 종군위안부들에 의한 배상청구1991를 계기로 '종군위안부 문제'가 일본 내외에서 큰 쟁점이 된 것도 그러한 배경에 의한다.

그렇다고 해도 '가해'와 '현창'이 이항 대립하는 여론의 양상에 1970년대 후반 이후 큰 변화는 없었다. 전중파와 전후파·전무파의 '단절'이 보였을 무렵에는 '피해자 의식 비판' 즉 '가해와 피해의 이항 대립'이 의식되기 쉽지만, 그 후 양자의 '단절'이 사회적으로 흐려지는 가운데 '가해인가 피해인가'가 아니라 '가해인가 현창인가'가 전쟁을 둘러싼 주요한 쟁점이 되었다. 오히려 냉전 종결과 전후 50년 문제의 과열은 이런 종류의 이항 대립을 결정적으로 옴짝달싹 못하게 묶어놓았다.

하지만 지금까지 다룬 전중파의 논의를 되돌아보면 이러한 이항 대립 속에서 깎여 나간 논점도 떠오른다. 과거라면 '가해'의 문제는 그것을 행한 자를 묻는 것뿐만이 아니라 '같은 상황에 놓였다면 자신도 같은 행위를 하지 않았다고 단언할 수 있을까'라고 묻는 것이기도 했다.

또 '현창'은 걸핏 '망자에게 진지하게 생각을 전한다'라고 하는 것이라 일컬어지기도 하지만, 야스다 다케시나 하시카와 분조의 논의에서 볼 수 있듯 망자의 정념을 깊이 파고든 끝에 죽음과 폭력을 낳은 군대 조직이나 국가에 대한 문책으로 이어지기도 했다. 그것은 즉 '현창'의 후련함이 망자의 분노를 덮고 숨기는 정치를 가리키는 것이었다.

더 말하자면 체험의 말하기 어려움을 집착하며 그 일체의 세부를 섣불리 말하지 않는 자세는 '감명'에 잠겨서 스스로 편리하게 체험을 이용하는 것을 막는 일이기도 했다. 그것은 '반전'의 정치주의에서도 '야스쿠니' '현창'의 후련함으로도 이용되는 것을 거부하는 논리였다.

### 5) '계승'이라는 '단절'

오늘날의 일본에서 이런 종류의 논의가 공론화되는 일은 거의 없다. '기억의 계승'에 대한 절박감은 종종 언급되지만, '무엇이 어떻게 망각되어 왔는지'를 묻는 일은 그리 많지 않다. 적어도 미디어 담론에 있어서는 다양한 망각을 거친 윗물과 같은 것이 '계승'되고 있는 것처럼 보인다. 거기에 '계승'은 망각이나 풍화의 의미밖에 없다. '가해인가 현창인가'의 이항 대립 역시 아직 풀 수 있는 기색이 보이지 않는다. 일본에서 '위안부 문제'와 '야스쿠니 문제'가 논의되는 양상이 그 전형일 것이다.

정보량 증가의 영향도 무시할 수 없다. 반세기 전에 비하면 현대는 미디어가 고도로 발달해 전쟁을 다루는 출판물이나 다큐멘터리가 방대한 양에 이른다. 인터넷과 SNS가 보급됨에 따라 사람들은 언제든지 다양한 논의를 접할 수 있다. 하지만 정보량의 증대가 다양한 견해를 접할 수 있는 기회를 만들어내고 있다고 볼 수도 있겠지만 오히려 실태는 그 반대일 것이다.

'현창'에 관심을 가진 사람들은 그 관심을 따르는 것을 일방적으로 소비한다. 반대의 입장에 있는 사람도 그 점에서는 마찬가지이다. 정보량의 증가와 접근의 용이함은 입장이 다른 사람사이의 상호 이해를 낳는 것이 아니라 오히려 양자가 결정적으로 서로 용납할 수 없는 상황을 낳고 있다. 거기에는 다른 논리를 거부하고 비난하는 일이 있어도 '왜, 어떠한 배경하에 다른 논리가 이뤄지고 있는 것인가'는 논의되지 않는다. 그러므로 서로의 비판은 함께 상대에게 닿지 않는 것이 되고 있다.

그런 의미에서 현대는 기억의 망각이나 풍화가 진행되면서도 그 실태는 보이지 않고 정보량의 증대와 함께 이데올로기적인 이항 대립이 가속되고 있다. 하지만 과거의 논의를 지켜보면 그것과는 다른 논리의 양상을 깨달을 수 있다. '죽은 자의 정념'을 '현창'과 '감명'의 이야기로만 소비하는 것이 아니라, 그것을 파악하면서 어떻게 책임의 문제로 연결해나갈 것인가. '가해'를 스스로의 문제로 되돌아봄으로써, 어떻게 '가해자'

의 사고에 내재적으로 그리고 비판적으로 다가갈 것인가. 과거의 전중파의 논리에는 오늘의 '계승'의 함정이 비쳐 보인다.


### 3. 마치며 __ 체험자를 '소비'하는 현대

현대 일본에서 '체험자'와 마주하는 방법도 논의할 필요가 있다. 전후 80년 가까이 흘러 전쟁체험을 가진 세대의 생존자는 점점 줄어들고 있다. 기억이 선명하고 대화에 지장이 없는 당사자는 더욱 드물다. 그런 부분도 있어서 '늦기 전에 체험을 들어 두어야 한다'라고 하는 초조함이 자주 언급된다. 실제로 연구자나 미디어에 의한 인터뷰 작업도 일정 정도 이상 진행되고 있으며 수학여행 등에서 전승자傳承者의 이야기를 듣는 일도 자주 보인다. 물론 이는 의미 있는 일이다.

하지만 말할 필요도 없이 체험자는 현재뿐만 아니라 과거에도 여러 목소리를 발화해 왔다. 그것을 활자화한 기록·출판물의 양은 방대하기 그지없다. 그것들이 오늘날 어느 정도 회고되고 있을까. 덧붙여 말하자면 오늘날 '전승자', '체험자'에 의해 이야기되는 것은 전후 80년에 가까운 세월 동안 체험자들에 의해 편집된 기록과 비교하여 무엇이 어떻게 새로운지, 혹은 반대로 '같은 이야기'를 현대의 일본 사람들은 그들에게 강요하고 있지는 않았는지 생각해 볼 필요가 있다.

그런 의미에서 '지금 들어 두어야 한다'라는 '계속'의 욕망은 과거의 체험자들의 '망각'을 낳고 있다. 게다가 미디어나 교육의 장에서는 생존한 체험자에게 이야기를 듣는 것과 과거의 방대한 자료를 읽어내는 수고를 생략하는 것이 때로는 표리일체가 되어 있는 경우도 있지 않을까.

당사자나 미디어의 '전쟁의 기억'에 관한 연구는 2000년대 이후, 일본에서도 많이 축적되었다. 체험자에 대한 인터뷰나 위령 실천의 관찰에 근거한 사회학·종교학·문화인류학 방면의 연구에는 두터운 실적의 축적이 있다. 미디어(사) 연구에 있어서도 영화나 만화, 신문 담론 등에서의 전쟁 표상을 내셔널리즘이나 젠더의 시각에서 비판적으로 검증한 것은 실로 많다.

그러나 '계승'의 행위나 욕망 속에서 어떠한 '망각'이 만들어져 왔는지에 대해서는 의외로 간과해 온 것이 아닌가. 지금 '기억'되고 있는 것을 '계승'하는 것도 물론 중요한 일이다. 하지만 그것이 다양한 망각을 거친 '윗물'과 같은 것이라면 어떨까. 거기에는 '계승' 자체가 '망각'의 재생산을 촉구하고 있다.

그렇다면 오늘날 직시해야 할 것은 '계승'이 아니라 '망각'이 아닐까. 현대인들에게 상쾌한 '계승' 소비를 반복하는 것이 아니라 '어떠한 사실이나 논리, 정념이 왜 계승되지 않았는가', '그것을 만들어낸 사회적인 메커니즘은 무엇인가'를 물을 필요가 있다.

'계승'의 욕망이 어떠한 단절을 만들어 왔는가. 과거로부터 배운다는 것은 이러한 단절의 전후사와 마주하는 일이다.

## 참고문헌

座談会「戦中派は訴える」, 『中央公論』, 1956.3月号.

座談会「わだつみ会の今日と明日」, 『わだつみのこえ』第20号, 1964.

座談会「戦記物ブームを考える」, 『わだつみのこえ』第39号, 1967.

「第6回シンポジウム報告－戦後20年と平和の立場」, 『わだつうみのこえ』第30号, 1965.

「第七回シンポジウム記録」, 『わだつみのこえ』第36号, 1966.

高橋武智, 「総会への覚書」, 『わだつみのこえ』第27号, 1965.

橋川文三, 「靖国思想の成立と変容」, 『中央公論』, 1974.10月号.

安田武, 「靖国神社への私の気持」, 『現代の眼』, 1968.2月号.

『読売新聞』, 1952.7.13.

小田実, 「まえがき」, 『難死』の思想, 岩波同時代ライブラリー, 1991.

_____, 『「ベ平連」・回顧録でない回顧』, 第三書館, 1995.

_____, 『「難死」の思想』, 岩波現代文庫, 2008.

成田龍一, 『増補「戦争経験」の戦後史』, 岩波現代文庫, 2020.

渡辺清, 「私の戦争責任－入会にあたって」, 『わだつみのこえ』第3号, 1960.

_____, 『砕かれた神』, 岩波現代文庫, 2004.

福間良明, 『「戦争体験」の戦後史』, 中公新書, 2009.

_____, 『焦土の記憶－沖縄・広島・長崎に映る戦後』, 新曜社, 2011.

_____, 『戦後日本, 記憶の力学』, 作品社, 2020.

_____, 「『戦中派』とその時代－断絶と継承の逆説」, 福間良明 編, 『シリーズ戦争と社会
　　　4 言説・表象の磁場』, 岩波書店, 2022.

安田武, 『戦争体験』, 未来社, 1963.

_____, 『人間の再建』, 筑摩書房, 1969.

吉田裕, 『日本人の戦争観』, 岩波現代文庫, 2005.

_____, 『兵士たちの戦後史』, 岩波現代文庫, 2020.

이 글은 일본어로 작성되었으며 남유민(南有珉 / NAM Yoo-Min, 고려대학교 중어중문일어일문학
과 강사, 일본 근현대문학 전공)이 번역했다.

# 식민지 의학과 제국주의적 커리어

## 오키나와현 출신자의 대만으로의 이동과 의학교 진학

**마쓰다 히로코**

## 1. 식민지 의학의 발전과 제국주의적 커리어의 형성

오키나와현沖縄県 출신자의 이동에 관한 많은 선행연구들은 이주근로 자 혹은 노동 이민에 주목하여 이동의 경위나 배경 또는 호스트 국가에 형성된 오키나와계 이민자 커뮤니티에 주목해 왔다. 하지만 대만 식민지 에서 제국주의적 커리어를 쌓은 사람들 중에는 취업뿐만 아니라 진학을 목적으로 섬을 떠난 청년들도 있었다는 점을 지적해두고 싶다. 그들 중 에는 오키나와현으로 귀향한 뒤, 정치·경제·사회적으로 큰 역할을 한 사람도 적지 않았다. 이 글에서는 오키나와현 출신 청년들이 의학교 진 학을 위해 대만으로 건너간 배경을 밝히고, 이동한 사람들의 라이프 히 스토리를 검토하겠다.

『밀라리아와 제국—식민지 의학과 농아시아의 광역질서』의 저자인 이지마 와타루飯島渉에 따르면, 식민지 의학이란 "종주국이 식민지 통치를 통해 축적한 의학의 체계 전반"[1]을 의미하며, 대만은 일본 식민지 의학의 기점이었다.[2] 동시에 일본 통치하에 창설된 의학교가 대만 주민들에게 의학이나 의료라는 영역을 넘어서는 중요성을 가지고 있었다는 점은 잘 알려져 있다. 식민지 대만의 의학교는 대만인들이 고급 전문 교육을 받을 수 있는 몇 안 되는 교육 기관이며, 졸업생 중에서 의료 분야에 머물지 않고 대만 사회를 이끄는 리더가 적지 않게 탄생했다.[3] 그렇지만 식민지 대만의 의학교에 많은 오키나와계 학생들이 진학했으며, 그들이 이후 오키나와현의 의료 발전에 기여한 사실은 그다지 알려지지 않았다.

이 글에서는 먼저 일본이 대만 지배를 확립하고 많은 민간인이 내지에서 대만으로 이주하게 된 경위를 개관하겠다. 이어 오키나와현과 대만에 있어 의학교육의 전개를 비교하여 오키나와현이 국민국가로서의 일본 내에서 겉돌게 되는 한편 식민지 권력에 의해 대만의 의학교육이 크게 발전한 경위를 제시하고, 오키나와현 출신자가 식민지 대만의 의학교로 진학한 것을 '제국주의적 커리어링imperial careering' 형성으로 파악함으로써 그 실태를 부각시키고자 한다.

영제국사英帝國史 연구자인 데이비드 램버트David Lambert와 앨런 레스터 Alan Lester는 『영제국을 이동하는 식민지적 주체 – 긴 19세기 제국주의적 커리어링』에 투고한 서문에서 커리어 개념이 개인의 의지와 주체성, 향상심과 함께 우연성이나 갑자기 찾아오는 기회, 그리고 개인의 역량으로는 어찌할 수 없는 사항의 영향력을 시사한다고 논하고 있다.[4] 즉 '제국

---

1 飯島渉,『マラリアと帝国 – 植民地医学と東アジアの広域秩序』, 東京大学出版会, 2005.

2 Ibid., p.25.

3 Lo, Ming-Cheng M, *Doctors within Borders : Profession, Ethnicity, and Modernity in Colonial Taiwan,* Berkeley : University of California Press, 2002.

4 Lambert, David and Alan Lester, "Introduction : Imperial Spaces, Imperial Subject", *In*

54    제1부_ 이동하는 신체와 언어, 미디어, 기억의 길항

주의적 커리어'란 제국 특유의 구조나 제도를 배경으로 하면서 개인의 대응력agency에 주목하는 개념이다. 이 글은 이 '제국주의적 커리어' 개념을 원용함으로써 고학력자의 커리어 형성이 어려운 오키나와현에서 자란 청년들이 어떻게 일본제국 내 통합과 격차 구조를 이용하면서 식민지 대만으로 이동하여 의사로서의 커리어를 형성했는지에 대해 논하겠다.

## 2. 대만의 식민지화와 사람의 이동

1895년 청일전쟁 강화 회의를 통해 체결된 시모노세키 조약에서 청 왕조는 대만을 일본에 할양하기로 합의했다. 단, 대만 주민들이 일본 국가의 통치를 자연스레 받아들였다는 것은 결코 아니다. 1895년 6월 17일 일본군은 타이베이台北에서 일본의 대만 통치 시작을 축하하는 기념식을 거행했으나, 이후에도 대만 섬 각지에서 발발하는 무력 저항의 제압에 쫓기게 되었다. 일본 통치에 대한 무력 저항이 빈발하고 치안도 불안정했기 때문에 일본이 대만을 점유한 초기, 대만에 찾아오는 일본인 상당수가 관료와 경찰, 군인들로, 단신으로 단기 체류하는 것이 일반적이었다. 점차 치안이 안정되면서 인프라 정비를 비롯한 개발 사업이 본격적으로 이뤄짐에 따라 민간인 이수도 증가했고, 체류 기간도 장기화되었다.

---

*Colonial Lives across the British Empire : Imperial Careering in the Long Nineteenth Century*, eds., by David Lambert and Alan Lester. Cambridge : Cambridge University Press. 2006, p.21.

총독부 역시 대만을 중국 대륙에서 분리하고 일본제국의 일부로 통합하기 위해서는 내지로부터의 이민이 중요한 역할을 할 수 있다고 생각하여 1909년부터 관영 이민 사업을 시작했다. 농업이 비교적 발달하지 못한 동부 평야지대에 이민 지도소를 설치했고, 대만과 기후가 유사한 규슈九州, 시코쿠四国, 주고쿠中国 지방에서 대만에 가서 농업을 영위하고 영주할 의사가 있는 자를 모집해 내지인 농촌 건설을 시도한 것이다. 1917년도 말까지 이주자 687호戶 3,417명이 요시노吉野, 도요다豊田, 하야시다 촌林田村으로 이주했다. 그러나 기대했던 것과 같은 결과를 얻지 못했기 때문에 관영사업은 같은 해에 중단되었다.[5]

관영 이민 사업이 무산되었음에도 대만의 일본 내지인 인구는 해를 거듭할수록 증가해 갔다. 오키나와현 주민들도 내지인으로서 대만에 돈을 벌러 가고, 더 나아가 가족과 함께 정착하는 사례가 1910년대부터 크게 늘어났다. 다만 타 부현府県 출신자 중 상당수가 경제적 이유로 즉 직업적으로 성공하기 위해, 혹은 기업의 사원 또는 관료로서 명에 따라 대만에 부임하는 것이 일반적이었던 반면, 오키나와현 출신자의 경우는 그런 사례에 한정되지 않았다. 특히 야에야마 제도八重山諸島 주민들은 관광물품 조달과 통원 치료를 보조하는 일을 찾아 즉, 일상생활의 연장 개념에서 식민지 대만으로 떠났다. 이주 근로도 많았지만 타 부현과 달리 젊은 여성이 돈벌이 목적으로 홀로 대만에 가거나 남성이 진학 목적으로 건너가는 사례도 적지 않아 타 부현으로부터의 이동과는 다른 양상을 보

5    台湾総督府殖産局,『台湾に於ける母国人農業植民』, 台湾総督府殖産局, 1929.

였다. 또 대만으로의 이동은 같은 시대에 유행했던 브라질과 필리핀, 남양군도로의 근로를 위한 이동이나 이주와도 달랐다. 이러한 특징적인 이동의 형태는 오키나와현에서 대만으로의 이동이 정부의 이민 정책 개입에 의한 것도 아니면서 단순한 경제 요인에 의해 설명될 수 있는 것도 아니며, 근대화와 국민국가화, 제국화가 병행하여 진행된 일본 제국주의 특유의 종주국-식민지 관계를 배경으로 하고 있음을 보여준다.

## 3. 오키나와현의 현대 의료 발아

다른 동아시아 국가들과 마찬가지로, 근세의 류큐琉球 왕국에서는 중국에서 유래한 한의학이 주류였다. 쇄국 체제하의 일본 본토에서 자유롭게 외국의 의학 지식과 의료기술을 직접 수입하기 어려웠던 시기에도 류큐 왕국은 사쓰마薩摩, 교토京都뿐만 아니라 베이징北京, 푸저우福州로 유학생을 보내 일본과 중국으로부터 배움으로써 의학을 발달시켰다.[6] 그러나 왕부王府가 인정한 의사들은 어디까지나 왕부를 위해 의료행위를 하고 있었으며, 일반 주민들이 의료 혜택을 받을 기회는 거의 없었다. 왕부가 있던 수리首里 외의 지역, 섬에는 거의 의사가 없었고, 서민들이 병을 앓거나 부상을 낭하면 수술이나 민간요법에 의지할 뿐이었다.[7]

류큐 왕국이 서양 의술을 처음 직접 접한 것은 1837년의 일이었다.

---

6    稲福盛輝, 『沖縄医学史－近世・近代編』, 若夏社, 1998, pp.66~77.
7    稲福盛輝, op. cit., p.3.

미국인 의사 피터 파커Peter Parker가 오키나와 본섬에 3개월 동안 머물면서 우두 종두법을 전수했지만, 주민들 사이에 널리 퍼지지는 못했다. 그 후 1846년 헝가리 태생의 선교사이자 의사인 베르나르 장 베텔하임Bernard Jean Bettelheim이 섬에 와서 9년간 나하那覇에 머물렀다. 베텔하임은 왕부의 엄격한 감시의 눈을 피해 주민들에게 기독교를 포교함과 동시에 서양의 술을 주민들에게 전수하고 치료를 하기도 했다.[8]

그러나 행동 자체가 왕부의 엄격한 감시 아래 있었던 베텔하임의 영향력은 제한적이었다. 서양의술이 오키나와에 본격적으로 도입된 것은 1872년에 류큐국이 류큐번으로 복속된 이후의 일이었다. 1879년에 류큐 병합이 단행되자 오키나와현 내에서는 당시 급속히 서양화가 진행되고 있던 일본의 의료제도가 적용되었다. 메이지 정부가 서양 의학을 급속히 보급시키려 했던 배경에는 외국과의 교류 확대에 따른 천연두, 콜레라, 이질 등 급성 전염병의 만연이 있었다. 그 예방 체제를 확립하기 위해 1874년에 의료제도가 발포되었고 근대적 위생 행정의 기초가 마련되었다. 오키나와현에서도 콜레라가 1879년에 크게 유행하여 현 당국이 서양 의학의 대중화 필요성을 통감하게 되었다. 당시 서양의학을 배웠던 자는 나카치 기진仲地紀仁 한 사람뿐이었지만, 잠정 조치로 현 내 56명의 한의사에게도 서양의사 면허가 수여되었다.[9] 그리고 본격적으로 서양의학을 보급시키기 위해서는 현 내에서 의사를 양성하는 것이 시급하다고 하여 1885년 2월에 오키나와현의 의원 내에 의학 강습소가 창설되었다.[10]

---

8    Ibid., pp.71~72.
9    Ibid., pp.104 · 141.

## 4. 오키나와현의 현대 의학교육의 전개

제2차 세계대전 전, 오키나와에 유일하게 설립된 의료교육 기관인 오키나와 의생강습소医生講習所는 오키나와 의원 부속 교육기관으로 1885년 2월 24일에 처음으로 1기생 약 20명을 받아들였다. 하지만 현으로 복속된 직후 오키나와현 한의원과 부속 강습소는 같은 시기에 설립된 사범학교나 초등학교와 비교해 조금도 나은 상황이 아니었고 재정난으로 경영이 위태로울 정도였다.[11] 학생들 역시 빈곤 가정 출신이 많았다. 처음에는 학생 중 몇 명을 관비 입사생으로 학교 기숙사에 살게 했으나, 1889년부터는 오키나와현에서 나고 자라 졸업 후 오키나와에 영주하는 것을 조건으로 학업과 인격 모두 우수한 학생을 특별 대우 장학생으로 매월 1엔 50전을 지급하게 되었다.[12]

당시에는 의사가 적었기 때문에 시정촌市町村에서 학생들을 지원해 학교에 다니게 하기도 했다. 그래서 경제적인 이유로 사범학교나 중학교 진학을 포기한 학생들에게는 "실로 구세주이자 그들만의 유일한 등용문"이라고도 했다.[13] 1880년생으로 11기 졸업생, 구니가미군 오기미촌國頭郡大宜味 출신인 긴조 기요마쓰金城淸松는 교습소에 재학 중인 대부분을 특별 대우 장학생으로 지냈고, 또한 마을에서도 매달 2엔의 원조를 받고 있었

---

10  Ibid., p.114.
11  Ibid., p.143.
12  浜松哲雄 編, 『沖縄医生教習所記念誌』(第1章 沿革篇), 沖縄県医師同窓会, 1929, p.26.
13  Ibid., p.12.

기 때문에 학비에는 곤란함을 겪지 않았다고 회상했다.[14] 교습소는 현 내 의료를 발전시켜 의사 수를 늘리는 것에 그 목적을 두고 있었기 때문에 졸업생들은 의료 등록 후 3년간 현의 지사가 지정하는 현립병원 혹은 현 내의 마을의사로 근무하는 것이 의무화되었고, 이를 위반하는 자에 대해 서는 수업료 등으로 일시에 300엔의 반환을 요구했다.[15]

1889년 4월 19일 오키나와현 의원은 오키나와현 병원으로, 부속의 학강습소는 부속의생교습소로 개칭되었다. 개교 당시에는 서양의학이 보급되지 않았고 현민들 사이에서 인지도도 낮았지만, 점차 부속의학교 습소는 현 내에도 몇 안 되는 고등초등학교를 졸업한 후 진학처로서 주 민들로부터 주목받는 존재가 되었다. 그럼에도 일반적으로 의학교습소 는 '사범학교나 중학교에 들어가지 않거나 혹은 들어가지 못한 사람'이 진학하는 학교로 간주되며, 히가시온나 간쥰東恩納寛惇은 "사범학교, 중학 교, 의원학교[16] 중, 현에서 세운 학교 중에서 의원학교는 세상으로부터는 가장 인정을 적게 받고 있었다"[17]고 평했다. 사범학교 혹은 기타 입학시 험에 불합격된 자가 이듬해의 시험 준비를 위해 의생교습소에 재학하는 경우도 있었다.[18]

현민들 사이에서 인지도가 낮았던 이유 중 하나는 의생교습소가 의

---

14 金城清松, 山川岩美 編, 『飲水思源－金城清松遺稿集』, 若夏社, 1977, p.168.
15 단 전문적인 의학을 배우기 위해 고등학교에 진학할 경우에는 의무연한이 유예되었 다. 浜松哲雄 編, op. cit., pp.18~26.
16 현 내에서는 일반적으로 의학교 혹은 의원학교로 불렸다.
17 東恩納寛惇, 「序にかへて」, 浜松哲雄 編, op. cit., p.7.
18 浜松哲雄 編, Ibid., p.44.

료 육성기관으로서 충분한 제도나 시설을 갖추지 못했고, 의술개업시험에 합격해 의사로서 자립하는 졸업생이 비교적 적었다는 것을 들 수 있다. 실제 폐교까지 23년간 의생교습소에 재학한 학생 수는 565명에 이르는데, 그중 재적 중 의술개업시험에 합격한 사람은 150명, 타교로 옮긴 후 의사면허를 취득한 사람은 22명에 불과하다.[19] 폐교 후 의생교습소의 공적을 기념해 출간된『오키나와 의생교습소 기념지』는 입학자 수에 비해 의술개업시험 합격자가 3할 미만에 그친 이유에 대해 의생교습소의 시설이 미흡하고 실습 기회가 적어 학생들이 만족스럽게 연구하지 못해 그들의 향상심을 충족시킬 수 없었다는 점을 지적하고 있다. 또한 교습소 교사들이 모두 병원 근무를 겸임했기 때문에, 수업이 업무 중간의 비는 시간을 이용하여 이뤄질 수밖에 없었던 점도 요인 중 하나가 되었다. 수업은 일주일에 40시간으로 규정돼 있었음에도 실제 수업시간은 제각각이었고, 종일 수업이 없는 날조차 있었다고 한다.[20] 의술개업시험 자체가 원하는 누구나 쉽게 합격할 수 있는 내용은 아니었지만, 그 시험에 충분히 대비할 수 있는 시설과 환경을 의생교습소는 제공하지 못했다는 것이다.

오키나와현의 유일한 의료인 양성 기관이라는 것뿐만 아니라 사범학교나 중학교와 같은 중등교육기관으로서 현민들 사이에 정착되어 있던 의생교습소는 1916년에 의술개업시험제도 폐지가 결정된 것을 계기로 1912년에 폐소되었다. 의술개업시험제도 폐지에 따라, 특정 의학전문학교나 대학 의대에서 교육을 받는 것이 의사면허를 취득하기 위한 필수

---

19    Ibid., pp.43 · 46.
20    Ibid., pp.44~45.

조건이 되었기 때문이다.[21] 전국에 수많은 의술개업시험 예비학교 성격을 띠고 있던 학교 중 상당수는 그 존재 의의가 사라져 폐교되었는데 오키나와현의 의생교습소도 그중 하나였다. 의료교육기관으로서는 만족스러운 제도나 정비를 갖추지 못했다고는 하지만, 1929년 현 내에 개업했던 89명의 의사 중 70%에 가까운 61명이 의생교습소 출신이라는 것이 시사하듯 의생교습소는 현 내 의사 공급에 중추적인 역할을 하고 있었다.[22] 그곳이 폐지됨에 따라 오키나와현민이 의사가 되고자 할 경우 현 밖으로 나갈 수밖에 없게 되었고, 그 벽은 더욱 높아졌다.

## 5. 오키나와에서 대만으로 __ 야마구치 히데타카의 궤적

의생교습소의 발전을 생각할 때 잊지 말아야 할 것이 그 초석을 다지는 데 큰 기여를 한 제6대 소장 야마구치 히데타카山口秀高, 1865~1916이다. 야마구치는 무사 계급의 가난한 가정에서 태어나, 1877년 개교한 도쿄의대 예비문제일고등학교의 전신에 입학하여 1890년 7월에 의대를 졸업했다. 그런데 졸업시험 성적이 44명 중 40등으로 좋지 못했던 적도 있고, 졸업 후 갈 곳도 마땅히 정해지지 않아 동분서주한 끝에 당시 의학계의 중진 나가요 센사이長與專齋, 1838~1902의 소개로 오키나와현 병원 원장으로 취임이 결정되었다.[23]

---

21 　厚生省医務局, 『医制百年史』(記述編), ぎょうせい, 1976, p.199.
22 　浜松哲雄 編, op. cit., pp.40~41.

대학 재학 때부터 야마구치는 역사서를 많이 읽으며 "국가의 성쇠와 식민지 경영에 밀접한 관계가 있다는 것을 감지하고, 솔선수범하여 해외로 건너가 의술을 이용해"[24] 성공하고 싶다는 생각을 가지고 있었다. 대학 졸업 후 진로가 좀처럼 정해지지 않고 취업활동을 하던 중에는 중앙 아메리카나 중국으로 도항할 계획을 세우고 주위에 상담을 하기도 했다.

당시 육군 차관 가쓰라 다로桂太郎의 소개로 중국 사정에 정통한 아라오 세이荒尾精에게 중국 도항을 상담했을 때, 아라오로부터 "지나는 아직 미개하니까 서양의술을 이용해서 지나에서 활동하기에는 아직 10년이 이르다, 요즈음은 결코 그럴 때가 아니다, 그렇지만 십 년 후에는 의사도 많이 필요할 것이다"[25]라는 조언을 들었다고 한다. 야마구치가 오키나와로 가기로 결정한 배경에는 이런 식민지 경영과 해외도항에 대한 강한 관심이 있었던 것으로 추측된다.

야마구치는 1891년 1월 오키나와에 부임하자 의사 잡지를 발간하고 현의 의학 발전에 힘썼다. 또 의학교 설립을 목표로 그 전 단계로서 그때까지 4년제 본과만 있던 교습소에 새로이 예과를 설치해 입소 응시자격자를 고등초등학교 졸업생 이상 학력자로 한정했다.[26] 『오키나와 의생교습소 기념지』가 야마구치에 대해 "의생교습소를 영단으로 칼을 대어 대개혁을 결행한 실로 은혜로운 인사"[27]라고 평했듯, 그가 교습소 발전에

---

23  菜花野人, 「山口秀高の生涯(其ノ十一)」, 『実験眼科雑誌 第十三年』108号, 1930, p.64;
    「山口秀高の生涯(其一三)」, 『実験眼科雑誌 第十三年』110号, pp.60~64.
24  「山口秀高の生涯(其一三)」, p.63.
25  Ibid..
26  浜松哲雄 編, op. cit., p.14.

중요한 기여를 한 것을 엿볼 수 있다. 그렇지만 야마구치는 의학교 설립이라는 야심을 끝내 이루지 못한 채 1893년 6월 오키나와를 떠났다.

오키나와를 떠난 후 야마구치는 일본생명보험회사에 입사해 의장醫長으로 취임했지만 얼마 지나지 않아 예전부터 나가요 센사이를 통해 면식이 있던 고토 신페이後藤新平와 재회하고 타이베이 의원장으로의 취임을 권유받았다. 당시 고토는 내무부 위생국장인 동시에 대만총독부의 위생 고문을 역임하고 있었다. 청일전쟁 직후 대만은 주민들의 항일 게릴라 활동이 빈발하여 치안이 나쁜데다, 치안 유지를 위해 대만으로 보내진 일본 군인과 경찰은 말라리아를 비롯한 전염병에 시달리고 있었다. 일본의 첫 식민지인 대만의 실효 지배를 확립하기 위해 위생은 시급한 과제였으며 위생 고문인 고토는 대만의 위생과 의료 행정을 현장에서 담당할 수 있는 책임자를 찾고 있었다. 그러나 치안도 위생상태도 좋지 못한 대만 부임을 희망하는 사람은 적었고 적임자를 찾지 못해 고심하고 있던 차 야마구치를 만난 것이었다. 앞서 언급했듯이 야마구치는 오키나와에 부임하기 전에 중국으로 건너가 의사로 활동할 계획을 했을 정도였기 때문에 대만에도 적지 않은 관심을 가졌던 것으로도 생각된다. 청일전쟁 당시에는 군의관 복무를 지원하기도 했다. 게다가 고토와 면담했을 때에는 그가 이혼한 지 얼마 되지 않았고 일도 잘 풀리지 않았으니 새로운 곳에서 새로운 삶을 바랐을지도 모르겠다. 다른 의료 전문가들이 대만행을 주저하던 상황에 그는 고토의 요청을 받아들여 1896년 11월 도쿄를 출발했다.[28]

---

27    Ibid..

28    菜花野人, 「山口秀高の生涯(其一四)」, 『実験眼科雑誌 第十三年』 111号, 1930,

야마구치가 착임한 타이베이 의원의 전신은 1895년 6월 20일 타이베이성 서쪽에 위치한 대만인의 집단주거지구인 다다오청大稻埕에 창설된 '대일본 대만 병원'이다. 다만 이는 일반 민가를 수리해 만든 야전병원과 같은 것일 뿐이었다. 이듬해 1896년에 민정으로 바뀌면서 '타이베이 병원'으로 개칭되고, 후에는 '타이베이 의원'으로 바뀌었다.[29] 야마구치가 1896년 12월 타이베이 의원에 착임했을 당시에는 흑사병이 크게 유행하여 의원들은 임상과 방역에 분주했다. 주민들의 항일 게릴라 활동이 빈발했기 때문에 마치 매일같이 외과 수술을 하는 것 같은 나날이었다.[30] 그런 상황에도 불구하고 야마구치는 취임한 지 얼마 되지 않아 의학교 창설을 총독부에 제언했다. 시동생이 남긴 전기 「야마구치 히데타카의 생애」에 따르면 오키나와에서 의학교 설립을 기획했던 것의 좌절 때문에, 대만에서 그것을 더욱더 실현시키고자 했던 것 같다고 한다. 그렇지만 나날이 전염병의 만연과 항일 게릴라 활동의 박멸에 분주한 대만총독부 관료들이 의학교 설립안을 시기상조로 반대한 것은 말할 것도 없었다. 제3대 총독 노기 마레스케乃木希典와 민정국장 소네 시즈오曽根静夫에게 상신까지 했지만 받아들여지지 않았고, 야마구치는 타협안으로 1897년 4월 12일 타이베이 의원 내에 우선 의학강습소를 설립했다.

서양의술이 아직 보급되지 않고 일본어를 이해하는 대만인도 적었을 당시 학생들을 모으는 것은 많은 어려움이 뒤따랐다. 교원의 지인인 대

---

pp.62~64.

29    小田俊郎, 『台湾医学五十年』, 医学書院, 1974, p.48; 荘永明, 『台湾医療史－以台大医院為主軸』, 遠流出版, 1998, pp.76~77.

30    小田俊郎, Ibid., pp.48~49.

만인이나 약사의 자제, 당시 '의생'으로 불리던 한방의에게 권유하여 수당을 지급함으로써 간신히 20여 명이 제1기생으로 양성소에 입학했다. 교원은 타이베이 의원의 의사 4명과 약국원 2명이 겸임했다. 일부 학생들은 일본어를 거의 이해하지 못하거나 학교에 다닌 적이 없는 학생도 있었기 때문에 교원은 스스로 대만어를 습득하여 수업에서 일본어와 대만어를 혼용하거나 손짓이나 실물을 보여주며 설명했다. 하지만 1년도 지나지 않아 많은 학생들이 자퇴했고, 모든 과정을 이수한 것은 단 다섯 명에 불과했다.[31] 그런데 남은 다섯 명이 눈부신 학습 성과를 거둔 것을 보고 야마구치는 강습소를 의학교로 조속히 승격시켜야 할 것을 당시의 척무식민지 사무행정대신 다카시마 도모노스케高島鞆之助와 위생고문인 고토 신페이後藤新平에게 호소했다. 고토 신페이는 얼마 지나지 않아 대만총독부 민생장관에 착임하자 의사강습소를 시찰하고 그것을 공식 의학교로 승격시키기로 결정했다.[32]

이리하여 대만을 점령한 지 불과 4년 만인 1899년 3월 31일에 대만총독부 의학교 관제가 공포되면서 대만총독부 의학교가 개교했다. 타이베이 의원장인 야마구치 히데타카山口秀高가 제1대 교장을 겸직하고, 첫해에는 의학강습소 수료생과 공학교대만인 자제의 1단계 교육 과정 수료자 15명을 본과에 입학시키는 동시에 70명을 예과에 넣어 수업을 시작했다.[33] 설립 직후에는 퇴학자가 속출했고, 제1기 졸업생은 3명, 제2기 졸업은 1명에

---

31   Ibid., pp.65~66; 台湾教育会 編, 『台湾教育沿革誌』, 南天書局, 1995, pp.917~918; 莊永明, op. cit., p.240.

32   菜花野人, 「山口秀高の生涯(其一五)(完)」, 『実験眼科雑誌 第十四年』 115号, 1931, p.57.

33   台湾教育会 編, op. cit., p.919.

불과했다. 하지만 점차 사회의 의료 육성에 대한 이해도 깊어지고, 학생들도 순조롭게 졸업하게 되자 의학교는 점차 발전해 대만에서 제일가는 엘리트 학교로 성장했다.[34]

19세기 말 오키나와와 대만의 의료와 의학의 현황은 매우 비슷한 상태였다. 양 지역 모두 서양 의술은 주민들 사이에 거의 보급되지 않았고 외국과의 교류가 급증하며 콜레라 등의 전염병이 만연했다. 메이지 정부는 오키나와와 대만에 처음으로 서양 의술을 본격적으로 보급했지만, 두 지역에서의 군사 개입과 뗄 수 없이 결탁되어 있었다.

그에 유럽 식민지 통치사에 정통한 야마구치 히데타카는 문명화 '선봉'으로서의 의료가 갖는 가치를 인정해 양 지역에서 의료 육성에 주력했다.[35] 하지만 야마구치가 퇴관한 후 양 지역의 의학교육 전개는 대조적이었다. 1912년 오키나와현에서는 의생교습소가 폐지되며 오키나와현 내에서 전문적인 의학교육을 받을 수 없게 되었다. 한편 대만에서는 의료 전문가이기도 했던 고토 신페이의 조력 덕에 강습소는 곧 의학교로 승격되었고, 그 후 크게 발전하게 되었다. 의학교육의 전개는 실로 식민지 제국 일본의 오키나와현과 식민지 대만의 위치를 전형적으로 반영하고 있었다고 할 수 있겠다.

---

34  小田俊郎, op. cit., pp.67~68.

35  야마구치 히데타카는 염원하던 의학교를 개설하여 스스로 교장으로 취임하고 학교 운영에 열정을 기울였지만, 총독부 관료들과 학교 운영을 둘러싸고 대립하여 의학교가 설립된 지 불과 3년 후인 1902년에 타이베이 병원장과 의학교 교장을 사임하게 되었다. 菜花野人, op. cit., 1931, pp.56~58.

## 6. 대만 식민지에서의 의학교육의 전개

일본 통치하 대만의 교육은 크게 한족계의 대만인 교육, 원주민 교육, 그리고 일본인 이민자 자제에 대한 교육, 이 세 계통으로 구분된다. 1922년 제2차 대만교육령칙령 제20호이 공포되기 이전에는 일본인의 경우 내지 교육제도에 따르는 학교에 다녔고, 대만인에 대해서는 1919년 공포된 대만교육령칙령 제1호에 따라 교육이 이뤄졌다. 총독부는 대만인들 사이에 국어와 덕육德育을 중심으로 한 초등교육을 보급시키는 데 주력했지만, 일본 통치에 항거하는 지식인 집단의 등장을 우려해 중등교육 이상의 교육기관을 발전시키는 데에는 소극적이었다. 대만총독부 의학교는 그중에서도 소수의 대만인들을 위한 중등교육기관이었다. 그런 까닭에 이 의학교에서 전업 의사뿐만 아니라 많은 대만의 지적, 사회적 리더가 탄생했다. 1920년대에는 세계적인 민족주의 발흥의 흐름 속에서 대만에서도 민족주의가 대두되었으나, 의학교 졸업생으로 대만 의회 설치 운동을 비롯한 정치 활동에 참여하면서 지도적 역할을 수행한 자도 적지 않았다.[36]

대만에서는 초등교육을 받는 대만인 아동 수가 해마다 증가했음에도 불구하고 중등교육기관의 수도 한정적이었고 그 교육 수준도 낮은 데에 대한 불만이 고조되고 있었다. 이러한 대만인의 불신을 완화시키고 대만인의 동화와 일시동인一視同仁 구현을 목표로 1922년 2월 6일 대만교육령칙령 제20호이 개정돼 중등교육 이상의 내지인과 대만인 공학이 실현되었

---

36   Lo, Ming-Cheng M, *Doctors within Borders : Profession, Ethnicity, and Modernity in Colonial Taiwan,* Berkeley : University of California Press, 2002.

다. 이에 따라 대만총독부 의학전문학교는 내지의 전문학교령에 의거하는 전문학교가 되었고, 개정 전 대만교육령에 따라서 진학한 대만인 학생들도 입학시험을 통한 의학전문학교 입학이 허용되었다.[37]

그럼에도 불구하고 중등교육에서 내지인과 대만인의 공학이 대만인에 대한 차별 철폐로 이어졌다고 말하기 어렵다. 오히려 일본인과 같은 조건에서 입학시험을 치르는 것은 일본어를 모국어로 삼지 않는 대만인들에게 압도적으로 불리하게 작용했다. 대만 전역의 인구를 살펴보면 일본인은 5%에도 못 미치는 소수자였음에도 불구하고 1926년에서 1933년 사이에 의학전문학교 졸업자 수에서 일본인이 차지하는 비중은 많을 때에는 7할 가까이에 이르렀다. 졸업자 수는 해에 따라 변동이 크기 때문에 단순히 비교하기는 어렵지만, 대만인만 받아들여졌던 시기와 내지인과 대만인 공학이 이뤄진 시기와의 의학전문학교에서의 대만인 학생 수에 눈에 띄는 변화는 보이지 않는다.[38]

대만총독부 의학교가 일본인을 받아들이게 된 이래 오키나와현민으로 의사를 지향하는 자 중 상당수가 대만으로 건너갔다. 1941년 동문회가 발행한 명단에 따르면 대만총독부 의학전문학교가 첫 일본인 졸업생을 배출한 1922년부터 1941년까지 574명의 일본인이 대만총독부 타이베이의학전문학교이하 '타이베이의전'으로 줄임 혹은 타이베이제국대학 부속의학전문부이하 '부속전문부'로 줄임를 졸업했는데 오키나와현 내 사범학교 또는 중

---

37    台湾教育会 編, op. cit., pp.935~937.

38    台湾総督府台北医学専門学校, 『台湾総督府台北医学専門学校一覧昭和六年至昭和
        八年』, 台湾総督府台北医学専門学校, 1933; 台北帝国大学, 『台北帝国大学一覧 昭和
        十八年』, 台北帝国大学, 1944.

학교 졸업이나, 오키나와현을 본적지로 하는 졸업생이 110명에 이른다. 즉 일본인 졸업생 중 약 2할을 오키나와현 출신들이 차지하고 있었다. 이들 대부분이 오키나와현립 제일중학교 혹은 오키나와현립 제2중학교 졸업생으로, 그 이외는 오키나와 사범학교나 오키나와현립 미야코 중학교, 오키나와현립 제3중학교 등의 졸업생이었다. 즉 타이베이의전에 적을 둔 오키나와현 출신 학생 대부분이 오키나와현 내에서 중학교를 졸업한 뒤 진학을 위해 대만으로 건너간 것이었다.[39]

대만은 영유 초기부터 일본 남진의 거점으로 간주되었으며 대만의 발전은 남진과의 관계에서 고려되었다. 의학 및 의료도 예외가 아니었다. 호리우치 쓰기오堀内次雄는 의학교 교장으로 취임한 이듬해인 1916년 3월, 싱가포르와 자바, 수마트라를 비롯한 남양 각지를 시찰하고 의학교 졸업생들이 남양 방면으로 진출하는 디딤돌을 만들었다.

1918년 열대의학전공과가 개설된 것도 열대의학을 전문으로 배워 의료분야에서 남양으로 진출하는 것이 목적이었다.[40] 열대의학전공과는 졸업생 21명을 내보내고 1923년 폐과되었다.[41] 그러나 1930년대에 남지나, 남양 방면으로의 발전 중요도가 높아짐에 따라 열대의학을 전문적으로 연구하는 기관의 필요성이 재인식되었고, 1928년에 창설된 타이베이제국대학에 의대가 개설된 것이었다.

타이베이의전은 존속되었으나 1936년에 제국대학에 의대가 설치됨

---

39  菅野尚夫, 『会員名簿』, 南溟会, 1941.
40  莊永明, op. cit., pp.234~236.
41  台湾総督府医学専門学校, 『台湾総督府医学専門学校一覧(大正十五年)』, 台湾総督府医学専門学校, 1927, p.155.

에 따라 같은 해 4월 1일부터 대학에 부속하는 의학전문부로 여겨졌다. 1940년에서 43년 사이에 제국대학 의대는 176명의 졸업생을 배출했는데, 그중 오키나와현을 본적지로 한 학생은 1940년 졸업한 오쿠히라 고이치奧平廣一, 41년 졸업인 스나가와 게이테쓰砂川惠徹와 오나가 히로시翁長弘 3명뿐이었다.[42] 한편 부속전문부를 졸업한 오키나와현 출신은 많았고, 1936년부터 1943년 사이에 졸업한 444명내지에 본적지가 있는 자는 227명 중 50명이 오키나와현을 본적지로 하는 학생이었다.[43] 즉 대만에서 의사면허를 취득한 오키나와현 출신의 대다수는 중학교 졸업 후 바로 진학할 수 있는 타이베이의전 혹은 부속전문부를 졸업한 것이었다.


## 7. 왜 대만의 의학교인가?

### 1) 가난과 교육 기회

오키나와현에서 의생교습소가 폐지된 것은 앞서 언급한 바와 같지만, 오키나와현 젊은이들은 대만 의학교 진학에 대해 어떻게 생각하고 있었을까. 필자가 직접 조사한 3인과 대만에서 의학을 공부한 오키나와현 출신자의 수기나 전기에 의거해 오키나와에서 대만으로 진학한 경위와 개인적인 동기를 짚어보고자 한다.

우선 주목하고자 하는 타이베이의전/부속전문부에 진학한 오키나와

---

42    台北帝国大学, op. cit., pp.319~324.
43    Ibid., pp.347~358.

현 출신자 대부분이 오키나와현립 제일중학교와 오키나와현립 제2중학교 졸업생이라는 점이다. 두 학교는 사범학교를 제외하면 현 내에서도 몇 안 되는 중등학교로, 현 내의 우수한 학생들이 모여 있었다. 그러나 현 내 유수의 중학교를 졸업해도 그들을 받아줄 만한 학교나 취업처가 현 내에는 부족했다. 본토에 있는 고등학교나 전문학교에 진학할 경우에는 학비나 생활비가 더 많이 들며 그런 경제적 부담을 견딜 수 있는 가정은 극소수였다.

아시아·태평양전쟁 전의 오키나와현에서는 성적이 우수하더라도 가정형편 때문에 진학을 포기하는 학생이 많았다. 앞서 언급한 바와 같이 오키나와 의생교습소에 입학한 학생 중에는 가난한 가정 출신의 자제들이 많아 졸업 후 현에서 지정한 의료기관에 근무하는 것을 조건으로 학교의 특대생제도나 출신 마을의 장학금 제도를 이용할 수 있는 것이 의생교습소에 진학하는 강한 인센티브로 작용했다. 이 점은 타이베이의 전/부속전문부의 진학과 관련해서도 유사하다.

대만총독부 의학교는 1918년부터 일본인을 받아들이기 시작했는데, 그 이듬해 의학전문부에 제2기생으로 입학한 요시노 고젠吉野·舊姓, 伊良皆·高善도 장학금을 받을 수 있다는 이유로 대만에서 진학하기로 결심한 한 사람이다. 요시노는 1898년 고하마섬에서 태어났다. 그의 아버지는 넷째였기 때문에 재산을 물려받지 못한 채 농사를 짓는 한편, 작은 상점을 운영했지만, 가족은 매우 빈곤한 삶을 살아야 했다. 고하마지마섬과 이시가키섬에서 소학교 고등과까지 수료한 요시노는 경제적 이유로 중학교 진학을 좀처럼 인정하려 하지 않는 아버지를 설득하여 1914년에 오키나와현립 제2중학교에 입학했다. 성적이 우수한 요시노는 중학 재적 중 3년간은 특대생으로 선정돼 학비를 면제받았지만 졸업 후 진로를 고민했다. 그러던 중 의사가 부족한 다케도미 마을이 장학금 제도에 따라 의학생을 지원할 의향이 있다는 것을 알고 의사를 지망하기로 결정했다고 한다. 또 시험에 실패했을 때를 위해 동시에 여순공과학당의 기계과도 지원했다.[44]

전기나 회고록을 읽으면 부모와 친척의 권유로 타이베이의전/부속 전문부를 지원했다는 기술이 산견되는 것도 장학금과 특대생 제도가 충실한 것 외에 졸업 후 오키나와현에서 취업이 쉬운 것이 이유였다고 생각된다. 1909년생으로 오키나와현립 오키나와 제일중학교 졸업 후 타이베이의전으로 진학한 이나후쿠 젠시稲福全志는 지망 이유에 대해 다음과 같이 말하고 있다.

부속초등학교를 거쳐 현립 일중지금의 수리고을 졸업한 것이 쇼와 3년으로 그때는 분별없고 건방질 때였기에, 또 분수도 모르고 꿈도 있었기에, 친척에게 타이베이의전 입학을 권유받았을 때는 실망했었다. 서푼이나 받는 마을 의사가 되어 평생을 근근이 살아간다는 것은 생각도 안 해봤던 일이기 때문일 것이다. 그러나 원래 가난한 집에 아버지도 이미 돌아가서 학자금이 나올 곳도 전혀 없는 처지라서 친척의 뜻에 따를 수밖에 없었다.[45]

이나후쿠와 같은 학년으로, 1910년 요미탄촌에서 태어난 겐카 아사

---

44　吉野高善, 『ふる里と共に』, 自費出版, 1967.
45　稲福全志, 「わが青春のころ」, 『那覇市医師会報』 5(2), 1977.

야스源河朝康는 오키나와현립 제2중학교 재학 중 의사가 되기를 지망하게 되었는데, "의사가 되면 오키나와에서 개업할 수 있고, 부모님도 안심할 수 있기 때문에 좋다고 생각한"[46] 것이 그 계기라고 한다. 겐카는 원래 토목건축이나 전기공학 관계 대학 진학을 희망했지만 당시에는 건축가나 기술자가 돼도 오키나와현 내에서 직장을 찾기 어려웠던 상황이었으며 타 부현이나 만주에서 취업하게 되면 부모님이 걱정할 것이 마음에 걸렸다고 한다.[47]

오키나와현의 유일한 의료 육성기관이었던 의생교습소가 1912년 폐지된 이후 오키나와현 주민들이 의사를 지향할 경우 현 밖으로 나갈 수밖에 없었다. 그리고 의사면허를 취득할 수 있는 교육기관 가운데 타이베이의전/부속전문부의 학비가 비교적 저렴했던 것이 일본 본토의 학교보다 선호된 이유로 꼽을 수 있겠다.

예를 들어, 1918년 오키나와현의 도마리泊에서 태어난 다나카 고에田仲康榮는 오키나와현립 제일중학교에 재학 중이었으며, 2학년 무렵까지는 화가를 꿈꾸며 미술학교로의 진학을 생각하고 있었다. 하지만 아버지를 비롯해 친척들이 결핵으로 줄줄이 사망해 가는 것을 보고 의사를 지망하게 되었다.[48] 그러나 결핵으로 아버지를 잃은 다나카의 가정은 경제적으로 결코 윤택하지 못했다. 다나카에 따르면 당시 학비가 저렴했던 것은 관립의 타이베이제국대학 부속의학전문부와 조선총독부 경성의학전문

---

46  源河朝陽, 「読谷出身初の医学博士 源河朝康」, 読谷村史編集委員会 編, 『読谷の先人たち』, 読谷村役場, 2005, p.250.

47  Ibid., pp.248~250.

48  田仲康榮, 「わが青春のころ」, 『那覇市医師会報』9(3), 1981.

학교였기 때문에 대만의 부속전문부를 지망하게 되었다.[49] 다나카가 졸업한 도마리 소학교에서 부속전문부에 진학한 졸업생이 몇 명 있었는데, 그런 주변의 영향도 대만으로 진학을 지망한 배경에 있었다고 할 수 있겠다. 오키나와현립 제일중학교를 졸업한 다나카는 곧바로 의학전문부를 응시했고, 동시에 타이베이제국대학 부속 농림전문부에도 응시했다. 농림전문부의 응시 결과가 먼저 나왔기 때문에 의대 결과가 나오기를 기다리지 않고 농림전문부에 입학했다. 하지만 의사가 되고 싶다는 꿈을 떨치지 못했고 입학한 지 얼마 되지 않아 농림전문부를 퇴학하고 이듬해인 1937년에 다시 응시하여 의학전문부에 입학했다. 재학 중에는 가정교사 아르바이트를 하는 외에 현으로부터의 대여 장학금을 수급해 학비를 충당했다고 한다.[50]

### 2) 제국 일본의 학교 네트워크

필자와의 인터뷰에서 다나카는 조선총독부 의학전문학교만을 언급했지만, 실은 식민지 조선에는 이 학교 외에 1933년 대구의학전문학교이하 대구의전와 평양의학전문학교이하 평양의전가 개설돼 있었다. 타이베이제국대학이하 타이베이제대 부속전문부와 경성의학전문학교가 관립이었음에도 나머지 2개교는 공립이었고 4개교는 모두 내무성 소관 전문학교로 일본인 학생도 받아들였다. 실제로 오키나와현 중학교에서 대구의전 혹은 평양

---

49  田仲가 의학전문부에 입학했던 이듬해 1933년에 평양 의학 강습소가 승격하여 평양 의학전문학교가 설립되었다.

50  田仲康榮, 2012.9.4, 오키나와현 나하시에서 IC레코더로 녹음.

의전으로 진학한 학생도 있었다.[51]

미야코지마 출신으로 1924년생인 이시미네 겐키伊志嶺玄喜는 1942년 부속전문부를 응시했을 때 식민지 조선의 대구의전에도 응시했다고 한다. 당시 미야코섬에서는 대만과 조선, 만주의 의학전문학교를 동시에 응시하는 것이 일반적이었을 것이다. 1931년부터 45년 사이에 의과대학과 의학전문학교를 졸업한 미야코군 출신 40명 가운데 21명이 타이베이 의전/부속전문부에 진학했고, 2명이 타이베이제대 의대에 진학해 의사 면허를 취득했지만, 1938년 이후 3명이 조선의 평양의전, 2명이 대구의전, 1명이 만주의과대학으로 진학했다.[52]

이시미네는 미야코 제일초등학교 3학년 때 장티푸스를 앓았지만 현지 의사의 진찰을 받아 무사히 완치되었고, 그 이후 의사를 지망하게 되었다. 본토 대학에서 의학을 배우기 위해서는 우선 고등학교에 진학해야 하고, 그렇다면 타이베이제대 부속전문부에 진학하는 편이 '손쉽겠다' 생각하여 부속전문부를 지원했다. 마을에서 급비 장학금으로 학비를 납부하면서 부속전문부에서 공부하다가 2년 뒤인 1944년에는 해군에 군의관으로 소집되었다. 결국 이시미네는 일본의 패전 이후 학교로 돌아갔지만 더 이상 학교는 차분하게 공부를 하는 그런 상태가 아니었고 1945년 말로 졸업이 앞당겨졌다.[53]

이상과 같은 라이프 히스토리에서 현 내에 의사육성기관도 고등학

---

51 沖縄県宮古島医療史編纂委員会, 『沖縄県宮古島医療史』, 沖縄県宮古島医師会, 2011.
52 Ibid., pp.275~276.
53 정확한 졸업 월일은 불명. 이시미네겐키, 오키나와현 나하시에서 IC레코더로 녹음.

교도 없는 오키나와현 중학교 학생들이 보다 빨리 저렴한 비용으로 진학할 수 있다는 이유로 타이베이의전/부속전문부 진학을 선택했다는 것을 엿볼 수 있다. 오키나와 의생교습소가 있던 무렵 일본 본토에도 다수의 전문학교가 있었지만, 1918년 '대학령'이 공포된 결과 주요 의학전문학교 상당수가 단과대학으로 승격되었다. 또 제국대학에도 의대가 증설된데다 사립대학도 신설되어, 1936년 시점에는 관립 13, 공립 1, 사립 3, 총 17개 의대 또는 의과대학이 설치되어 있었다.[54] 관립 전문학교의 상당수가 대학으로 승격된 후에도 사립 전문학교는 증설되었다. 그러나 학비는 예를 들어 사립의 쇼와의학전문학교의 경우 1932년 규정에 따르면 등록금으로 연 150엔이 필요했고 졸업시험료로 50엔이 징수되었다.[55] 관립 의과대학의 등록금은 그에 비하면 저렴하고, 예를 들어 마찬가지로 1932년 관립 가나자와의과대학의 한 학년 등록금은 120엔으로 정해져 있었다.[56] 그런데 관립의과대학에 진학하려면 고등학교 고등과 졸업자격이 필요했기 때문에 오키나와현에서 중학교를 졸업하고 바로 진학할 수는 없었다. 그와 비교해 보면 타이베이의전은 중학교를 졸업한 뒤 바로 응시할 수 있었고, 1932년 당시에도 등록금은 한 학년에 60엔이었고, 기숙사도 갖추어져 있었으며, 그 비용은 매월 1엔으로 낮게 설정되어 있었다.[57] 참고로 식민지 조선의 경성의학전문학교의 같은 해 등록금

54  厚生省医務局, op. cit., p.200.
55  昭和医学専門学校 編, 『昭和医学専門学校要覧 昭和七年八月現在』, 昭和医学専門学校, 1932, pp.34~35.
56  金沢医科大学 編, 『金沢医科大学一覧 昭和七年』, 金沢医科大学, 1932, p.57.
57  台湾総督府医学専門学校, op. cit,. p.57.

은 한 학년에 35엔으로 규정되어 있었다.[58] 장학금제도와 특대제도 등에서 차이가 있고 생활비에도 차이가 있기 때문에 단순 비교는 불가능하지만, 식민지 대만과 식민지 조선의학전문학교가 오키나와현 중학생들에게 입학자격과 학비 양면에서 현실적이고 유망한 진로로 인식되고 있었다는 것을 이해할 수 있다. 그리고 다나카가 증언하듯 이전부터 진학이나 취업을 목적으로 대만에 건너는 오키나와현 출신이 많았던 것으로 보아 식민지 조선의 전문학교와 비교하면 타이베이의전/부속전문부가 좀 더 친숙한 존재로 느껴지고 있었음을 짐작할 수 있을 것이다.

## 8. 식민의학교 졸업 후

그렇다면 대만으로 진학한 오키나와현 출신 청년들은 그 후 어떤 길을 걸었을까. 앞에서 언급한 바와 같이 타이베이의전/의학전문부에 진학한 오키나와현 출신의 일부는 향후 의사가 부족할 것으로 보이는 오키나와현의 지방에서 의료 활동에 종사할 것으로 예상돼 장학금을 받으면서 진학하는 학생도 있었다. 그들은 실제 출신지에 돌아가 개업했던 것일까? 오키나와현 출신 졸업생의 진로에 대한 신뢰할 만한 자료는 남아 있지 않지만, 동문회 '남명회南溟会'의 명단에서 1941년 시점의 졸업생들의 동향을 볼 수 있었다. 첫째, 졸업 연도가 빠를수록 개원의로서 독립하는

---

58    京城医学専門学校 編, 『京城医学専門学校一覧 昭和七年』, 京城医学専門学校, 1932, p30.

졸업생이 많은데, 이는 의사의 경력 단계로서 자연스러운 일이라고 할 수 있을 것이다. 하지만 개업하는 곳이 반드시 오키나와현이 아닌, 대만이나 일본 본토에 더해 중화민국이나 남양군도, 싱가포르 등 1930년대 이후 많은 일본인들이 진출한 나라나 지역에까지 미치고 있는 점이 흥미롭다. 근무의로 일하는 경우도 마찬가지로 대만이나 일본 본토 등 여러 곳의 병원과 진료소에 점재해 있었다.

또 졸업생들은 개업하기 이전에는 일본 세력권 내에 있는 병원과 의원으로 빈번하게 이동했다. 예를 들어 앞서 언급한 요시노 고젠吉野高善은 1923년 타이베이의전을 졸업하자 곧바로 동교의 연구과생이 되었고, 내과를 전공하면서 동교의 부속의원이었던 일본적십자사 대만 지부 의원의 촉탁의로 근무했다. 1925년 동 연구과를 수료한 후에는 타이베이의전 학생실습지도원으로 2개월 정도 근무한 후, 대만 동부에 있는 대만총독부 화련항의원에 내과 주임으로 부임했다. 그곳에서 약 2년간 근무의로서 주로 인근 일본인 부락의 주민을 진료한 후, 1927년 이시가키섬에서 개업했다.[59] 요시노는 대만 진학 때 다케토미촌으로부터 대여 장학금을 받고 있었는데, 개원의가 되어 경제적으로 여유가 생기자 "그것으로 빌린 개업자금이나 다케토미촌으로부터 대여받은 학자금부터 갚기로 했다. 훗날 이를 다 갚고 나서, 오랜 짐을 내려놓게 되어 정말 안도했다"[60]고 밝힌 바 있다.

"의사가 되면 오키나와에서 개업할 수 있고, 부모님도 안심할 수 있기

---

59   吉野高善, op. cit., pp.105~130.
60   Ibid., p.130.

때문에 좋다고 생각"[61] 했다는 겐카 아사야스였지만, 1933년 타이베이의전을 졸업하자 우선 대만에 있는 일본제당 공장의 촉탁의로 근무하기 시작했다. 그런데 좀 더 의학 공부를 하고 싶다는 생각이 든 겐카는 오사카제국의대 제2외과에 들어가 그곳에서 연구하면서 낮에는 사카이시의 시립병원에서 근무했고, 1943년에는 의사가 부족했던 상하이의 동인병원同仁病院에 근무하던 중에 군의관으로 소집돼 중국의 전장에 가게 되었다.[62]

겐카뿐만 아니라 1940년대에 들어서면서 각지에서 개업하거나 혹은 병원에 근무하던 오키나와현 출신 의사들 대부분은 군의관으로 종군했다. 1941년 20기생으로 졸업한 다나카 고에는 오키나와현립 병원에서 근무하고 있었지만 군의관을 지원하여 아이치현으로 갔다. 그런데, 그곳에서 병에 걸려 부대에 들어가지 못하고, 현지의 도요하시 병원에서 근무했다. 그러다가 1943년에는 만주의 방공대에 군의관으로 종군하여 그곳에서 패전을 맞이했다.[63]

타이베이의전/부속전문부를 졸업한 뒤 오키나와현으로 돌아가지 않고 대만에서 근무하고 있었음에도 불구하고 군의관으로 소집되어 오키나와전에 휘말린 의사도 있었다. 다나카 고에와 동기생으로 1941년 부속전문부를 졸업한 신자토 고토쿠新里幸德는 졸업 후 타이베이제대 안과교실과 중국 박애회 광둥의원에 근무한 뒤, 대만총독부의 촉탁으로 근무하던 1944년 6월 소집되어 가고시마현 서부 제18부대에 입대했다.[64] 임

---

61    源河朝陽, op. cit., p.250.

62    Ibid., p.252.

63    田仲康榮, 「わが青春のころ」.

64    沖繩タイムス社, 『現代沖繩人物三千人』, 沖繩タイムス社, 1966, p.676.

무처는 오키나와 본섬으로 "현지 사정을 잘 알고 지리 감각도 있는 군의를 모집하겠다는 것으로 오키나와 출신 군의가 소집"[65]되었다고 전해진다. 그러나 신자토가 가고시마항에서 승선한 도야마루는 오키나와로 가는 길에 미군에 격침되어 4,600명의 장병 중 4,000명이 전사했고, 10명이 승선한 오키나와 출신 군의관 중 9명이 전사하고 신자토만이 살아남았다. 도쿠노시마 주민의 전마선伝馬船에 구조된 신자토는 아마미오시마의 고니아吉仁屋에서 치료를 받은 뒤 오키나와 본토로 귀환해 군의관으로 종군했다.[66] 신자토는 무사히 살아남았지만 오키나와전에서 많은 의사들이 목숨을 잃었다. 1948년 히메유리 탑 옆에 '오키나와전 순직 의료인의 비'가 건립되었고 그곳에는 오키나와 출신 군의관 17명을 포함한 47명의 순직 의료인의 이름이 새겨져 있다.[67]

## 9. 맺음말

일본이 동아시아에서 제국주의적 확대를 진행하고 지리적으로 근접한 대만을 식민지화함으로써 류큐열도는 국민국가로서 일본의 변방으로 자리매김함과 동시에 '내지'와 '외지'의 경계 영역이 되었다. 따라서

---

65    新里幸徳,「軍医として沖縄戦に」, 沖縄県医師会会史編纂委員会 編,『沖縄県医師会史
      ―終戦から祖国復帰まで』, 沖縄県医師会(=『沖縄県医師会報』第22号~26号, 1987),
      2000, p.22.

66    Ibid..

67    沖縄県医師会会史編纂委員会 編, op. cit., p.26.

오키나와현의 근대는 변방성과 경계성이라는 양면성 속에서 포착되어 야만 할 것이다.

식민지 제국 일본에 있어 근대 오키나와의 변방성과 경계성을 구현한 것이 20세기 초 오키나와현에서 대만으로의 빈번한 이동이다. 이동은 물품과 통원, 관광 같은 일상생활의 연장에 있는 유형에서 취업과 진학을 목적으로 한 장기 체류, 나아가서는 가족 전체의 이주와 같은 정주형 이동까지 실로 다양한 형태를 보인다. 그중에서도 이 글에서는 젊은이들이 식민지 의학교로 진학하는 오키나와현에서 식민지 대만으로의 이동에 주목했다.

오키나와현과 대만에서 현대 의료는 일본의 지배와 함께 보급되었다. 야마구치 히데타카의 동향에 초점을 맞춰 오키나와와 대만에서의 의학 및 의료 육성의 전개를 살펴 봄으로써 제국 일본에 있어 오키나와와 대만에 대한 통치의 차이를 엿볼 수 있었다. 즉 일본은 막대한 투자로 통치를 철저히 함으로써 대만의 식민지 지배를 수행하는 한편, 어디까지나 소극적인 통치에 머물면서 오키나와를 제국의 변방에 머무르게 했다는 것이다. 어쨌든 두 지역에서 주민들의 복지가 우선적으로 고려되지는 않았지만, 이후 근대 의학의 발전에 큰 차이를 만들어냈다. 전쟁 전 오키나와에서 유일한 의료육성기관은 현립 오키나와병원 부속의 의생교습소였지만, 시설 면에서나 교육체제 면에서나 완전치 못해 주민들에게 만족스러운 의학교육을 제공했다고는 할 수 없다. 한편 대만에서는 고토 신페이의 의지에 따라 일찍이 우수한 의학교육이 추진되었다.

1918년에 대만총독부 의학교는 일본인 학생에게도 문호를 열었고,

1922년에는 대만인과 일본인의 공학이 성사되었다. 하지만 일본인, 대만인 공학은 대만인 학생들에게 유리하기는커녕 일본인 학생들과 경쟁을 강제했다는 점에서 결코 대만인에게 이익을 주는 제도는 아니었다. 실제로 대만에서 일본인과 대만인 공학으로 가장 큰 이득을 본 것은 오키나와현 출신 학생이었다고 할 수 있다. 일본제국의 변방에 머물러 있던 오키나와현에서는 노력해 중학교를 졸업해도 현 내 취업처는 제한적이었고 고등학교도 대학도 없었다. 그럼에도 불구하고 '내지인'이었던 그들은 중등학교를 졸업하고 바로 비교적 싼 등록금으로 진학할 수 있는 타이베이의전/부속전문부를 진학처로 선택했던 것이다.

그러나 오키나와 의생교습소와 달리 오키나와현 출신 학생들의 타이베이의전/부속전문부 진학이 곧 오키나와현 내 의료 발전에 기여한 것이라고는 하기 어렵다. 많은 학생들은 졸업 후 대만이나 일본 본토의 병원과 의원에 근무하며, 그 일부가 몇 년 후 고향으로 돌아와 개업한 것에 불과하다. 그러나 일본의 태평양전쟁 패전은 결과적으로 대만과 다른 지역에 흩어져 있던 타이베이의전/부속전문부 졸업생들을 오키나와현 내로 모이게 했다. 지상전으로 많은 의사를 잃은 오키나와현에서 타이베이의전/부속전문부 졸업생들은 패전 직후 의료를 맡았다. 패전 직후 60여 명에 불과했던 의사 수는 일본 본토나 외지에 있던 의사들이 복귀 혹은 일본으로 '인양引揚'됨에 따라 그 수는 증가해 1951년에는 179명으로 전쟁 전 수준까지 회복했다.[68]

---

68  琉球政府社会局庶務課,『厚生白書一九六〇年度版(創刊)』, 琉球政府社会局庶務課, 1961, p.230.

1966년에 출판된『현대 오키나와 인물 3천 명』오키나와타임스사에는 당시 오키나와현 내에서 개업하거나 병원에 근무한 의사 143명치과의사 제외의 경력이 실려 있다. 1960년 당시 현 내 의사의 총수는 314명이었으므로,[69] 이 책에는 그 절반가량이 실려 있는데, 그중 37명이 타이베이의전/부속전문부를 졸업하고 의사면허를 취득했다. 1966년 당시에는 오키나와 의생교습소 출신 의사와 패전 후 본토 대학 의대를 졸업한 의사도 개업을 했는데, 그중에서도 출신교로서 다수파를 차지했던 것이 타이베이의전/부속전문부 출신이었다.[70] 패전 후 오키나와의 의료는 이런 많은 사람들과의 제국주의적 커리어를 초석으로 발전한 것이다.

69  Ibid..
70  沖縄タイムス社,『現代沖縄人物三千人』.

## 참고문헌

源河朝陽,「読谷出身初の医学博士 源河朝康」,読谷村史編集委員会 編,『読谷の先人たち』,
　　　読谷村役場, 2005.

浜松哲雄編,『沖縄医生教習所記念誌』,沖縄県医師同窓会, 1929.

東恩納寛惇,「序にかへて」,浜松哲雄 編,『沖縄医生教習所記念誌』(第一章 沿革篇) 沖縄県医師
　　　同窓会, 1929.

飯島渉,『マラリアと帝国－植民地医学と東アジアの広域秩序』,東京大学出版会, 2005.

稲福盛輝,『沖縄医学史－近世·近代編』,若夏社, 1998.

稲福全志,「わが青春のころ」,『那覇市医師会報』5(2), 1977.

金沢医科大学編,『金沢医科大学一覧 昭和七年』,金沢医科大学, 1932.

菅野尚夫,『会員名簿』,南溟会, 1941.

京城医学専門学校編,『京城医学専門学校一覧 昭和七年』,京城医学専門学校, 1932.

金城清松,山川岩美 編,『飲水思源－金城清松遺稿集』,若夏社, 1977.

厚生省医務局,『医制百年史』(記述編),ぎょうせい, 1976.

小田俊郎,『台湾医学五十年』,医学書院, 1974.

沖縄県医師会会史編纂委員会,『沖縄県医師会史－終戦から祖国復帰まで』,沖縄県医師会, 2000.

沖縄県宮古島医療史編纂委員会,『沖縄県宮古島医療史』,沖縄県宮古島医師会, 2011.

沖縄タイムス社,『現代沖縄人物三千人』,沖縄タイムス社, 1966.

琉球政府社会局庶務課,『厚生白書一九六〇年度版(創刊)』,琉球政府社会局庶務課, 1961.

菜花野人,「山口秀高の生涯(其ノ十一)」,『実験眼科雑誌 第十三年』108号, 1930a.

＿＿＿＿,「山口秀高の生涯(其一三)」,『実験眼科雑誌 第十三年』110号, 1930b.

＿＿＿＿,「山口秀高の生涯(其一四)」,『実験眼科雑誌 第十三年』111号, 1930c.

＿＿＿＿,「山口秀高の生涯(其一五)(完)」,『実験眼科雑誌 第十四年』115号, 1931.

新里幸徳,「軍医として沖縄戦に」,『沖縄県医師会史－終戦から祖国復帰まで』,沖縄県医師会
　　　(=『沖縄県医師会報』第22号～26号, 1987), 2000.

昭和医学専門学校編,『昭和医学専門学校要覧 昭和七年八月現在』,昭和医学専門学校, 1932.

台北帝国大学,『台北帝国大学一覧 昭和十八年』,台北帝国大学, 1943.

台湾教育会編,『台湾教育沿革誌』,南天書局, 1995.

台湾総督府医学専門学校,『台湾総督府医学専門学校一覧(大正十五年)』,台湾総督府医学専門
　　　学校, 1927.

台湾総督府殖産局,『台湾に於ける母国人農業植民』,台湾総督府殖産局, 1929.

台湾総督府台北医学専門学校,『台湾総督府台北医学専門学校一覧 昭和六年至昭和八年』,台
　　　湾総督府台北医学専門学校, 1933.

田仲康榮,「わが青春のころ」,『那覇市医師会報』9(3), 1981.

吉野高善, 『ふる里と共に』, 自費出版, 1967.

莊永明, 『台湾医療史 - 以台大医院為主軸』, 遠流出版, 1998.

Lambert, David and Alan Lester. "Introduction : Imperial Spaces, Imperial Subject", *In Colonial Lives across the British Empire : Imperial Careering in the Long Nineteenth Century*, eds. by David Lambert and Alan Lester. Cambridge : Cambridge University Press, 2006.

Lo, Ming-Cheng M, *Doctors within Borders : Profession, Ethnicity, and Modernity in Colonial Taiwan*, Berkeley : University of California Press, 2002.

이 글은 일본어로 작성되었으며 오현열(吳鉉烈 / OH Hyun-Yeol, 한림대학교 일본학과 겸임교수, 일본 중세문학 전공)이 번역했다.

# 정착민 식민주의적 번역

## '문명화' 작용과 아이누의 목소리

**히라노 가쓰야**

> 부르주아는 모든 생산 도구의 신속한 개량을 통해서, 그리고 한없이 용이해
> 진 교통수단을 통해서 가장 미개한 민족까지도 문명 속으로 편입시켰다. 그들의
> 저렴한 상품은 만리장성을 무너뜨리고 완고하게 외국인을 혐오하는 미개인도 항
> 복하지 않을 수 없게 만드는 대포다. 그들은 모든 민족에게 망하지 않으려면 부르
> 주아의 생산 양식을 받아들이라고 강요한다. 그들은 모든 민족에게 이른바 문명
> 을 도입하라고, 다시 말해 부르주아가 되라고 강요한다. 한마디로 하자면 부르주
> 아는 그 자신의 모습에 따라 하나의 세계를 창조하는 것이다.
>
> — 칼 마르크스 Karl Marx, 『공산당 선언 The Communist Manifesto』

## 1. 들어가며

에드워드 사이드 Edward Said 나 스튜어트 홀 Stuart Hall 등 포스트콜로니얼
이론가들은 『공산당 선언』에서 보이는 마르크스의 진보사관을 오리엔탈
리즘의 사례라고 비판했다. 위의 인용문에서 보이는 "미개인"이라는 표
현은 의심할 여지 없이 '서양'을 선진 지역으로 간주하는 진보사관을 반
영하고 있다. '비서양'은 서양의 부르주아 계급에 의한 파괴적인 문명화

를 기다리지 않고는 스스로 진보를 이룰 수 없는, 즉 역사적 주체성을 결여한 존재로 그려지고 있다. 마르크스는 1853년 『뉴욕 데일리 트리뷴New York Daily Tribune』에 발표한 「영국의 인도 지배The British Rule in India」라는 글에서 헤겔G. W. F. Hegel의 '이성의 교지狡知'론변증법에 기초하여 영국 식민주의를 다름과 같이 평가했다.

> 과연 영국이 힌두스탄[1]에 사회적 혁명을 야기한 동기는 사악한 이익 추구에 있었을 뿐이고, 그 이익을 달성하는 방법도 어리석은 것이었다. 그러나 그것은 문제가 아니다. 진정한 문제는 아시아의 사회 상태의 근본적인 혁명 없이 인류가 자신의 사명을 완수할 수 있는가에 있다. 그것이 불가능하다면 영국이 범한 죄가 어떤 것이든 간에 영국은 그 혁명을 야기하는 데 있어 무의식적으로 역사의 도구 역할을 수행한 것이다.[2]

마르크스는 영국의 식민지 지배가 "사악한 이익"을 목적으로 한 것이고 그 방법이 "어리석"었다고는 하나, 인류의 진보에 필요한 '사회혁명'을 '반半문명적 공동체'인 인도에 초래한 의의는 무엇보다도 크다고 생각했다.[3] 마르크스에게 식민지 지배가 초래한 사회혁명이란 그것이 "범한 죄"의 무게마저 정당화할 수 있을 정도로 중요한 사건이었다.

그러나 같은 글에서 마르크스가 사용한 "이른바 문명"이나 "죄"라

---

1   【역자주】인도를 뜻함.
2   カール·マルクス, 大内兵衛·細川嘉六 監訳, 「イギリスのインド支配」, 『マルクス·エンゲルス全集 第九卷』, 大月書店, 1962, p.127.
3   Ibid., p.126.

는 표현에는 '역사의 도구'='이성의 교지'라는 헤겔식 변증법으로 환원할 수 없는 불온한 울림이 있다. 어째서 마르크스는 서양의 부르주아 계급이 만들어 낸 "저렴한 상품"이 어떤 미개한 민족이라도 자본주의 생산 양식과 시장에 끌어들이는 과정을 "이른바 문명"화라 부른 것일까.[4] 아마도 자본에 의한 '문명화 작용'이 역설적으로 미증유의 야만적인 파괴행위를 초래했음을 강조하기 위함이 아니었을까. 17세기 이후, 식민지 지배를 통한 수탈과 착취가 서유럽에서 자본주의적인 부의 축적을 가능하게 했던 것을 감안하면, "그 자신서양의 부르주아의 모습에 따라 세계를 창조하는" 과정이 실은 '미개'하다고 여겨진 비자본주의적 공동체에 대한 노골적인 폭력을 의미하고 있음은 명백할 것이다.[5] 마르크스는 「영국의 인도 지배」와 같은 해에 집필한 「영국 지배의 장래 결과The Future Result of British Rule in India」에서 인도를 "정복될" 뿐 "전혀 역사를 갖지 못한" 사회라고 단정하면서도, 영국의 식민지 지배를 "부르주아 문명의 깊은 위선과 고유의 야만성"[6]의 표현이라며 규탄했다. 더욱이 『자본론Capital』 제1권의 「이른바 본원적 축적So-Called Primitive Accumulation」이라는 장에서는 자본주의 제도의 성립을 가능하게 한 요인 중 하나로 식민지 제도를 들며, "자본주의적 생산의 시대의 서광을 특징짓는" 것으로 "선주민의 소멸과 광산에 대

---

4 カール・マルクス, 金塚貞文 訳, 『共産主義者宣言』, 平凡社, 2012, p.20.
5 패트릭 울프(Patrick Wolfe)가 정착민 식민주의(settler colonialism)라고 이름 붙인 입식자(入植者)나 그들을 지탱하는 식민지 정부가 자행한 선주민 약탈, 문화적 파괴, 살육도 같은 이런 맥락에서 논의할 수 있다고 생각한다. Patrick Wolfe, "Settler Colonialism and the Elimination of the Native", *Journal of Genocide Research* 8:4, London : Taylor and Francis, 2006, pp.387~409.
6 カール・マルクス, op. cit., p.217.

한 매몰", "동인도 정복과 약탈", "아프리카의 상업적 흑인수렵장화"라는 "잔인하기 짝이 없는 폭력"을 열거하고 있다.[7]

마르크스가 "이른바 문명화"를 논하기 위해 서양의 부르주아가 "그 자신의 모습에 따라 세계를 창조"한다며 빈정거린 데에는, 전 세계를 손에 넣으려는 자본가들을 과거에 세계를 상대로 기독교 선교사들이 벌인 포교 활동에 견주며 그들의 위선을 야유하고 싶었기 때문일 것이다. 기독교 선교사들이 이교도의 땅에서 벌이는 포교 활동을 야만과 미개의 '문명화'라고 맹신했듯, 자본가들은 비자본주의 사회의 자본주의화를 '정체'나 '지체'로 인해 고통받는 미개지역을 구제하는 길이라고 주장해마지않았다. 부르주아 역시 '문명화'라는 도의적 슬로건을 내걸며 자기이익의 증폭에 적합하지 않은 사회를 파괴와 재편을 통해 부르주아적 세계 질서의 '외부'에서 '내부'로 편입시켜 나갔던 것이다.

이 글에서는 이런 자본주의의 '외부', 특히 수렵·어로·채집을 생활기반으로 삼는 선주민 사회가 경험한 재 코드화의 과정을 정착민 식민주의적 번역으로 논의해보고자 한다. 정착민 식민주의적 번역에서 문제가 되는 것은 본래 번역 불가능한 존재로서의 타자를 특정한 보편적 가치체계에 의거하여 압도적인 비대칭적 관계성 속에서 포섭하고 복속시킬 때 이와 더불어 발생하는 '바꿔 읽기読み替え' 혹은 '표상'이라는 폭력 작용이다. 그것은 '문명'과 '진보'라는 카테고리에 의해서든, '인간' 분류를 위한 카테고리에 의해서든, 타자의 의미세계를 말소하는 과정을 가리킨다. 정

---

7    カール·マルクス, 大内兵衛·細川嘉六 監訳,「資本論1b」,『マルクス·エンゲルス全集第二十三巻』, 大月書店, 1965, pp.980~981.

착민 식민주의가 문자 그대로 선주민 사회의 '말소'를 목표로 하는 지배
구조였다는 점을 고려한다면, 표상이라는 폭력 작용이 가장 극심하게 드
러나는 비대칭적 대립관계를 상징한다고 할 수 있을 것이다.


## 2. 아이누모시리[8]의 수탈과 포섭

개척사開拓使[9] 설치 50주년을 기념하여 1918년에 홋카이도청北海道庁[10]
이 펴낸 『홋카이도사北海道史』는 와진和人[11]이 메이지明治 이래 홋카이도를
일본의 영토로 삼고 아이누를 대신하여 개척한 이유를 다음과 같이 설
명한다.

대다수 아이누는 옛 관습 등 여러 면에서 여전히 야만적이고 몽매蒙昧한
상태를 벗어나지 못했다. (…중략…) 애초에 개척 사업은 일정한 문화 단계
에 도달한 민족에게서나 비로소 기대할 수 있는 일이고, 에조蝦夷[12]처럼 아직

---

8  【역자 주】아이누어로 '인간의 조용한 대지'를 뜻한다. 아이누의 생활 터전이 된 지역으
로, 대개의 경우 홋카이도를 가리킨다.

9  【역자 주】홋카이도 개척을 위해 메이지 정부가 설치한 기관. 1869년에 설치되어 1882
년에 폐지되었다.

10 【역자 주】개척사 폐지 이후에는 홋카이도는 삿포로현(札幌県), 하코다테현(函館県), 네
무로현(根室県)으로 구획되었는데, 1886년에 세 현을 폐지하고 홋카이도 전체를 총
괄하는 기관으로 홋카이도청이 설치되었다.

11 【역자 주】일본인이 자신을 아이누와 구별하기 위해 사용한 말이다. 혼슈(本州) 이남의
야마토인(大和人)을 가리킨다.

12 【역자 주】일본인의 입장에서 지금의 도호쿠(東北) 지역과 홋카이도 및 그 이북 지역에

야만 시대를 벗어나지 못한 민족의 손을 통해 홋카이도 개척이 이뤄지기를
바라는 것은 무리임이 당연한데, 홋카이도 인근에 있으며 에조와 접촉하는
민족 중에 이 임무를 감당할 수 있는 문화를 가진 것은 와진밖에 없다.[13]

이 문장은 아이누를 "여전히 야만적이고 몽매한 상태를 벗어나지 못"
했고 개척 능력을 결여한 민족으로 규정하는 한편, 와진을 개척을 추진
해야 할 주체라고 간주한 후, 후자가 전자를 대신하여 홋카이도를 영유
하고 통치해야 한다는 필연성을 말하고 있다. '개척'이라는 개념이 '야만'
과 '문화'의 이항대립을 축으로 두 가지 대극적인 주체의 모습을 만들어
내고 있음을 알 수 있을 것이다. 또한 1937년에 편찬된 『신찬 홋카이도
사新撰北海道史』는 "오랫동안 원시적인 생활을 계속해온" 아이누를 "일시동
인一視同仁의 뜻에 기초하여 국민으로 취급하여 어떻게든 도와주는" 것이
그들을 소멸의 위기에서 구할 유일한 길이라 보며, 황민화동화교육을 철
저히 해야 한다고 주장했다.[14] 이렇게 '개척'을 둘러싼 언설은 메이지 정
부와 일본인 정착민 식민지settler colonizers들이 아이누로부터 그들의 생활
기반인 대지를 강탈하는 과정을 진보의 필연적인 결과라고 주장하는 것
을 가능하게 했고, 또한 아이누 문화생활의 근본적인 파괴를 유일한 구
제수단으로 표상하는 역할을 수행했다.

이 '개척'이라는 인식을 성립시킨 것은 일본을 비롯해 근대 세계를 형

---

서 살던 이민족을 칭하는 말. 대체로 아이누를 가리킨다. 한자 표기는 같지만, 시대에
따라 에미시 혹은 에비스라고도 불렸다.

13    北海道庁 編, 『北海道史 第一』, 北海道庁, 1918, pp.3~5.
14    北海道庁 編, 『新撰北海道史』, 北海道庁, 1937, p.47.

성하는 데 결정적인 힘을 발휘했던 두 가지 이데올로기, 즉 진보사관과 민족주의였다. 전자는 인간 사회는 '문명화'라는 보편적인 진보의 궤도를 점진적으로 따르는 것이고, 거기서 일탈하는 사회는 자연스럽게 도태될 운명이라는 세계관을 제시한다. 후자는 그런 진보의 갈림길에 선 주체란 오랫동안 가꾸어온 문화적 유대<sub>언어, 종교, 풍속, 역사</sub>를 체현하는 민족이라는 공동체이고, 민족 그 자체가 사람들의 역사적 존재를 가장 본질적으로 표현하는 카테고리라는 생각을 퍼뜨린다. 이 두 가지 이데올로기에 따르면, 역사란 각 민족사회가 '문명화'라는 진보의 궤도를 걸어 나가는 (혹은 거기서 탈락하는) 과정을 의미한다.

'문명화'라는 언설은 자본주의와 국민국가의 형성을 인류 공통의 보편적인 이야기로 비약시킨다. '진보적'인 민족은 부족적인 사회 유대관계를 국민국가로 승화시키며 자본주의 문명의 발전을 향해 매진하는 반면, '미개'한 민족은 부족사회의 상태에서 탈피하지 못하고 전자에 의해 자본주의 제도에 통합되어 최종적으로는 해체되고 소멸하게 된다는 것이다. 이렇게 해서 '문명화'는 자본주의적인 번영을 목표로 각 민족이 벌이는 상호 경쟁의 과정으로 이해된다. 그러나 이런 이해방식은 자본주의 사회나 민족 공동체를 역사적 형성의 우연성과 사건성에 입각해서 이해하는 관점을 사전에 배제해버린다. 즉, 다양하고 이질적인 사회에서 살아가는 사람들은 민족으로 표상되고 재편성되며, 자본의 증대와 부의 축적을 위해 사람들을 폭력적으로 동원하고 착취하며 배제하는 과정은 기억의 저편으로 사라지게 된다. 미셸 푸코<sup>Michel Foucault</sup>의 말을 빌리자면 근대가 만들어 낸 역사관은 "사건과 그 연속으로 가득 찬 세계에 앞서 존재하는 부동의 형태나 원형"(예컨대 진보의 법칙, 민족, 국민국가, 자본주의라는 형태)를 전제하는 것으로, 역사에서 일체의 타자성을 일소하는 "형이상학"으로 기능해왔다고 할 수 있다.[15] 이 형이상학은 근대 이전의 세계를 수놓은 번역불가능한 타자성을 자신의 보편주의에 종속시켜 비교와 서열화의 체제regime 속에 편입시키며, 그것을 '야만', '몽매', '무지', '지체', '미발전'이라고 코드화했다.

이런 관점에서 보면 '개척'이란 위의 '형이상학'을 상징적으로 표현하는 말이었다고 할 수 있다. 국민국가의 형태나 자본주의적 생산양식과는 다른 사회생활을 영위하던 아이누는 '개척'이라는 말을 통해서 자기 발전의 능력을 결여하고 진보의 법칙에서 뒤처져 '미발전' 상태에 있는 '유치한' 민족이고, 보다 '수준 높은 문명'을 이룬 다른 민족의 지도와 비호동화 없이는 살아남을 수 없다고 여겨졌다. 진보사관과 민족주의는 다양한 타자성이 살아 숨 쉬는 인류의 역사적 경험을 '문명인가 야만인가', '진보인가 정체인가'라는 비대칭적 대립관계로 환원하고 각 민족이 펼치는 적자생존의 이야기로 바꿔 썼다.

자본주의나 국민국가의 형태를 갖추지 못한 사회, 특히 선주민 사회의 타자성을 '지체', '야만', '미발전'이라고 바꿔 읽고, 그것을 '문명화'

---

15  Michel Foucault, Language, *Counter-Memory, and Practice : Selected Essays and Interviews* , Ithaca : Cornell University Press, 1977, p.142. 이 글에서 필자가 사용하는 역사주의와 민족주의에 의거한 역사 개념에 대한 비판은 바로 이런 '본질'과 '무시간'을 보편화하려고 하는 '형이상학'을 향하고 있다. 필자의 주장은 '정착민 식민주의적 번역'이라는 관점이 근대에 지배적이었던 '형이상학'으로부터 역사를 해방하고 역사의 사건성(단독성, 이질성, 우연성)을 회복하는 데 유효하다는 것이다.

의 이름으로 정복하고 착취하며 말소하는 것은 자본주의적 정착민 식민주의체제가 반복해온 본원적인 폭력이다. 이를 '정착민 식민주의적 번역'이라고 부르기로 하자. 여기서는 이러한 '번역'이 선주민 사회를 자본주의 체제에 포섭함으로써 근본적으로 '탈영토화'시켜 '재영토화'하는 물리적인 권력 작용을 동반한다는 점을 강조하고 싶다. 질 들뢰즈Gilles Deleuze와 펠릭스 가타리Félix Guattari에 따르면, 토지의 소유란 국유화든 사유화든 "인간과 대지를 탈영토화하는 관계"를 가리킨다.[16] 그것은 국가가 다양한 삶의 양식을 이루는 인간과 대지의 관계성(예컨대 여러 선주민 사회에서 보이는 그것)을 인간, 상품, 자본의 흐름을 '포획'할 수 있는 관계성으로 재편하는 것, 그리고 그 재편을 위해 대지를 조리화条理化[17]하는 것이다. 즉, 영토를 자본주의 생산체제에 통합한다는 것은 그 이전에 존재하던 인간과 대지의 관계성을 '조리공간条理空間'으로 변질시켜 인간, 상품, 자본의 흐름을 시각화하고 원활하게 하는 것, 또한 그 흐름을 방해하는 '외부' 전체에 대해서는 "법이 지배하는 지대主權"가 관장하도록 하여 '외부'의 통합을 촉진하는 것을 의미한다.[18] 자본의 축적을 목표로 하는 제국적 주권국가가 선주민으로부터 대지를 수탈하는 '탈영토화' 과정은 동시에 그 대지를 국유화하거나, 나아가 사유재산제도의 도입을 통해 상

---

16  ジル・ドゥルーズ, フェリックス・ガダリ, 宇野邦一ほか 訳, 『千のプラトー―資本主義と分裂症』, 河出書房新社, 1994, p.444.

17  【역자주】 대지 혹은 대지와 인간의 관계를 수학적인 의미에서 가시화하고 분할 가능한, 셀 수 있는 단위로 바꾸는 것. 즉, 자본주의적 맥락에서의 토지 이용과 소유권 개념 등이 적용될 수 있도록 자연 혹은 자연과 인간 사이의 관계를 일정한 질서 속에 편입시키는 것.

18  ジル・ドゥルーズ, フェリックス・ガダリ, op. cit., p.442.

품화함으로써 자본주의적 생산의 수단이 되도록 재편하는 '재영토화' 과정이기도 함을 이해해야 할 것이다.

홋카이도 개척을 둘러싼 위의 인용문은 아이누의 생활기반인 대지를 '합법적'으로 수탈하는 과정과 사회의 이질성heterogeneity을 야만성이나 후진성으로 바꿔 읽는 과정이 연동하는 사태를 이야기하고 있다. 메이지 정부가 1872년에 제정한 「홋카이도 토지매화규칙北海道土地売貨規則」은 아이누가 수렵이나 벌목 등에 사용하던 토지를 법의 적용 대상에 포함시켰지만, 정작 아이누는 대상에서 제외했다. 한편, 와진에게 나눠 지급된 해당 토지에 대해서는 사유화가 추진되었다. 더욱이 1877년에는 「홋카이도 지권조례北海道地券条例」가 제정되었는데, 이 법은 아이누의 거주지를 관유지로 삼는 방식으로 약탈했다. 도쿠가와德川 시대에 인정되었던 아이누의 어로권야간에 혹은 하천의 지류에서 하는 고기잡이은 1879년이 되자 "오래된 악습"으로 간주되어 전면 금지되었다. 근대화를 지향하던 메이지 정부가 식산흥업 정책의 일환으로 대규모 수산업 진흥책을 내세웠기 때문이다. 생업이던 어업을 빼앗긴 아이누는 정부기관에 야간 어로 금지에 대해 유예를 청원했지만, "구토인은 지혜가 모자라고 문맹"이라는 이유로 거부당했다. 이후에는 와진 '개척자'들이 메이지 정부의 지원을 받아 홋카이도에서 어업권을 '합법적'으로 획득하고 독점하게 되었다.[19] 또한 1899년에 제정된 「홋카이도 구토인 보호법北海道旧土人保護法」에 의해 아이누도 급여지給与地[20]를 받을 수 있었지만, 그마저도 급여 이후 15년 내에 개간

---

19   岩崎奈緒子, 「〈歴史〉とアイヌ」, 『日本はどこへ行くのか』, 講談社, 2003, pp.209~211.
20   **【역자주】**「홋카이도 구토인 보호법」은 아이누에게 가구당 약 5헥타르 이내의 토지를 분

하지 않으면 개척에 장해가 된다는 이유로 홋카이도청 척식부拓殖部가 몰수했다. 뒤에서 논의할 지리 유키에知里幸恵, 1903~1922의 가족도 1922년에 홋카이도청에 의해 급여지를 일방적으로 몰수당했다.[21] 이렇게 해서 광대한 자연 속에서 수렵과 어로 생활을 하던 아이누 민족은 생존권 그 자체를 부정당했다.

토지의 수탈과 생존권의 박탈은 두 가지 번역 과정과 병행하여 이루어졌다. 하나는 긍지 높은 인간을 의미하는 '아이누'라는 호칭을 야만인·미개인을 의미하는 굴욕적인 '토인土人'으로 바꿔 읽는 주체화루이 알튀세르(Louis Althusser)나 미셸 푸코가 말하는 종속화(subjection)의 의미를 포함하는 주체화(subjectivation) 의 과정이고, 다른 하나는 소유의식과는 무관했던 토지, 즉 커먼스com-mons[22]로 사용되어온 토지를 '무주지無主地, terra nullius'로 바꿔 읽는 수탈의 과정이다.[23] 이런 이중의 번역작업은 '야만 상태'에 놓인 '토인'은 토지소

---

배했는데, 그 토지를 뜻한다. 아이누에게 지급된 토지는 일본인에 비해 턱없이 부족했고, 사적소유권의 측면에서도 많은 제한이 가해졌다. 예컨대 공적인 허가 없이 토지를 매매할 수 없었고, 농업 이외의 목적으로 사용할 수도 없었으며, 저자도 언급하듯 15년간 경작하지 않을 경우 지급된 토지는 몰수되었다. 「보호법」의 목적은 수렵과 채집 생활을 주로 하던 아이누의 경제생활을 농경 기반으로 바꾸는 것이었다. 한편, 같은 법은 아이누 아동의 학교 교육을 의무화했는데, 일본어 학습을 비롯한 동화교육을 추진하는 한편, 학교 공간과 커리큘럼 양쪽 모두에서 아이누를 일본인과는 분리했다.

21  中井三好, 『知里幸恵－十九歳の遺言』, 彩流社, 1991, pp.195~196.
22  【역자주】모두가 이용 가능한 공유자원. 이 글에서는 주로 선주민이 살아가던 대지가 근대 일본의 개척과 사적소유권 제도에 의해 빼앗기기 이전의 상태를 가리키지만, 오늘날 '커먼스'라는 말은 훨씬 다양하고 폭넓은 의미에서 사용된다.
23  '무주지'는 대영제국이 식민지 확대를 추진하는 과정에서 빈번하게 이용한 개념이다. 특히 아메리카 대륙과 오스트레일리아의 식민화 과정에서 선주민으로부터의 토지 수탈을 설명하기 위한 개념으로 기능했다. 라틴어를 그대로 사용하여 terra nullius라 표기하는 이 개념은 소유권과 경작에 기반을 둔 생활양식을 갖지 못한 선주민의 토지

유라는 개념을 알지 못하니 에조치蝦夷地 전체를 주인 없는 토지라고 볼수 있다는 논리를 가능하게 했고, 자원이 풍부한 '주인 없는' 토지는 일본 제국의 농업 발전과 자원 개발을 위해 이용되어야 한다는 논조를 만들어냈다. 홋카이도 개척을 위해 메이지 정부가 고용한 미국인 농학자 호레이스 캐프런Horace Capron은 메이지 천황에게 자신의 임무를 "에조섬의 자원 개발에 진력"하고, 메이지 "국가의 농업 발전의 기초인 국내 통상과 제조 공업의 진전에도 도움이 되"도록 홋카이도를 개조하는 것이라고 설명했다.[24] 캐프런은 시찰 중에 보고 걸은 토지를 언급하며, "아주 비옥"하지만 "전혀 개간되지 않은 상태로, 나무뿌리나 돌이나 잡초 투성이로 (…중략…) 이를 제거하고 경작이 가능하도록 하려면 막대한 노동력이 필요할 것"이라는 감상을 남겼다.[25] 이렇게 정착민 식민주의적 번역은 인간에서 토인으로라는 주체화의 과정과 대지의 '무주지'화라는 과정이 서로 긴밀하게 연결된 수탈의 전략이었다.

인종주의라는 주체 표상의 형태는 자본주의의 물상화 작용reification을 가장 폭력적인 형태로 체현하고 있다. 인종차별을 통해 아이누가 일본의

---

를 주인 없는 땅으로 간주하고, 그 토지를 '발견', '경작', '개척'하는 것이 소유권을 획득하는 방법이라고 주장한다. 국민국가의 주권을 전제로 기능하는 국제법은 '무주지'를 누구도 살지 않는 지역 또는 해당 지역의 주민이 정부 조직을 발전시키지 않고 토지를 개량하고 경작하지 않는 지역을 가리키는 개념으로 쓰였다. '무주지'의 논리와 정치의 이해는 근대 국민국가의 형성을 가능하게 한 세계관, 가치의식, 그리고 구체적인 폭력의 형태를 분석하는 데 결정적으로 중요한 의미를 갖고 있다. 이 문제에 대해서는 현재 필자가 집필 중인 졸저 *Settler Colonial Dispossession : Race, Sovereignty, and Primitive Accumulation in the Making of Modern "Ainu"*에서 논의할 예정이다.

24  ホーレス・ケプロン, 西島照男 訳, 『ケプロン日誌 −蝦夷と江戸』, 北海道新聞社, 1985, p.43.
25  Ibid., p.97.

자본주의 체제에 편입되는 상황은 자본의 본원적 축적 과정에서 생산수단인 토지로부터 쫓겨난 농민이 '자유'로운 노동자상품으로서의 노동자인 프롤레타리아가 되는 인클로저enclosure와는 달랐다. 그들은 '토인'이라는 이름이 붙여지며 생활 기반과 수단을 빼앗겼을 뿐만 아니라, 존재 형태 그 자체가 과거의 유물遺物 혹은 '야만'의 상징으로 부정당했다. 즉, 아이누는 생존 경쟁에서 뒤처졌고 절멸이라는 운명을 맞이할 '무능'하고 '쓸모없는' 자들로 재편되었다. 지조개정地租改正[26] 이후 일본 본토의 많은 농민들이 세금이나 작물 생산에 관련된 비용을 지불하지 못한 채 경작지를 포기하고 산업혁명을 위한 노동자나 그 예비군으로 변신하게 되었다면, 아이누의 대다수는 홋카이도의 정착민 식민주의가 시작되자마자 강제이주[27] 등을 통해 토지를 빼앗겼고 익숙하지 않은 땅에서 경작을 강요받으며 가난과 질병으로 목숨을 잃었다. 1800년경 20,000명에 가깝던 아이누 인구는 1930년 15,000명까지 감소했다. 한편, 1869년에 64,350명을 기록한 홋카이도의 일본인 정주식민자는 1930년 2,730,648명으로 급증했다.[28] 압도적인 마이너리티가 된 아이누에게 남은 생존의 길은 '종래旧来'의 생활관습이나 문화 일체를 버리고 가능한 한 '인간=와진'과 가까워지는

---

26  **【역자주】**메이지 정부가 1873년에 시행한 조세제도 개혁. 개별 토지를 단위로 한 조세의 금납화를 도입했고, 세금 납부 대상은 경작자가 아닌 토지 소유자가 기준이 되었다. 이런 이유에서 지조개정은 근대 일본에서 사적소유권 개념을 확립시키는 기능을 했다.

27  **【역자주】**근대 일본의 홋카이도 개척 초기부터, 일본인 이주자를 위한 마을 건설을 이유로 아이누가 강제이주 당하는 일이 적지 않았다. 생활 터전을 빼앗긴 아이누를 농업을 위주로 하는 새로운 공동체로 재편하기 위해 강제이주가 추진되기도 했다. 이런 강제이주 정책은 일본의 입장에서는 지방통치와 일본인과 아이누의 공간적 분리를 용이하게 했다.

28  桑原真人, 『近代北海道史研究序説』, 北海道大学図書刊行会, 1982, p.65.

것, 즉 동화하는 길밖에 없다고 여겨졌다. 동화에 '성공'한 아이누 중에는 목장 경영이나 농업으로 성공한 자도 있었다. 하지만 대다수 아이누는 '반푼어치半人前 일본인'으로서 사회 저변에서 노동자로 살아가거나, 절멸 직전에 놓인 '종種', 즉 인류학, 언어학, 박물학, 역사학의 연구 대상이 되거나, 또는 관광객의 호기심을 만족시키기 위한 볼거리見世物로 살아가는 것을 강요받았다. 근대에 벌어진 아이누 생활의 파괴를 이와 같이 되짚어볼 때, 자본의 본원적 축적이 종래의 사회관계를 근본적이고 폭력적으로 해체하는 동시에 자본주의 질서 속으로 통합한다는 마르크스의 통찰을 되새길 필요가 있을 것이다. 아이누가 경험한 본원적 축적 과정은 농민 일반이 인클로저를 통해 노동력으로 상품화되는 과정과는 달랐다. 아이누의 경우, 인종차별을 축으로 전개되는 번역 작업이란 물리적 수탈과 정신적 횡령, 혹은 죽음의 선고를 뜻했다. 울프가 논의한 것처럼 정착민 식민주의는 일반적인 식민지배와는 달리 선주민의 노동력을 필요로 하지 않는다. 정착민 식민주의의 표적은 선주민의 토지였고, 선주민은 식민과 자본의 증식에 불필요한 장해물로 간주되었다.

## 3. 정착민 식민주의적 번역 __ 네 가지 논점

이 글에서는 정착민 식민주의적 번역의 과정 속에서 생겨난 정치를 일본 언어학의 권위자이자 아이누어 연구의 아버지라 일컬어지는 긴다이치 교스케金田一京助, 1882~1971와 그의 '조수'로 활약했지만 19세라는 젊은 나이

에 세상을 떠난 아이누 지리 유키에의 관계를 중심으로 고찰하고자 한다.[29]

정착민 식민주의적인 번역이 만들어내는 정치에는 네 가지 특징이 있다. 첫째, 정착민 식민주의적인 지배는 국민국가라는 제도와 그 이데올로기의 창출과 강화를 위한 내재적인 계기로 기능한다. 둘째, 정착민 식민주의적인 수탈과 포섭 과정에서 차이화와 동화라는 개념은 일반적으로 이해되는 것처럼 상반된 개념이 아니라 상호보완적이고 공범적인 관계에 있다고 이해해야 한다. 셋째, 정착민 식민주의적인 수탈과 포섭은 선주민을 완전히 소멸시키는 것이 아니라, 선주민의 창조적인 활동이 만들어내는 모순, 균열, 마찰, 긴장에 항상 노출되어 있다. 마지막으로, 그런 활동은 유토피아적인 이미지를 통해 선주민들의 고투를 역사의 여백에 새기며, 그들의 그리고 현재를 살아가는 이들의 구제를 요구하고 있다.

첫 번째 논점을 이해하기 위해서는 도쿄제국대학의 언어학연구실이 어떤 의도에서 창설되었는지를 고찰할 필요가 있을 것이다. 쓰보이 히데토坪井秀人에 따르면, 도쿄제국대학 언어학연구실은 "주변 언어를 조사하고 연구하여 주변 언어와 일본어의 관계를 살피고 나아가 고대의 일본어, 즉 원原일본어를 탐색하는 작업으로 이어나가려는 발상에 기초했다".[30] 언어학연구실에서는 우에다 가즈토시上田万年, 1867~1937를 중심으로 메이지 중기 이후 고대일본어, 조선어, 류큐琉球어, 중국어, 아이누어 연구

---

29  **【역자주】** 긴다이치가 아이누와 아이누의 문화를 어떻게 보았는가와 관련하여 참고할 만한 한국어 논문으로는 이시우, 「근대 일본의 아이누 인식」, 연세대 석사논문, 2006.
30  坪井秀人, 「みずからの声を翻訳する」, 西成彦・崎山政毅 編, 『異郷の死—知里幸恵, そのまわり』, 人文書院, 2007, p.87.

가 시작되었다.[31] 이는 아이누어를 연구 대상으로 삼은 동기를 회상하는 긴다이치의 말에서도 확인할 수 있다.

모두가 일본어를 위한 언어학을 연구했습니다. 일본어의 기원은 어떤 것인가, 세계 어디에 일본어와 같은 토대에서 갈라져 나온 언어가 존재하는가, 일본어가 이 섬일본열도에 도달하기 전에는 어느 쪽에서 사용된 언어인가. 이 문제를 모두 공통적으로 고민하고 있었습니다. 각자가 일본어를 둘러싼 여러 국어와 일본어의 관계를 밝혀내야 했던 셈입니다. 누군가가 일본어와 아이누어의 관계를 연구해야 한다는 것도 분명했지요. (…중략…)[32]

아이누어 역시 일본어의 기원을 생각하면 우선적으로 부딪히는 문제로, 일본어의 기원은 일본민족의 기원과 연결되는 커다란 문제다.[33]

이렇게 일본의 언어학은 '국어학'의 수립을 가장 커다란 목적으로 삼았고, 그 목적에 입각해서 근린사회의 언어를 분류하고 분석하는 학문으로 출발했다. 일본어를 중심에 두고 아이누, 류큐, 조선, 중국의 언어를 그 주변에 배치한다는 연구 형태는 후자가 전자의 기원을 비춘다는 전제, 즉 후자는 원시적인 일본의 흔적을 여전히 간직하고 있다는 전제 없이는 존재할 수 없었다. 단적으로 말해 이러한 연구 관점은 역사적 시간축을

---

31 **【역자주】**도쿄제국대학 언어학연구실과 우에다 가즈토시를 비롯한 일본 언어학 연구의 기반을 이루는 이데올로기에 대해서는 다음 책을 참고할 수 있다. 이연숙, 고영진·임경화 역,『국어라는 사상−근대 일본의 언어 인식』, 소명출판, 2006.

32 大友幸雄,『金田一京助とアイヌ語』, 三一書房, 2001, pp.29~30.

33 金田一京助,「私の仕事」,『金田一京助全集 第十四卷 文芸2』, 三省堂, 1993, p.111.

진보와 정체의 세로축으로 상정하고 그 시간축에 따라 일본과 근린사회를 서열화하는 것을 의미했다. 뿐만 아니라, 근대 일본 언어학의 기본 관점은 일본이 인접한 사회에 과거의 자신의 모습을 투영한다는 의미에서 역사의 횡령 혹은 시간의 식민화라 할 법한 사태를 시사했다. 긴다이치는 아이누의 구전 서사시 유카라ユーカラ와 만난 순간의 흥분을 다음과 같이 술회하고 있다.

문자가 없기 때문에 책이라는 것도 없지만, 그 대신 연장자의 암송暗証을 통해 입에서 전해 내려오는 이야기가 오늘날에 이른 것이었다. 옛것을 조사할 둘도 없는 희귀한 자료인데 (…중략…) 나는 현세에서 태고의 생활을 접하고, 눈앞에서 원시문학을 본 셈이다.[34]

아이누의 언어가 구전을 통해 '태고'의 모습 그대로 남아 있다는 발상은 아이누 문화가 일본문화에 비해 아직 '원시적'이라는 전제 없이는 생겨나지 않을 것이다. 그리고 아이누어가 언어학국어학의 중요 연구대상이기 위해서는 역시 이 '원시성'이 과거의 일본의 모습을 비추는 것이라고 인식되어야 했다. 아이누의 풍요로운 역사와 그 타자성은 진보사관의 척도에서 현대까지 살아남은 '원시'로 탈바꿈되었고, 그 구전 문화에는 단순히 "옛깃을 조사할 둘도 없는 희귀한 사료"라는 새로운 의미가 부여되었다.[35]

---

34  金田一京助,「アイヌの談ー心の小道余話」,『言語学五十年』,宝文館, 1955, pp.201~203.
35  긴다이치는 유카라에 대해 "아직 완전히 문학이 되지 못"한 상태라며, "문학이 여기서 독립해서 나올 것"이라고 정의했다. 또한 "선조의 신성한 전승이므로, 한 글자도 틀리지 않고자" 노력하고 있는데, 유카라는 아이누의 신앙, 풍습, 토속을 이해하기 위한 안

'일본어의 기원'을 연구한다는 발상은 메이지 시대의 위정자나 지식인 일반이 공유하고 있던 일본 민족의 문화적 기원을 해명하고 싶다는 욕구에서 생겨난 것이다. 그리고 이런 욕구는 메이지 국가가 고취시킨 일본 민족이라는 자기동일성에 대한 의지에서 생겨났다. 언어학만이 아니라 메이지 시대 후반 이후 역사학, 민속학, 인류학, 고고학, 미학, 문학은 모두 '민족적 기원'을 살피며 일본인의 독자적인 문화와 역사를 설명하고자 했다. 당연하게도 이런 학문들이 근린사회를 바라보는 시선을 규정한 것은 일본 민족 중심주의였다. 지리와의 만남과 그때 나눈 대화를 기록한 긴다이치의 회상록은 이 문제를 여실히 보여준다. 긴다이치는 자신이 말한 바를 다음과 같이 적었다.

아이누는 멀리 떨어진 섬에서 살고 있어 문명의 빛이 미치는 것이 늦어졌을 뿐인, 늦게 태어난 갓난아이赤子와도 같아서, 손위의 형제들이 여기저기 뛰어다닐 때 아직 기어 다니고 있다고 해서 무엇이 부끄럽습니까. (…중략…) 저는 이 네 가지그리스, 로마, 인도, 핀란드에 아이누의 유카라를 덧붙인 것이 세계 오대서사시라고 믿고 있습니다. 일본에도 옛날에는 이야기꾼語り部이 있었던 것처럼, 아직 표음문자가 없는 데다가 붓과 먹과 종이가 부족한 시대에 사람들의 노래를 적되, 아무리 해도 모든 것을 그대로 적을 수 없어서 대강의 줄거리만을 오노 야스마로太安麻呂[36]가 적어서 남긴 것이 현존하는 가장 오래된

---

성맞춤의 '사료'라고 했다. 더욱이 유카라를 연구하는 의의는 그것이 "우리 문화의 옛 형태"와 이어지는 "살아 있는 간략한 자료"라는 데 있다는 설명을 덧붙이기도 했다. 金田一京助, 『アイヌ文学』, 河出書房, 1933, pp.55~56.

36 【역자주】아스카(飛鳥) 시대부터 나라(奈良) 시대에 걸쳐 관료로 활동했던 인물. 겐메

고전입니다. 어쨌든 그런 문자 이전의 옛 모습을 당신이 지금 절실하게 살아가고 있기에 저는 저의 생애를 그것에 걸어도 아깝지 않다고 생각합니다만, 당신과 같은 젊은이는 다르겠지요. 이런 오래된 것과 관계없이 새로운 지식을 계속 배워서 뒷손가락질 당하지 않는 훌륭한 일본인이 되어 주십시오.[37]

위의 인용문에서는, 아이누는 문명의 빛이 닿지 않는 변경의 땅에 남겨져 있었기에 아직 "기어 다니"는 "갓난아이" 상태에 머물고 있고, 그러므로 일본에서는 먼 옛날에 모습을 감춘 문자 이전의 고대 문화가 아이누의 문화에 그대로 보존되어 있다는 긴다이치의 인식이 명백히 드러난다. 긴다이치에게 아이누의 '미개'함은 고대 문화의 수수께끼를 풀기 위한 열쇠일 뿐만 아니라, 젊은 아이누 세대가 "뒷손가락질 당하지 않는 훌륭한 일본인"이 되기 위해 극복해야 할 '옛 관습'이기도 했다.[38]

이렇게 긴다이치가 아이누에게 보인 '관심'과 '동정' 그리고 '이해'는 아이누의 '미발전'과 '지체'를 실체적인 것으로 상정함은 물론, 아이누가 멸망해 갈 운명에 있는 민족이라는 생각을 전제로 해서 생겨난 것이다. 긴다이치는 훗날 지리가 편찬하고 번역한 『아이누 신요슈アイヌ神謡集』[39]를 평가하며 "과거에 수많은 아이누 민족을 길러낸 말과 전설을 붓 한 자루로 가까스로 전하여 남겨 종족의 존재를 영원히 기념하고자 결의한 소

---

이(元明) 천황에게 역사서 편찬을 명받고 712년 『고사기(古事記)』를 완성했다. 『일본서기(日本書紀)』의 편찬에도 관여했다고 여겨진다.

37 大友幸雄, op. cit., pp.83~84.

38 金田一京助, 「知里幸恵さんの事」, 『金田一京助全集 第十四巻 文芸1』, 三省堂, 1993, p.60.

39 【역자주】지리 유키에가 번역한 아이누의 구전 서사시. 1923년에 간행되었다.

녀의 마음"의 성과라고 했는데, 이 말과 관련해서도 마찬가지 문제를 지적할 수 있을 것이다.[40] 긴다이치의 눈에 비친 『아이누 신요슈』는 절멸 직전에 있는 민족의 묘비 혹은 유언과도 같았을 것이다. 긴다이치와 거의 동시대 인물인 민족학자 도리이 류조鳥居龍蔵, 1870~1953도 마찬가지 관점에서 아이누, 류큐, 조선, 인도차이나에 관심을 기울였다. 북사할린과 아무르강 유역에서 조사를 벌이던 시절, 도리이가 일본열도의 석기시대의 풍습과 아이누의 그것을 항상 비교하며 둘 사이의 유사성을 강조했던 것은 잘 알려져 있다. 테사 모리스-스즈키Tessa Morris-Suzuki에 따르면, 도리이는 선주민 문화의 여러 가지 측면, 특히 전통적인 목각이나 자수의 아름다움에 경의를 보내면서도, 아이누에 대해서는 "자연스레 멸망해 갈 운명에 빠진 민족"이라고 여기고 있었다.[41] 아이누가 일본의 석기시대라는 원시적인 과거의 흔적을 그대로 간직하고 있다고 믿었기 때문에, 멸망해 갈 운명에 내몰린 아이누의 문화에 관심을 기울이고 경의를 보내며 학술 조사를 했던 것이다.

긴다이치나 도리이에게서 찾아볼 수 있는 아이누가 '멸망해 갈 민족'이라는 시선과 관련해서, 필자는 그것을 가능하게 한 이데올로기적 조건을 강조하고 싶다. 앞서 간단히 언급한 것처럼 두 가지 조건을 생각해 볼 수 있다. 첫째로, 일본인은 독자적인 민족이라는 언설이 1880년대부터 1890년대에 걸쳐 계속 되풀이되었던 점을 들 수 있다. 간단히 설명하

---

40  金田一京助, op. cit., 1993, p.61.
41  テッサ・モリス=スズキ, 大川正彦訳, 『辺境から眺める－アイヌが経験する近代』, みすず書房, 2000, p.110. 【역자주】 한국어 번역은 테사 모리스 스즈키, 임성모 역, 『변경에서 바라본 근대－아이누와 식민주의』, 산처럼, 2006.

자면, 일본은 독특한 문화를 공유하고 있고, 이 문화의 역사적 연속성과 끊임없이 이어져 온 천황제를 동일시하는 이데올로기다. 둘째로, 당시에는 사회진화론적자생존에 입각해서 역사를 끊임없는 진보의 궤도라고 간주하는 시간관 혹은 역사관이 지배적이었다. 긴다이치나 도리이는 실제로 벌어지는 물리적 수탈훗카이도 개척 정책과 그 일환으로서 생업권 및 어업권 박탈을 생존 경쟁이 초래하는 '자연'스러운 결과 혹은 '문명화'의 결과라고 파악했고, 아이누가 살아남을 유일한 길은 동화·황민화라고 생각했다. 긴다이치는 「아이누 이야기あいぬの話」라는 수필에서 "일시동인, 무차별 평등화를 바라 마지않는 것이 오늘날 아이누 전체의 가장 큰 염원입니다. 그러니 아이누어 같은 것은 아무래도 좋습니다. 일본인 수준으로 일본어를 구사하는 데 마음을 쓰는" 것, 즉 아이누가 황민화를 간절히 바라는 상황을 "식민지 역사상 세계에 자랑할 수 있는" "인도적인 해결방법"이라고 긍정적으로 논했다.[42] 즉, 긴다이치 등은 일본의 식민정책이 "살아남으려면 자기 존재를 부정하는 수밖에 없"다는 본질적으로 모순적인 논리를 아이누에게 강요하고 있는 상황에 대해 반성하지 않았던 것이다. 살아남기 위해 자기 존재를 부정하는 상황을 강요한다는 것은 아이누로 하여금 물리적인 죽음 대신 사회적 죽음을 선택하도록 한다는 의미였다. 아이누 입장에서 "마지막 한 사람까지 (식민지배에 대해) 저항을 계속하여 죽"거나 일본인 입장에서 "맹수 사냥을 하는 기분으로 발견하는 족족 쏘아 죽"이기 보다는, "피를 섞는" 쪽이 훨씬 인도적인 지배라는 것이 긴다이치의 주장이었

---

42    金田一京助, 「あいぬの話」, op. cit., 1993b, pp.256~257.

다.[43] 긴다이치가 보여준 아이누에 대한 '이해'나 '동정'이 아이누의 타자성의 말소를 전제로 하는 정착민 식민주의의 소산이자 그 정당화였다는 것은 별로 놀랍지 않다.

지금까지 살펴본 것처럼 "멸망해 갈 운명에 있는 주변 민족"이라는 언설은 일본 민족의 '사명'이라는 이데올로기적 언설과 표리일체의 관계에 있었다. 긴다이치에게 아이누 문화를 이해한다는 것은 일본 민족의 문화적 기원을 해명하여 '열등인종'을 보다 고도의 문명으로 포섭하는 일이었고, 아이누의 문화를 적어서 남기는 일은 아이누를 보다 바람직한 신민으로 편성하는 작업과 맥락을 공유하고 있었다. 긴다이치는 "홋카이도에서 여러 곳을 살펴보고 있는데 (…중략…) 참혹한 생활, 비참한 경우는 어디를 가도 마찬가지라서, 걸핏하면 동정을 바라는 데 익숙해져서 독립적인 기질을 상실하고 교화되지 못하고, 깨우쳐도 분발하지 않고, 제멋대로 함과 나태함이 몸에 밴 망국의 민족"이라고 아이누를 평가했다. 이런 태도로 아이누를 바라보면서, 지리에게는 "새로운 지식을 계속 배워서 뒷손가락질 당하지 않는 훌륭한 일본인이 되어 주십시오"라고 타이른 것이다.[44] 선주민을 '멸망해 갈 민족'으로 표상하는 정착민 식민주의적 번역이 국민국가의 창출과 강화의 내재적인 계기로 기능했다고 보아야 하는 이유가 여기에 있다.

두 번째 논점은 일본의 개척 식민정책 속에서 '차이화와 동화'라는 인

---

43  Ibid., pp.256~257.
44  富樫利一, 『銀のしずく「思いのまま」―知里幸恵の遺稿より』, 彩流社, 2002, p.27; 中井三好, 『知里幸恵』, p.245.

식이 선주민과 와진의 권력관계를 만들어내는 데 어떤 기능을 했는가 하는 문제다. 이 문제를 생각하는 데에는 긴다이치가 지리가 두 가지 언어에 정통한 이중언어 사용자bilingual라는 점을 집요하게 강조했던 일을 살펴보는 것이 중요하다. 긴다이치는 그녀의 '국어일본어'에 대해 "지방의 아가씨들이 도저히 미칠 수 없을 정도"로 "술술 막힘없이 나오는 훌륭하고 화려한 문장"을 구사하며 "어떠한 문법적인 오류도 찾아볼 수 없다"고 칭찬했고, 또한 할머니에게서 유카라를 들으며 익힌 그녀의 아이누어가 다른 성인 아이누들보다도 훌륭하다고 적었다.[45]

여기서 염두에 두어야 하는 것은 긴다이치가 칭찬해 마지않은 지리의 이중언어 생활은 일본정부가 일방적으로 추진한 동화교육의 소산이라는 것이다. 「홋카이도 구토인 보호법」이 제정된 1899년에 아이누 아동의 취학률은 22.5%였는데, 지리가 초등교육을 받기 시작한 1909년에는 89.8%, 1915년에 이르러서는 95.9%에 달했다.[46] 가공할 만한 속도로 아이누에게 일본어 교육이 침투했음을 알 수 있다. 일본어의 보급에 동반하여 아이누어의 사용은 금지되었다. 1907년부터 아이누 교육에 종사한 요시다 이와오吉田厳는 일견 이러한 경향과 반대되는 사례처럼 보이는데, 그가 아이누어 연구에 힘을 쏟았고 아이누어를 사용하는 수업조차 시도했기 때문이다. 그러나 사실 요시다의 목적은 "아이누 연구의 일환으로 편의적으로 (아이누어를) 사용하는" 것이었다고 한다.[47] 요시다는 국

---

45    金田一京助, op. cit., 1993a, pp.60~61.

46    小川正人, 『近代アイヌ教育制度史研究』, 北海道図書刊行会, 1997, p.10.

47    上野昌之, 『アイヌ民族の言語復興と歴史教育の研究』, 風間書房, 2014, p.45.

어일본어를 "황국의 국체를 유지하는 정신적 혈액"이라 보았던 우에다 가즈토시에게 감명을 받았고, 아이누를 순수한 일본신민으로 만들기 위해서는 아이누어의 소멸이 불가결하다고 논했다. 이렇게 아이누의 문화생활을 파괴하는 황민화 정책이야말로 긴다이치나 요시다 같은 연구자들이 아이누어 연구에 관심을 기울이게 된 원인이었다. 바꿔 말하면 아이누어 연구는 일본 국가가 아이누에게 일본어를 강요하며 그들의 언어를 근절시키는 과정에서 생겨난 것이다. 이런 상황이었기 때문에 지리의 걸출한 아이누어는 희소가치를 가졌던 셈이다.

지리와 긴다이치의 협력관계는 이런 맥락에서 이해되어야 할 것이다. 객체와 주체, 조사 대상인 토착 정보원native informant과 그것을 분석하는 연구자라는 분업이야말로 그들의 관계를 규정하고 있었다. 아이누에게 기대되는 역할은 '멸망해 갈 운명에 있는' 그들의 문화를 '있는 그대로' 기록하고 보존하는 것, 그리고 이를 위해 자기 자신의 발화나 구전을 '충실'하게 문자화하는 것이었다. 이런 아이누의 작업에 민족지적 해석을 부여하는 것이 긴다이치의 역할이었다. 아이누는 '생생한' '정보'의 제공자이고 긴다이치는 아이누가 제공한 정보에 '의미'를 부여한다는 지식 생산의 분업관계는 선주민 대 식민자의 권력관계를 그대로 반영하고 있었다. 아이누는 결코 해석행위의 주체가 되지 못하고, 그들의 보호자이자 지도자를 자임하는 일본인이 그들을 대신해서 해석을 덧붙인다. 이렇게 해서 정착민 식민주의는 아이누의 의미세계를 횡령했고, 아이누는 발화자로서의 주체성을 빼앗겼다. 동화란 이렇게 타자의 발화를 침묵시켜 그들 혹은 그녀들이 만들어 낸 의미세계를 근본적으로 빼앗고 부정하는 행위였다고 정의할 수 있겠다. 지리가 그녀의 모어에 정통하면서도 마침 그것을 충실히 번역할 수 있는 일본어 능력을 갖게 된 것은 이러한 지배와 종속의 관계를 유지하고 보강하는 데 도움이 되는 한에서 중요한 의미를 가졌다.

　여기서 동화란 무엇인가 하는 문제를 조금 더 생각해 볼 필요가 있다. 프란츠 파농Frantz Fanon이나 알베르 멤미Albert Memmi가 지적한 대로, 동화는 오랫동안 삶의 터전이었던 대지를 빼앗긴 사람들이 지배자와 동등한 시민권을 얻거나 대등한 인간으로 존중받는 사태를 의미하지 않는다. 피식민자가 아무리 그들의 언어와 문화와 세계관을 부정하고 식민자의 그것들을 몸에 익히려고 해도, 결국은 '흉내'를 잘 내는 것으로밖에 보이지 않았고 결코 동등한 인간으로 취급받지 못했다. 식민자는 선주민을 사회의 일원으로 간주하면서도, 동시에 그들에게 영원히 '원시'라는 이질성을 각인시켜 '타자'로 취급했다.

　아이누 역시 동화를 통해 일본제국의 신민이라는 지위를 부여받았지만, 그들은 결코 '와진'과 대등한 시민권을 가진 '진정한 일본인'으로 간주되지 않았다. 홋카이도의 아이누는 '구토인'으로 호적제도에 편입되었고 일본 국적을 보유했지만, 그들의 선거권이나 참정권은 인정되지 않았다. 가라후토樺太[48] 아이누는 '가라후토 토인'(구旧라는 글자가 붙지 않은 데는 그들이 홋카이도 아이누보다도 '지체된', '문명화'되지 않은 사람들이라는 판단이 반영되어 있다)이라고 불렸는데, 홋카이도 아이누와 마찬가지로 와진의 성을 쓰고 일본어를 사용하기는 했지만 일본의 호적이 아닌 '토인명부土人名簿'

---

48　【역자주】사할린을 뜻한다.

에 등록되었다. 더욱이 그들은 일본의 형법과 민법의 보호를 받지 못했고, 재산의 매매나 사업 경영을 인정받지도 못했으며, 의회에 대표를 보낼 권리도 허용되지 않았다.[49][50] 요컨대 동화란 제국의 주권하에서 수탈 혹은 배제의 대상이 될 '타자'를 만들어내는 동시에 그 타자를 제국의 질서에 포섭한다는 일견 모순적인 주체 형성을 의미했다. 이렇게 수탈하면서 동시에 포섭한다는 정착민 식민주의적인 동화야말로 제국 일본의 홋카이도 식민정책의 핵심을 구성하는 착취와 수탈의 매커니즘이었다. 에티엔 발리바르Étienne Balibar는 근대국가가 자본주의 체제를 통제하기 위해 '국민 형태the nation form'를 필요로 한다고 논한 바 있다. 발리바르가 말하는 국민 형태란 사람들의 자발적인 참여를 환기하는 애국주의라는 평등 원리와 격차를 자연적인 것으로 표상하고 구성하는 젠더, 인종, 계급이라는 차별화의 원리로 이뤄져 있다. 즉, 자본주의는 이윤을 만들어 내기 위해 차별화젠더, 인종, 계급에 기초한 분업과 임금 격차를 필요로 하는데, 거기서 생겨나는 대립과 긴장을 완화하고 무화하기 위해 사람들에게 애국주의를 고취시키고 그들의 자발적인 참여와 희생을 촉구하고자 한다. 이 글의 논점과 관련해서 말하자면, 제국적 국가 역시 정착민 식민주의적인 대지의

---

49　テッサ・モリス=スズキ, 『辺境から眺める』, pp.136~138.

50　【역자주】여기서 저자는 쇼와(昭和) 시대 이전에 대해서 말하고 있다. 가라후토는 일본인 입식자가 인구의 대다수를 차지하는 외지(外地)였고, 1924년에는 이들 일본인 입식자를 염두에 두고 내지(內地)의 호적법, 국적법, 그리고 징병령이 시행되었다. 그런데 1933년 경, 가라후토 아이누는 충분히 일본인에게 동화되었다는 이유로 내지호적에 편입되었다. 이것이 가라후토 아이누가 일본인과 동등해졌음을 의미하는 것은 아니지만, 적어도 법적 지위에 있어서는 일본인과 비슷해졌다고 할 수 있다. 그러나 윌타(Uilta)나 니브히(Nivhk) 등 아이누보다도 작은 인구 집단을 가진 선주민에 대해서는 종래대로 그들의 법적 지위를 일본인과 분명히 구별했다.

수탈을 통한 자본의 창출을 확보하기 위해 '신민 형태the subject form'를 필요로 한다고 할 수 있지 않을까. 즉, 제국에 대한 귀속의식이나 일본인으로서의 충성심을 요구하면서도 동시에 인종주의에 기초하여 정치적·경제적으로 차별화하는 이중의 원리야말로 피식민자를 신민화하는 주체 형성의 형태라 할 수 있겠다.[51]

이런 이중의 원리가 아이누의 언어적 이중성와 미묘하게 겹쳐 있다는 것은 결코 우연이 아니다. 어째서 긴다이치에게는 아이누가 자기 자신의 '원시성'을 자기 자신의 손으로 와진의 언어로 바꿔 놓는 작업이 이렇게까지 중요한 의미를 가졌던 것일까. 그것은 이 번역 과정이 아이누가 '이질'적인 인종임과 동시에 일본제국에 귀속된 '천황의 적자赤子'라는 전제를 자명하게 하는 역할을 했기 때문일 것이다. 실제로 차이와 귀속성을 실체적인 것으로 만드는 전제 없이 『아이누 신요슈』를 편찬하고자 했던 긴다이치 같은 관점은 생겨날 수 없었다. 결국 이 텍스트는 아이누어의 원시성과 일본어에 대한 종속적 관계, 그리고 결국 아이누어는 일본어에 의해 도태될 운명에 있다는 전제가 없다면 편찬되지 않았을 것이다. 아이누어는 일본 민족의 진보성을 입증하는 원시적인 존재로서만 그 의의를 인정받을 수 있었고, 제국 내에서 그 외부성내부 속의 이질성으로서 편입되었다. 제국은 이러한 외부성을 생산하고 제도화하고 동원하여 자기의 내부성을 형성했고, 자기 존재의 필연성을 주장했다. 일본제국에게 아이누어

---

51    Etienne Balibar, "The Nation Form : History and Ideology", in Etienne Balibar and Immanuel Wallerstein, *Race, Nation, Class : Ambiguous Identities*(London : Verso, 1991), pp.86~106.

의 번역, 특히 아이누 스스로 자기 자신의 언어를 지배 언어로 치환하는 작업은 그런 내부성과 필연성에 진정성을 부여했다. 아이누어 연구는 일본 제국을 위한 지적 프로젝트였고, 이 프로젝트는 차이화가 동화를 촉진하고 동화가 차이화를 심화시키는 상호보완적인 구조로 되어 있었다.

세 번째 논점으로는 '아이누의 목소리'에 대해 생각해보고자 한다. 지리가 『아이누 신요슈』를 준비하던 당시 긴다이치에게 결코 언어화할 수 없고 문자화할 수 없는 '아이누의 목소리'가 존재한다는 뜻을 전한 것 같다. 쓰보이는 이에 대해 지리의 "사소한ささやかな 저항"이라고 적었다.[52] 그녀가 실제로 의식적으로 '저항'을 시도했는가 하는 문제와는 별개로, 문자화할 수 없는 '목소리'는 아이누가 살아간 역사와 그것을 노래하는 이야기가 제도로서의 언어이자 지배언어인 일본어로는 담을 수 없고, 그래서 일본어를 초과하는 무엇인가를 항상 포함하고 있음을 가리킨다. 이 목소리는 동화정책과 그것을 지탱한 정착민 식민주의적 번역이 결코 일방적인 지배와 예속의 관계로 끝나지 않는다는 것을 이야기한다.

파농이 『검은 피부 하얀 가면Black Skin, White Masks』에서 훌륭하게 논한 것처럼, 분명히 동화정책은 사회적, 제도적, 교육적으로 편성된 차별의 시스템을 통해 피식민자의 내면에 열등감을 심고, 결과적으로 피식민자의 내면이 식민주의를 지탱하는 역할을 수행하도록 했다. 아이누 역시 일본의 정착민 식민주의를 통해 강요받은 인종차별의 시선을 내면화하게 되었고, 자기 자신에 대한 부정적인 이미지를 실질적인 것으로 받아들이게

---

52    坪井秀人, op. cit., p.107.

되었다. 가라후토 아이누인 야마베 야스노스케山辺安之助는 1913년에 "정말로 어떻게든 해서 저 가엾은 아이누 아이들을 얼른 일본인과 마찬가지로 선량한 제국신민皇民으로 만들고 싶다. 내가 앞으로 바라는 것은 오직 이것 뿐"이라고 적었다.[53] 마찬가지로 가라후토 출신인 다케쿠마 도쿠사부로武隈徳三郎는 1917년에 쓴 글에서 "토인으로 와진으로 동화시키고 훌륭한 일본 국민이 되도록 하는 것이야말로 아이누의 본심本懷"이라고 적었다.[54] 여기에서도 차이화와 동화는 대립관계라기보다도 상호보완적으로 기능하고 있음을 알 수 있다. 와진완전한 일본인이 되어야 한다는 강박관념과 결코 와진처럼 될 수 없다는 절망감이 더욱 더 동화에 대한 욕망과 '훌륭한 일본인'으로서 승인받고자 하는 욕구를 부채질하는 것이다. 차이화는 동화의 전제조건임과 동시에 동력이었고, 동화는 차이화의 목표이자 결과였다.

1921년 17세가 된 지리는 모교인 호에이 소학교豊栄小学校 교장의 의뢰로 개교 10주년 행사 때 축사를 했다. 이때 지리는 아이누가 세계에 이름을 떨친 일본제국의 긍지 높은 일원으로서 '종래의 폐습'을 버리고 공부에 부지런히 힘써야 한다고 학생들에게 호소했다.

이미 유럽에서의 전쟁은 끝을 고했고, 세상에는 사회문제와 새로운 사상이 유행하며, 세계의 생존경쟁은 점점 격화되고 있다. 이런 상황을 맞이하여 서글프게도 우리 아이누 종족은 옛 관습에 얽매여서 우유부단하며, 경쟁에서

---

53   山辺安之助 著, 金田一京助 編, 『あいぬ物語』, 博文館, 1913, p.189.
54   武隈徳三郎, 『アイヌ物語』, 富貴堂書房, 1918, pp.14~15.

패배하여 자칫하면 비참한 처지에 빠질지도 모른다. 그럼에도 불구하고 우리는 여기서 몸도 마음도 평화롭고 안전하게 기쁨을 누리고 있으니, 아아 얼마만큼의 행복인가. 이것이야말로 황공하게도 천황 폐하께서 항상 우리를 가엾이 여기시는 마음大聖心과 위세御稜威가 일으킨바, 감사하기 그지없어 그저 감격의 눈물을 흘릴 뿐이다 (…중략…) 이제부터 앞으로 더욱더 기운 내 힘써 노력하여 모교에 내려주신 학문과 기술을 현장에 응용하고, 종래의 폐습을 버리고 진화에 힘쓰며, 직무에 전념하고, 서로 화합하고 도와 선량한 기풍을 만들며, 부락의 개발에 힘쓰고, 우리 모교의 이름을 걸고 나아가서는 홋카이도本道와 우리 동포에게 모범을 보이며, 세계의 다섯 강대국과 문명국 중 하나인 우리 대일본제국 국민으로서 부끄럽지 않은 사람이 되고 (…중략…)[55]

이 인용문에서 지리는 우승열패의 논리를 완전히 받아들여, 아이누가 처한 괴로운 상황은 그들 자신의 "우유부단"함이 낳은 결과이고 그런 아이누를 자비롭게 보호해온 것이 천황이라는 국가 이데올로기를 완벽하게 연기하고 있다. 일본 정부가 아이누를 대상으로 창설한 공립소학교에서 행한 축사에서 아이누 사회를 괴멸 상태에 몰아넣은 것은 개척 식민정책이었다고 지적하기란 분명 곤란했을 것이다. 그러나 지리의 말이 그녀 자신의 신념에서 나왔다는 것은 거의 틀림없다. 야마베와 다케쿠마에게서 보이는 아이누 민족에 대한 실망과 책망마저 받아들이는 감정은 지리의 말에서도 명확히 보인다. 그 때문에 지리는 소학교 학생인 동포를 향해 자

---

55   中井三好, 『知里幸恵』, pp.61~62.

랑스러운 일본제국의 훌륭한 신민으로 다시 태어나기 위해 공부에 힘쓰자고 고무한 것이다. 그러나 그로부터 2년 후 긴다이치의 '조수'가 되어 도쿄에 있는 긴다이치의 집에서 살게 된 지리에게는 커다란 변화가 나타났다. 인종적 열등감이 만들어 낸 강박관념에 사로잡혀 가공할 심리적 폭력으로 인해 동요하면서도, 와진이 되는 것에 대한 욕망과 와진으로부터 승인받는 것에 대한 욕구를 거절하는 결의를 자신의 일기에 남기고 있기 때문이다. 긴다이치의 친구이자 『여학세계女学世界』의 편집장이기도 했던 오카무라 지아키岡村千秋가 『아이누 신요슈』의 광고를 싣고자 번역자이자 편집자인 지리에게 기고와 사진 게재를 부탁했을 때, 그녀는 사진 찍는 일을 주저했다. 사실 기고문도 결국 긴다이치가 쓰게 되었다. 그녀의 주저함에 대해 오카무라는 "도쿄에 와서도 입을 다물고 있으면 내(=지리)가 아이누라는 것을 알리지 않고 끝날 일을, 스스로 아이누라고 밝히며 『여학세계』 등에 기고하면 세상 사람들이 업신여길 것 같으니 그것이 마음에 들지 않을 지도 모른다"고 했다고 한다. 이것은 지리가 다른 이로부터 전해들은 말이다. 이에 대해 지리는 다음과 같이 썼다.[56]

그렇게 생각하는 것이 나로서는 이상하다. 나는 아이누다. 어디까지나 아이누다. 어디서 시삼シサム, 일본인[57] 같은 티가 나는가?! 설령 입으로는 시삼이라고 말할 수 있다고 해도, 나는 여전히 아이누가 아닌가. 시시한 일이다. 입

---

56    丸山隆司, 「知里幸恵の詩/死」, 『異郷の死』, p.15.
57    【역자주】'와진'이 아이누와 자신을 구별하기 위해 일본인이 사용하는 말이라면, '시삼'이나 '샤모(シャモ)'는 아이누 쪽에서 일본인을 가리키는 말이다.

에 발린 말로만 시삼이 된다 해서 무엇이 남는가. 시삼이 되면 뭐하는가. 아이누라고 해서 인간이 아니라는 것은 아니다. 같은 인간이 아닌가. 나는 아이누였다는 것을 기쁘게 생각한다. 내가 만약 시삼이었다면 조금 더 인간미 없는 인간이었을 지도 모른다. 아이누와 다른 불쌍한 이들의 존재조차 알지 못하는 사람이었을지도 모른다. 그러나 나는 눈물을 알고 있다. 신의 시련의 채찍질을, 사랑의 채찍질을 당하고 있다. 감사해야 할 일이다. 아이누라는 이유로 세상이 나를 업신여긴다. 그래도 괜찮다. 내 우타리ウタリ, 동포가 업신여김당하고 있는데 나 홀로 오도카니 훌륭하다 평가받는다 해서 무엇이 되겠는가. 많은 우타리와 함께 업신여김당하는 쪽이 기쁘다. 게다가 나는 훌륭하다 평가받을 만한 무엇도 가지고 있지 않다. 지극히 평범한 혹은 그 이하의 인간이 아닌가. 아이누라는 이유로 업신여김당하는 것은 조금도 피해야 할 일이 아니다. 다만 내가 변변찮은 탓에 아이누 전체가 그러하다고 업신여김당하는 것은 참을 수 없는 고통이다. 오오 사랑하는 동포여, 사랑하는 아이누여!!![58]

오카무라가 실제로 그런 생각을 갖고 있었는지 아닌지는 알 길이 없지만, 지리가 아이누로서의 아이덴티티를 강렬하게 주장하고 옹호한 것은 가혹한 차별과 지배로 인해 만들어진 '아이누=열등인종'이라는 비참한 주체가 지리의 내면을 깊이 주박하고 있었음을 알려준다고 하겠다. 그럼에도 불구하고 그녀는 아이누는 '멸망해 갈 운명'에 있는 민족이라는 말을 받아들이고 와진으로의 동화에서 구제의 길을 발견한 야마베나

---

58    富樫利一, op. cit., p.114.

다케쿠라는 물론, 아이누 학생들에게 마찬가지 취지의 축사를 했던 자기 자신에 대해서도 결별을 표명한 것이다. 괴로운 처지에 내몰린 아이누이기 때문에야말로 "불쌍한 사람들의 존재"를 이해하고 "눈물"을 흘릴 수 있다고 말하면서, 지리는 억압받는 자들이기 때문에 가질 수 있는 자비와 공감 능력 쪽으로 나아가기 시작했다. 위의 인용문에서 "같은 사람이 아닌가. 나는 아이누였다는 것을 기쁘게 생각한다" 혹은 "오오 사랑하는 동포여, 사랑하는 아이누여!!!"하는 대목은 그녀가 "업신여김당하는" 존재였던 아이누에서 적극적인 의미를 발견하고 그런 새로운 아이덴티티를 동포와 함께 살아내고자 하는 결의의 표현이었다.

"결코 언어화되지 않는, 문자화할 수 없는 '아이누의 목소리'라는 것이 있다"는 지리의 주장은 이 새로운 생존에 대한 의지와 불가분의 관계에 있었다. 지리는 아이누어, 일본어, 로마자의 경계선을 자유롭게 횡단하며 전례 없이 높은 수준의 유카라 일본어역을 완수해내는 작업을 통해 결코 동화할 수 없는 아이누 목소리의 타자성을 확보하고자 했다. 그녀의 업적은 호미 바바Homi Bhabha가 '모방'이라 부른 완벽에 가까운 동화 없이는 있을 수 없었다.[59] 정착민 식민주의 지배가 초래한 비극적인 아이러니의 하나는 지배언어의 철저한 '모방'을 통해서만 피지배자의 목소리를 구제할 수 있다는 점이겠다. 지리 역시 '모방'을 통해서 아이누의 목소리를 지켜내려고 했는데, 나나 사토-로스버그Nana Sato-Rossberg에 따르면 지

---

59 Homi Bhabha, "Of Mimicry and Man : The Ambivalence of Conlonial Discourse", in Frederick Cooper and Ann Laura Stoler, eds., *Tensions of Empire : Colonial Cultures in Bourgeois World* , Berkeley : University of California Press, 1997, pp.152~160.

리의 유카라 일본어역에는 유카라의 이야기=퍼포먼스의 약동과 현장감을 효과적으로 전달하기 위한 여러 가지 고민이 담겨 있는데, 이전에는 없던 스타일을 만들어내는 데 성공했다고 한다.[60] 퍼포먼스적인 측면에 중점을 둔 번역은 유카라가 구연자의 즉흥성과 독창성을 축으로 전개되는 구전 서사시라는 점을 부각시킨다. 긴다이치가 말한 것처럼 암송을 통해 보존된 "수천 년의 전통" 같은 것이 아니라, '지금' '여기'에서 새롭게 만들어지는 예술이라고 할 수 있겠다. 더욱이 지리는 그때까지 아이누어의 음운을 표기하는 데 사용된 가타카나 대신 로마자를 사용했는데, 아이누의 목소리를 보다 성공적으로 재현하기 위해서였을 것이다. 그녀의 로마자 표기법은 영국 선교사이자 아이누 문화 연구자였던 존 배쳌러John Batchelor가 고안했고 그때까지 표준으로 간주된 표기법과는 달리, 아이누어의 음운에 보다 충실한 것이었다. 이해를 돕기 위해 사례를 들자면 '유카라'는 배쳌러 식으로는 yukara라고 표기하듯 모음으로 끝난다. 그러나 지리는 이를 자음으로 끝나는 yukar라고 표기했다.[61] 현재는 상식이 된 그녀의 표기법은 당시에는 획기적인 발명이었던 것 같다.[62] 어쨌든 이 새로운 표기법과 번역 형식은 문자로는 완벽히 표상할 수 없는 아이누의 목소리의 약동을 가능한 표현하고, 그렇게 함으로써 '원시'라는 기호에 간힌 아이누를 해방하고자 한 그녀의 고투의 기록으로 읽을 수 있다.

---

60  佐藤=ロスベアグ・ナナ, 「知里幸恵と知里真志保のアイヌ神謡訳」, 『異郷の死』, pp.133~137.

61  知里むつみ, 「自由の天地を求めて」, 北海道文学館 編, 『知里幸恵「アイヌ神謡集」への道』, 東京書籍, 2003, p.30.

62  大友幸男, 『金田一京助とアイヌ語』, 三一書房, 2001, p.89.

지리가 아이누 목소리의 재현을 위해 로마자 표기를 선택한 의의는 크다. 근대 일본에서 로마자 표기가 갖는 다양한 의미를 고려하면, 그녀의 표기법이 갖는 위상을 이해할 수 있을 것이다. 예컨대 긴다이치의 친구이자 시인인 이시카와 다쿠보쿠石川啄木는 자연주의 문학의 관점에서 로마자 표기를 인간의 내면과 욕망을 솔직하게 노출하는 표현방법이라고 이해했고,[63] 긴다이치의 스승이자 그를 아이누어 연구자로 지도한 우에다 가즈토시는 새로운 문명국을 목표로 하는 일본에게 한자 습득은 시간과 노력의 낭비라는 이유에서 로마자 사용을 주창했다.[64] 어느 쪽이든 메이지 시기 이후 표기방법으로서 주목받은 로마자를 단순히 서양중심주의나 서양에 대한 추종으로 생각할 수는 없을 것이다. 다양한 가능성을 품은 로마자를 사용해서 아이누 음운의 약동을 가능한 재현하고자 한 지리는 기성의 언어제도<sup>히라가나, 가타카나, 한자</sup> 속에서는 결코 표상할 수 없는 무엇인가를 전달하려고 한 것이 아닐까. 즉, 그녀는 제도화된 지배언어의 틀에서 아이누를 해방하기 위해 로마자 표기를 사용한 것이 아닐까. 그것은 지배언어를 '모방'하면서도 거기서 무엇인가를 취해서 비종속非從屬의 회로를 여는 것이었다. 지리가 만들어 낸 새로운 아이누어 표기법과 번역형식은 그녀가 단순히 토착 정보원이 아니라 해석과 창조적 행위의 주체였음을 가리킨다. 그런 의미에서 그녀의 번역은 지배언어를 전유하는 행위였다고 하겠다. 즉, 지리의 유가라 번역은 지배언어에 속박되면

63  石川啄木, 桑原武夫 編訳, 『啄木·ローマ字日記』, 岩波書店, 1977.
64  アリボヴァ·カモラ, 「上田万年と国字改良－ローマ字導入と漢語の排除という問題」, 『人間·環境学』 23, 2014.

서도 그로부터 일탈하기 위한 회로를 열고 나아가 새로운 의미세계를 만들어내는 작업으로, 식민자에 의한 표상세계의 지배와 그것을 지탱하는 인종주의를 교란시킬 가능성까지도 품고 있다고 할 수 있다. 앞서 논의한 긴다이치와 지리 사이의 분업 관계는 일반적으로 여겨지는 것보다도 훨씬 불확실하고 불안정한 것이었다.

이 '번역'='모방'이 만들어낸 복잡한 권력관계는 긴다이치를 억압자로, 지리를 희생자·저항자로 단순화하지 않도록 경고한다. 실제로 지리는 긴다이치에게 친밀감, 은의, 경의를 표했고, 긴다이치도 그녀의 사람됨, 능력, 독창성을 칭찬해 마지않았다. 물론 그런 감정 레벨의 관계도 정착민 식민주의적 권력관계로부터 분리할 수 없다는 것은 이미 언급했다. 『아이누 신요슈』편찬과 그 목적을 둘러싸고 두 사람 사이에 잠재적으로 존재하는 의견 불일치로 인한 서먹함과 알력[65]은 분명히 자각되지 않고 두 사람의 협동 작업은 계속되었다. 예컨대 긴다이치가 말하는 유카라 번역의 의의를 지리는 전면적으로 받아들인 것 같다. 1922년에 상경해서 긴다이치의 집에서 임시로 거처하게 된 지 한 달이 지났을 무렵, 매일 무엇을 위해 책상에 앉아 번역을 하는지에 대해 자문하며 지리는 일기에 다음과 같이 적었다.

하얀 종이에 잉크로 지렁이 흔적과도 같은 문자를 적는다. (…중략…) 오직 그것뿐. 오직 그것뿐인 일인데 앞으로 무엇이 되겠는가. 나를 위해, 동포

---

65  이 문제는 지리의 동생인 언어학자 지리 마시호(知里眞志保)가 직면하게 된다.

민족과 신조를 위해, 그리고 (…중략…) 아코로이타쿠アコロイタク=아이누어 연구와 그것과 관련된 소중한 작업을 계속 이어가는 (긴다이치) 선생님에게 조금이나마 참고자료를 제공하기 위해, 학술을 위해, 일본 국가를 위해, 세계 만국을 위해 (…중략…) 어쩌면 커다란 일일 것이다. 내 머리, 이 작은 머릿속에 있는 어떤 자그마한 것을 쥐어짜서 붓으로 표현한다. (…중략…) 단지 그것뿐인 일이–내가 써야만 하는, 알고 있는 한 살아 있는 한 써야만 하는–빛나는 아침–녹색 아침.[66]

여기서 언급된 번역의 목적은 지리 자신, 아이누, 일본, 세계, 학술긴다이치을 위한 것인데, 지리는 이 모든 요구에 응답하는 일에 아무런 모순도 곤란도 느끼지 않은 것 같다. "작은" 그녀가 이 커다란 목적을 위해 전력을 다하지 않으면 안 된다는 고양감과 기개조차 느낄 수 있다. 그러나 그녀가 선천성 심장질환에 시달리며 죽음을 앞두고 쓴 시에는 그런 고양감은 완전히 사라지고 비장감과 절망감이 스며있다.

> 달이 뜬 밤
> 가을바람이 허여멀건 나뭇잎 안쪽을 보이게 할 때
> 나뭇잎 사이로
> 어른어른하는 처마에 달린 등의
> 아름다움에 넋을 잃은 도마뱀붙이가

---

66    富樫利一, op. cit., pp.15~16.

마침내 (자기) 몸의 추함도 잊고

전등에 기어올라

열에 타 죽으며

추한 껍질을

남기고 있는 것을 보았습니다만

지금 우리 아이누 여성들은

마치 이 도쿄의 도마뱀붙이와

똑같은 일을 하고 있습니다.

그렇지 않은 자는 세상 한쪽 구석의

어두침침한 곳에서 살아가는 상태로

(꼼짝 않고) 가만히 있는 것입니다.

아이누는 제국 통치가 발하는 아름답고 숭고한 빛에

현혹되어

도마뱀붙이가

하얀 나뭇잎 안쪽을 나와

추한 시체를 남기듯

스러져 갑니다.[67]


"제국 통치가 발하는 아름답고 숭고한 빛에 현혹되어" 모인 아이누들
은 그 빛에 타 죽고 꼴사납고 추한 시체가 되어 방치될 운명에 있다는 지

---

67    中井三好, op. cit., pp.240~241.

리의 생각은 앞서 인용한 낙관적인 감정의 표출과는 완전히 대극을 이루고 있다. 과거의 지리는 일본과 세계의 문명이라는 빛에 참여하는 것, 그리고 아이누의 생존을 위해 '번역'하는 일 사이에서 아무런 모순도 느끼지 못했지만, 여기서 그녀는 문명의 매혹과 힘이야말로 아이누를 멸망시키고 있다는 인식에 도달한다. 아이누에게 문명은 구제나 약속된 아름다운 미래를 의미하는 것이 아니라 치열한 생존경쟁의 끝에 다다를 절멸의 장소, 즉 묘지로서 존재했다. 19세의 나이로 도쿄라는 근대 문명과 이향異鄕의 땅에서 죽음을 맞이하던 지리는 아이누가 경험한 문명의 압도적인 폭력성과 파괴적인 힘을 자각하고, 아이누가 '멸망해 갈 운명에 있는 민족'이라는 와진의 인식을 받아들이기 시작했던 것 같다.

지리가 아이누를 "도마뱀붙이"의 "추함"과 겹치며 그들을 굳이 "여성"으로 규정한 것은 무슨 의미를 갖고 있을까. 근거 없는 추측에 지나지 않지만, 도쿄라는 대도시에서 생활한 그녀는 항상 일본인의 차별적인 시선을 느끼며 자신이 아이누 '여성'임을 의식하지 않을 수 없던 것이 아닐까. 같은 시에서 그녀는 "아무도 그녀를 아이누라고 생각하려 하지 않는다. 무엇을 비관하고 있는가. 등을 탁 두드리고는 그녀가 위로해주었습니다. 그러나 그녀는 아직 내 마음을 바꿀 수 없었습니다"라고 적었다. 이어서 "자신을 돌아볼 때, 너무나도 자신이 추하기에 무의식 중에 들여다보아도 과거 수천 년을 추억하면 눈물짓고, 신은 이째시 무자비하게 구시는지 항상 꺼림칙한 기분이 됩니다. 고독한 감정이 자꾸만 다가와서 눈물 없이 살아갈 수 없습니다"라며 마음 깊은 곳에 간직한 고독한 마음을 토로했다.[68] 아이누의 신체를 둘러싼 열등감은 지리가 도쿄에 와서 처음으로 대중목욕탕에 갔을 때에도 끓어올랐는데, 그녀는 "자신의 (신체의) 추함이 사람들에게 보여지는 것(이) 죽을 정도로 부끄러웠"다는 일기를 남기고, 그렇게 신체의 아름다움과 추함에 집착하는 자기 자신을 "이무슨 허영일까"라며 경계하고 있었다.[69]

지리의 열등감은 아이누 교육이 아이누의 풍속이나 관습을 비루하다고 단정하고, 그들에게 '청결'과 '위생'을 몸에 익히도록 하는 데 중점을 두었던 것과 무관계하지 않다. 예컨대 홋카이도 심상사범학교北海道尋常師範学校에서 교편을 잡은 이와타니 에이타로岩谷英太郎는『아이누 교육의 방법あいぬ教育の方法』에서 "그들의 비루하고 불결한 풍속을 변화시켜 국민의 미풍을 익히도록 해야 한다"고 논하며, "국민의 미풍"과 비교하여 아이누는 비루하고 불결하다는 인식을 아이누 아동에게 철저하게 심었다.[70] 지리도 어린 시절부터 이런 제도화된 인종주의의 폭력에 노출되었고, 그 폭력이 만들어 낸 아이누=추함·불결함=소멸이라는 가공할 인식구조 속에서 홀로 몸부림치고 있었을 것이다. 지리가 말한 "추함"이란 "여성"인 그녀만이 아니라 아이누 민족 전체를 향한 말로, 몸과 마음 모두가 문명에 의해 업신여김당하고 거절당하며 살아가는 소외감, 고독감, 그리고 절망감을 표현한 말일 것이다. 같은 시에서 그녀는 아래와 같은 말을 남겼다.

---

68    Ibid., pp.236~237.
69    富樫利一, op. cit., p.26.
70    上野昌之, op. cit., p.39.

과거 수천 년의 역사를 돌아볼 때, 나라는 멸망하고, 부흥하고, 다시 멸망한다. 신은 어째서, 패잔병 신세로 언제까지 고통받게 할 셈인가! 어째서, 언제까지. 신을 원망하고, 신에게 반항하고, 사람을 저주할 정도로 우리의 마음은 사나워지고 있다. 과거의 대大민족이 지금은 불과 1만 5~6천의 소수가 되어 북쪽 바다의 섬홋카이도 여기저기에 존재하고 있는 것이다.[71]

지리가 아이누가 참고 견딘 고통을 생각할 때 품은 "신을 원망하고, 신에게 반항하며, 사람을 저주"하는 마음은 위의 시를 쓰기 2개월 전에 지리에게 도착한 소꿉친구의 부고와 관계가 있을지도 모른다. 지리의 소꿉친구는 아사히카와旭川에 사는 야스코やす子라는 이름의 소녀로, 와진 마을에 팔려가 병균에 감염되어 죽었다. 야스코는 허리부터 몸의 절반이 부패하는 상태가 되어 포주로부터 친가로 돌려보내졌지만 갚지 못한 돈이 남아 있다는 이유로 곧바로 돌아가게 되었다고 한다. 그러나 야스코는 치유되지 못하고 죽었다. 지리는 이 소식을 듣고 다음과 같은 말을 일기에 적었다.

아아, 아아, 이 무슨 커다란 시련인가! 한 명 한 명 내가 보배라고 여긴 이들을 빼앗긴다.
아사히카와의 야스코가 결국 죽었다고 한다. 인생의 어두운 뒷골목으로 질질 끌려다닌 끝에 이런 결과란 말인가! 생을 얻으면 또한 무서운 악마의 포

---

71 中井三好, op. cit., pp.238~239.

옹 속으로 돌아가야 한다.

죽음이여, 나를 맞이하라, 그녀는 그렇게 바랐던 것이다. 그렇게 해서 바라는 대로 그녀는 병으로 죽었다. 어떻게 이를 눈물 없이 들을 수 있겠는가. 마음의 평정을 지키는 데 힘쓰고 또 힘써온 나도 결국 평정을 잃어버렸다.[72]

야스코의 죽음을 "패잔병 신세"가 될 운명에 있는 "과거의 대민족"의 비극과 겹쳐보았을 때, "원망", "반항", "저주"라는 사나운 마음이 지리를 내리누르기 시작했던 것이 아닐까. 이 문장을 적고 나서 2개월 후에 지리는 세상을 떠났다. 그녀가 상경한 지 불과 4개월 후의 일이었다. 그로부터 대략 일 년 후에 『아이누 신요슈』가 출판되었지만, 출판된 책은 지리를 '번역자'가 아닌 '편집자'로 소개하며 세상 사람들이 해석적·창조적 주체로서의 그녀를 알지 못하게 했다.

여러 가지 언어제도의 경계선을 횡단하며 지리가 수행한 아이누의 목소리의 번역과 그로 인해 생겨난 발화의 과잉에 눈길을 돌릴 때, 동화와 그것을 지탱한 정착민 식민주의적 번역은 지배자 측의 일방적인 권력 행사가 아니라 지배자와 피지배자의 관계성 속에서 미묘하게 전개되는 교섭의 과정임을 알 수 있다. 즉, 지리는 와진의 동화정책이 아이누 사회에 초래한 열등감이라는 강박관념과 민족 소멸의 공포 앞에서 동요하고 움츠러들고 절망하면서도, 지배자의 언어일본어와 로마자로 번역하는 행위를 통해 '아이누의 목소리'가 살아남을 길을 개척하고자 했다. 그것은

---

72 　富樫利一, op. cit., pp.90~91.

아이누의 구전 서사시를 학술연구를 위한 '자료', 멸망해 갈 민족의 '기념비', 그리고 문명으로부터 뒤처진 민족의 '원시 문학'으로 보존하기 위해서가 아니라, 살아 있던 언어로서 다음 세대로 전하기 위한 시도였다. 지리가 『아이누 신요슈』 서문에서 토로한 몹시 모순적이고 분열된 감정자존심과 열등감, 희망과 절망, 저항과 종속은 아이누가 살아남기를 바라 마지않은 그녀의 외침처럼 들린다.

그 옛날, 이 넓은 홋카이도는 우리 선조의 자유로운 하늘과 땅이었습니다. 천진난만한 갓난아이처럼 아름다운 대자연의 품에 안겨 태평하고 즐겁게 생활하던 그들은 진정한 자연의 총아, 이 무슨 행복한 사람들이었을까요. (…중략…) 태고 그대로의 자연의 모습도 어느새 희미해지고 들판에서 희희낙락하며 살아가던 많은 사람들의 행방도 어디에. 겨우 남은 우리 동족은 앞으로 나아가는 세상의 모습에 그저 놀란 눈을 크게 뜰 뿐. 게다가 그 눈에서는 일거수일투족 종교적 관념에 지배된 옛 사람들의 아름다운 혼의 빛이 사라지고, 불안에 가득 차고 불평을 품고 아둔해져서 갈 곳도 모르는, 남의 자비에 의지하지 않을 수 없는 한심한 모습. 오오 멸망해 가는 이들 (…중략…) 그것은 지금 우리의 이름, 어쩌면 슬픈 이름을 우리는 갖고 있겠지요. 그 옛날 행복한 우리의 선조는 자신의 향토가 결국 이렇게 비참한 모습으로 변하리라고는 조금도 상상할 수 없었을 겁니다. 시간은 끊임없이 흐르고 세상은 끝없이 진전되어 간다. 격렬한 경쟁의 무대에서 패잔병의 수치를 당하고 있는 현재의 우리지만, 언젠가 두셋이라도 강한 자들이 나오면 앞으로 나아가는 세상과 보조를 맞추는 날도 머지않아 오겠지요. 그것은 정말이지 우리의 절실한 바람, 자나 깨나 기도하는 것입니다. 그래도 (…중략…) 사랑하는 우리 선조가 서로 뜻을 통하기 위해 사용한 다양한 언어들, 옛말들, 후세에 남긴 아름다운 말들, 그것들도 모두 사라지고 스러져 가는 약한 것들과 함께 사라져 없어질까요. 오오 그것은 너무나도 애처롭고 섭섭한 일입니다.[73]

위의 서문에서 지리가 상기시킨 아이누 선조들의 모습은 민족주의 reverse ethnocentrism의 표현이라고 할 수 있을지도 모르겠다. 지리는 아이누의 과거를 "일거수일투족 종교적 관념에 지배받는 옛 사람들의 아름다운 혼의 빛"으로 이상화했고, 그들의 언어세계는 "다양한 언어들, 옛말들, 후세에 남긴 아름다운 말들"로 가득 차 있다고 생각했다. "태고 그대로의 자연의 모습"을 살아간 "천진난만한" 아이누 민족을 진보적인 '일본민족'과 대치시키며, "자유"롭고 "행복"했던 "수천 년의 과거"를 상상하며 아이누 문화의 아름다움, 자립성, 그리고 독창성을 주장하고 싶었던 것이겠다. 그 심정은 노예가 된 흑인들이 식민지 이전 아프리카의 역사나 문화를 일종의 유토피아처럼 상상하며 박탈당한 자존심의 회복을 시도한 네그리튀드Négritude 운동과 공명하는 부분이 있다. 식민지배 속에서 철저히 부정당하고 노예화된 자기의식으로부터 흑인들을 해방하고자 했던 파농이 고대 아프리카 문명의 아름다움을 재발견하는 데서 그 가능성을 찾고 네그리튀드의 낭만주의적 시도에 투신하려 했던 일은 잘 알려져 있다. 그러나 이런 파농의 바람조차 장 폴 사르트르Jean-Paul Sartre의 가차

---

73   知里幸惠 編, 郷土研究社版復刻版, 『アイヌ神謡集』(第二刷), 知里真志保を語る会, 2002, pp.1~3.

없는 비판 앞에서 무너졌다. 사르트르는 네그리튀드 운동에 대해 그것은 "인종차별에 반대하는 인종차별을 만들어 내는 것"이고, "과정이지 도달점이 아니고, 수단이지 최종 목적이 아니"라고 했다.[74] 사르트르의 준엄한 비판은 네그리튀드 운동의 역사적 의의를 부정의 부정으로, 즉 인종차별을 내면화시킨 기만적인 서구 휴머니즘을 극복하고 보다 보편적인 인간성에 도달하기 위한 변증법적 계기라라고 평가하는 것이었다. 파농은 이 비판을 전환점으로 삼아 '니그로negro'라는 말에 새겨진 피억압자로서의 민족의식을 떨쳐 버리고, 새로운 '인간'으로서 "세계의 억압받는 사람들의 연대와 해방"을 목표로 하는 민족해방운동을 지향하게 되었다.

한편, 19세의 나이로 세상을 떠났고 식민지 해방투쟁에 몸을 바쳤던 것도 아닌 지리에게서 마찬가지 사상과 운동으로의 도약을 찾아내기는 어렵다. 그러나 그렇다고 해서 아이누는 저항 없이 동화를 받아들였다고 결론지어서는 곤란하다. 지리는『아이누 신요슈』서문에서 분열되고 동요하는 목소리를 표출했다. 그녀는 수탈, 동화, 차별이라는 저항하기 어려운 폭력으로 인해 절멸의 위기에 내몰린 동포들로 인해 애태웠고, 때문에 아이누의 과거를 이상화해야 한다고 여기며 언젠가는 아이누가 구제되어 살아남을 길을 찾기를 바랐다. 이런 모순된 목소리의 중층성에서 동화와 황민화에 회수되지 않는 어떤 과잉 혹은 균열이 생겨나는 것이다. 한편, 그것은 또한 그녀가 짧은 생애 속에서도 쓰보이가 말한 "사소한 저항"을 시도했다는 증거이기도 하다.

---

74　フランツ・ファノン, 海老坂武・加藤晴久 訳,『黒い皮膚・白い仮面』, みすず書房, 1998, pp.155~156.

이런 관점에서 보면 식민지배하에서 생겨난 '반전된 민족주의'를 사르트르의 반인종주의적 민족주의라는 변증법적 이해로 환원하는 것은 너무나도 단락短絡적인 이해방식일 것이다. 옛 아이누 문화나 아프리카 문명을 아름다운 말로 형상화하는 것은 분명히 아이누나 아프리카의 과거를 추상화하고 본질화할 위험을 동반한다. 그러나 지리가 "천진난만", "자유롭게 살아가던 땅", "아름다운 혼의 빛" 같은 말에 투영한 과거의 이미지에는 "격렬한 경쟁의 무대에서 패잔병의 수치를 당하고 있는 지금"과는 다른 '지금'이 존재할 수 있음을 상기시키는 힘이, 그런 '지금'을 소망하고, 바라고, 꾀하는 힘이 깃들어 있다. 이상화된 과거를 통해 일깨운 '지금'은 필연적으로 눈앞을 가로막고 있는 현실에 대항하여 존재했을 지도 모르나 빼앗겨버린 삶의 방식을 생생히 떠올리게 한다. 그리고 지리에게 그런 '지금'의 이미지는 "사랑하는 우리 선조가 서로 뜻을 통하기 위해 사용한 다양한 언어들, 옛말들, 후세에 남긴 아름다운 말들"이나 "우리 선조가 흥겹게 이야기한 여러 이야기들" 속에 축적된 집합적 기억으로 지탱되는 것이 아니었을까.[75] 그렇기 때문에 지리는 번역을 통해서 아이누의 집합적 기억을 받아들이고, 자그마한 빛을 내면서 소멸하지 않는 '지금'의 가능성을 필사적으로 확보하려 한 것이 아닐까.

네그리튀드 운동의 지도자이자 시인이었던 에메 세제르Aimé Césaire는 이런 가상의 이미지를 통한 저항의 잠재력을 다음과 같이 말했다.

---

75    知里幸惠 編, 鄕土硏究社版復刻版, op. cit., p.2.

나는 비유럽 문명의 가치를 무조건 옹호한다.

매일매일 정의가 부정될 때마다, 경찰이 곤봉을 휘두를 때마다, 노동자의 요구가 피범벅이 될 때마다, 토벌 원정이 벌어질 때마다, 공화국 기동대의 장갑차, 경찰, 자경단원이 나타날 때마다, 우리는 잃어버린 전통사회의 가치를 느낀다.

우리의 전통사회는 공동체 사회였다. 몇몇 소수를 위해 존재하는 사회가 결코 아니었다.

우리의 전통사회는 전前자본주의 사회였을 뿐만 아니라 반反자본주의 사회였다.

(…중략…)

우리의 전통사회는 협조적인 사회, 우애로 충만한 사회였다.

그러므로 나는 제국주의가 파괴한 우리의 전통사회를 무조건 옹호한다.

(…중략…) 우리의 전통사회에 있어서는 좌절이라든가 실패의 화신이라는 말도 의미를 갖지 못한다. 아직 패배하지 않은 희망을 간직하고 있기 때문이다.[76]

세제르가 말한 "비유럽 문명의 가치"의 "무조건 옹호"는 타국을 정복하여 야수화하는 한편 기계문명으로 인해 피폐해진 "하얀 세계"와 "협조적"이고 "우애로 충만"하며 "아직 패배하지 않은 희망을 간직"한 아프리카를 대지시킨다. 나아가 세제르의 시는 아프리카의 민족석 특성을 생생력 충만한 이미지로 그려내고 있다.

---

76   エメ・セゼール, 砂野幸稔 訳, 『帰郷ノート・植民地主義論』, 平凡社, 1997, pp.135~136.

진정한 세계의 적자嫡子이며

세상의 모든 숨결에 열려 있는

모든 숨결의 우애의 장

물길이 마르지 않는 이 세상의 물가

신성한 모든 불의 화염

세상의 움직임을 맥박 속에 간직하고 있는

살 중의 살이다.


조상신의 은총이 함께하는 새벽녘에[77]


세제르는 네그리튀드가 '옹호'하는 것은 "유럽 이전의 과거로의 회귀"
가 아니라고 단언했다.[78] 네그리튀드의 목적은 아프리카가 "후안무치하
기 짝이 없는 금융업자나 기업가"가 지배하는 유럽과 조우한 "불운"과 "비
극"을 고발하고, 나아가 "유럽은 인류사회에 대해 산더미처럼 쌓인 시체
의 산에 책임을 져야" 함을 분명히 하는 데 있기 때문이다.[79] 유럽은 아프
리카의 무엇을 파괴했는가. 아프리카에서 살아가는 사람들로부터 어떤
미래나 희망을 빼앗았는가. 세제르의 "무조건 옹호"가 상기시키는 과거와
현재의 이미지는 이런 물음들을 유럽에게 가차 없이 들이대는 것이다.

마찬가지로 지리가 환기시킨 과거의 이미지도 근대 이전으로의 회귀

---

77  Ibid., pp.81~82.

78  Ibid., p.136.

79  Ibid., pp.136~137.

를 꾀하는 것이 아니었다. 그것은 근대 일본이 정착민 식민주의를 통해 "아름다운 대자연의 품에 안겨 태평하고 즐겁게생활하던" 자유로운 아이누로부터 "선조의 대지"를 빼앗았던 비극과 불운을 환기시키며, 그 책임을 묻지 않을 수 없다는 뜻을 담고 있다. 지리는 『아이누 신요슈』의 서문에서 "아이누가 처한 현 상황의 불합리함을 고발"한다고 주장했다. 그녀는 아이누모시리의 식민화 이전 모습을 다음과 같이 묘사했다.

> 겨울날 땅에서는 숲을 뒤덮은 깊이 쌓인 눈을 걷어차고, 천지를 얼린 찬 기운에도 아랑곳없이 산을 타고 넘으며 곰을 사냥하고, 여름날 바다에서는 산들바람 헤엄치는 초록빛 파도와 하얀 갈매기의 노래를 벗 삼아 나뭇잎 같은 작은 배를 띄워 온종일 고기를 잡고, 꽃 피는 봄은 부드러운 햇살을 맞으며 끊임없이 지저귀는 작은 새와 함께 노래하고 머위를 따고 쑥을 뜯으며, 단풍 드는 가을에는 가을바람에 이삭이 여물고 밤까지 연어잡이 하는 화톳불도 꺼져, 산골짜기에서 친구를 부르는 사슴의 소리를 밖으로 둥근 달에 꿈을 매단다. 아아 이 무슨 즐거운 생활일까요. 평화의 땅, 그것도 지금은 옛날, 꿈은 부서져 수십 년, 이 땅은 급속도로 변화를 겪고, 산과 들은 무라村로, 무라는 마치町로[80] 차츰 개화되어 간다.[81]

수틸도 계급도 착취도 없는 "평화의 땅" 아이누모시리. 사연의 은혜와 아름다움 속에서 마음 편히 시간이 흐르는 "즐거운 생활". 그러나 이

---

80　【역자주】무라(혹은 손)와 마치(혹은 쵸)는 근대 일본의 행정구역을 뜻함.

81　知里幸恵 編, 郷土研究社版復刻版, op. cit., p.1.

평화라는 "꿈"은 와진의 식민정책과 개척 사업으로 인해 파괴되었고, 아이누는 이미 "한심한 모습"으로 변모하여 "멸망해 가는 이들"이라는 "슬픈 이름"을 짊어지게 되었다. 태고의 유토피아적 형상과 눈앞에 있는 현실의 대비를 통해 존재할 수 있었으나 빼앗겨버린 '지금'의 이미지가 모습을 드러낸다. 만약 부의 축적과 강력한 국가의 건설을 목표로 하는 일본과의 만남이 없었다면, 아이누는 어떤 '지금'을 살아가고 있었을까. 지리가 시도한 아이누의 목소리의 번역은 말과 이야기, 그리고 전승 속에 "평화의 땅"에 관한 여러 가지 바람이나 경험이 언어와 이야기와 전승 속에 축적되어 있고, 생존의 위기에 직면한 순간에 그것들은 유토피아적 이미지가 한데 모아져 홀연히 나타남을 가르쳐준다. 유토피아란 그러한 삶을 향한 의사, 바람, 그리고 기원에서 생겨나며, 현실을 부정할 수 있는 계기를 품고 있고 어슴푸레하지만 강렬한 빛을 발하는 형상을 하고 있을 것이다. 지리 무쓰미知里むつみ는 지리 유키에가 어째서 식민화 이전의 아이누모시리를 "자유로운 하늘과 땅"이라 불렀는지에 대해, "자신들의 생각으로 세상일을 결정하고, 문화를 꽃피우고 아이누어를 성립시키며, 의식주를 확보하고, 희로애락을 더불어 즐기는 생활"을 보내는 것, 즉 "자신들의 선택으로 결정한 약속에 따라" 살아갈 수 있는 "자유"를 말하고 싶었기 때문일 것이라고 설명한다.[82] 또한 그런 자유가 허락된 "대자연과의 공생"[83]을 "현 상황의 불합리함"이나 "슬픈 현실"과의 대비시켜 강조하고자 했던 것이겠다.[84] 지리가 묘사한 아름다운 이상향은 "멸망해 가

---

82  知里むつみ, op. cit., p.28.
83  Ibid., p.31.

는 이들"이라는 "슬픈 이름"을 짊어진 자들이 토로하는 부조리한 현실을 향한 고발이었다.

이 수탈의 고발을 환기시키는 유토피아는 가야트리 스피박Gayatri Spivak 이 "언어의 육체"라 부른 바 있는, 완전히 번역 불가능한 "사람의 감정 깊은 곳에 깃들어 있는" 것들, 예컨대 희망, 절망, 분노, 비애, 바람 등을 감히 번역한다는 행위를 통해서만 생겨난다.[85] 압도적인 비대칭적 대립관계 속에서 감정 깊은 곳에 밀어 넣어진 상태로 깃들어 있는 생각들에는 절박한 실존적 위기와 계속되는 폭력의 중압 탓에 문자 그대로 "현실에는 어디에도 존재하지 않는" 유토피아라는 가상이 개재介在되어 있기에 억압적인 현실에 대한 부정성을 획득할 수 있는 것이다. 지리는 "언어의 육체"를 번역하는 행위를 통해 아이누의 목소리를 정착민 식민주의의 목표와 욕망의 회로에서 해방하고, 정착민 식민주의로 회수되지 않는 새로운 분절화分節化의 회로를 연 것이다.


## 4. 나가며

정착민 식민주의적 번역에 의해 오랫동안 횡령당한 '아이누의 목소리'를 파헤치고 그 번역 과정에서 생겨난 발화의 과잉이나 균열에 귀를 기울

---

84    Ibid., p.28.
85    ガヤトリ・スピヴァク, 本橋哲也・篠原雅武 訳 「翻訳という問い」, 『いくつもの声』, 人文書院, 2014, p.65.

이는 것은 진보사관과 국민국가를 중심으로 구성된 지식의 체계가 근대의 폭력을 망각하고 정당화하는 데 깊숙이 가담해왔다는 사실과 마주한다는 것을 의미한다. 이는 동시에 어떻게 피억압자가 수탈, 배제, 동화, 예속화라는 '비상사태'를 '정상상태'처럼 살아가는 일을 강요받아왔는지를 성찰하는 일이기도 하다.[86] 더욱이 이는 '비상사태'가 상례가 된 상황이 결코 과거의 문제가 아니며, 국민국가라는 제도와 그것을 기반으로 성립된 자본주의가 우리의 사고, 감성, 정동, 행위를 규정하고 있는 한 '지금' '여기'에서 벌어지고 있는 현실이기도 하다는 점에 주의를 촉구한다. 지리 유키에의 언어가 그것을 읽는 이들의 마음을 붙잡는 것은 어째서일까. 발터 벤야민[Walter Benjamin]이 말한 것처럼, 과거의 구제는 현재의 구제와 밀접하게 관련되어 있다. 지리 유키에의 번역 행위에 담긴 생존에 대한 바람은 근대 이후 마찬가지 운명을 걸은 무수한 목소리와 공명하면서, "과거의 사람들을 감싼 바람의 산들거림이 우리 자신을 스쳐 지나가고 (…중략…) 우리가 귀를 기울여 듣는 목소리 속에서 이제는 입을 다물고 말하지 않는 사람들의 목소리가 메아리치는" 순간을 감지하고 확보할 책임을, 즉 과거와 현재의 구제의 가능성에 대해서 요구하고 있는 것이다.[87]

---

86　ヴァルター・ベンヤミン, 鹿島徹 訳, 『歴史の概念について』, 未来社, 1995, p.53.

87　Ibid., p.46.

## 参考文献

アリポヴァ・カモラ、「上田万年と国字改良－ローマ字導入と漢語の排除という問題」、『人間環境学』23, 2014.

石川啄木、桑原武夫 編訳、『啄木・ローマ字日記』、岩波書店、1977.

岩崎奈緒子、「<歴史>とアイヌ」、『日本はどこへ行くのか』、講談社、2003.

上野昌之、『アイヌ民族の言語復興と歴史教育の研究』、風間書房、2014.

エメ・セゼール、砂野幸稔 訳、『帰郷ノート・植民地主義論』、平凡社、1997.

大友幸雄、『金田一京助とアイヌ語』、三一書房、2001.

小川正人、『近代アイヌ教育制度史研究』、北海道図書刊行会、1997.

カールマルクス、大内兵衛細川嘉六 監訳、『マルクス・エンゲルス全集第九巻』、大月書店、1962.

――――――――――――、「資本論1b」、『マルクス・エンゲルス全集 第二十三巻』、大月書店、1965.

――――――――――――、金塚貞文 訳、『共産主義者宣言』、平凡社、2012.

ガヤトリ・スピヴァク、本橋哲也・篠原雅武 訳、「翻訳という問い」、『いくつもの声』、人文書院、2014.

金田一京助、『アイヌ文学』、河出書房、1933a.

――――――、「アイヌの談－心の小道余話」、『言語学五十年』、宝文館、1955.

――――――、「知里幸恵さんの事」、『金田一京助全集 第十四巻 文芸1』、三省堂、1993.

――――――、『金田一京助全集 第十四巻 文芸2』、三省堂、1993b.

桑原真人、『近代北海道史研究序説』、北海道大学図書刊行会、1982.

ジル・ドゥルーズ、フェリックス・ガダリ、宇野邦一ほか 訳、『千のプラトー―資本主義と分裂症』、河出書房新社、1994.

武隈徳三郎、『アイヌ物語』、富貴堂書房、1918.

知里むつみ、「自由の天地を求めて」、北海道文学館 編、『知里幸恵・「アイヌ神謡集」への道』、東京書籍、2003.

知里幸恵編、郷土研究社版復刻版、『アイヌ神謡集』（第二刷）、知里真志保を語る会、2002.

富樫利一、『銀のしずく「思いのまま」－知里幸恵の遺稿より』、彩流社、2002.

西成彦崎山政毅編、『異郷の死－知里幸恵、そのまわり』、人文書院、2007.

ヴァルター・ベンヤミン、鹿島徹訳、『歴史の概念について』、未来社、1995.

フランツ・ファノン、海老坂武・加藤晴久訳、『黒い皮膚・白い仮面』、みすず書房、1998.

ホーレス・ケプロン、西島照男訳、『ケプロン日誌－蝦夷と江戸』、北海道新聞社、1985.

北海道庁編、『北海道史 第一』、北海道庁、1918.

――――――、『新撰北海道史』、北海道庁、1937.

中井三好、『知里幸恵－十九歳の遺言』、彩流社、1991.

山辺安之助, 金田一京助 編, 『あいぬ物語』, 博文館, 1913.

Etienne Balibar, "The Nation Form : History and Ideology", in Etienne Balibar and Immanuel Wallerstein, *Race, Nation, Class : Ambiguous Identities, London* : Verso, 1991.

Homi Bhabha, "Of Mimicry and Man : The Ambivalence of Conlonial Discourse", in Frederick Cooper and Ann Laura Stoler, eds., *Tensions of Empire : Colonial Cultures in Bourgeois World*, Berkeley : University of California Press, 1997.

Michel Foucault, *Language, Counter-Memory, and Practice : Selected Essays and Interviews*, Ithaca : Cornell University Press, 1977.

Patrick Wolfe, "Settler Colonialism and the Elimination of the Native", *Journal of Genocide Research* 8 : 4, London : Taylor and Francis, 2006.

이 글은 일본어로 작성되었으며 남궁철(南宮哲 / NAMGUNG Chul, UCLA, Department of History, Ph.D. Candidate, 일본 근현대사 전공)이 번역했다.

# 제2부

# 자아와 타자

## 욕망과 질서의 균열

# 민족 · 계급 · 성별

셰빙잉謝冰瑩과 린하이인林海音 작품 속 대만 양녀養女에 관하여

왕유틴

## 1. 들어가며

1950년대 여성 작가를 대표하는 셰빙잉謝冰瑩, 1906~2000[1]과 린하이인林海音, 1918~2001[2]은 중국문예창작협회, 대만성여성창작협회 등 중요한 문예 단체의 간부를 맡아 당시 여성 작가의 주류를 이뤘다. 셰빙잉은 1920년

---

1    학명 사밍강(謝鳴崗), 일명 셰빈(謝彬). 원적지는 후난 신화(湖南新化)이고 북평여자 사범대학(지금의 북경사범대학)을 졸업하고 1926년에 무한중앙군사정치학교(지금 의 황포군관학교 무한분교) 제6기에 입학했으며 이듬해에 북벌에 참가했다. 1931년과 1935년 두 차례 일본에 가서 서양문학을 연구했다. 1937년 중일전쟁이 발발하여 '호남 여성전지봉사단'을 조직하여 전선에 가서 봉사했으며 전시에 『광서부녀(廣西婦女)』, 『황하(黃河)』 등 잡지의 주필로 활동했다. 전후에 한커우의 『화평일보(和平日報)』 및 『화중일보(華中日報)』 부주필을 지냈다. 1948년 9월에 대만에 와서 대만성립사범학 원(지금의 대만사범대학)에서 교편을 잡았고, 말레이시아와 필리핀으로 가서 강의를 했으며, 1973년에 교직에서 퇴직하여 미국에 정착했다. 또한 중국문예협회 초대 이사, 대만성부녀작문협회 감사, 미국 중국어문예계협회 명예회장, 미국국제공자기금회 고 문을 지냈다. 셰빙잉은 주로 전기, 산문, 소설을 위주로 창작활동을 했고, 평론을 비롯 해 아동문학, 보도문학, 불교문학을 다루기도 했다. 저서로는 『여병자전』, 『종군일기』, 『애만정(愛晚亭)』, 『고향(故鄉)』, 『사랑이야기(愛的故事)』, 『소동유랑기(小冬流浪記)』, 『관음연(觀音蓮)』, 『신생정(新生亭)』 등이 있다. 見周芬伶編選, 封德屛總策畫, 「小傳」, 『臺灣現當代作家硏究資料彙編 謝冰瑩』, 台南：國立台灣文學館, 2014, pp.43~44.

대 말부터 1930년대까지의 5・4신문학 2세대 여성 작가로 활동하며 문단에 올랐고, 작품『여병자전女兵自傳』과『종군일기從軍日記』로 이름을 날리며 자서전으로 그 문학적 지위를 다졌다. 그녀의 작품은 중국문학사에 있어 최초의 현대전기 열풍을 일으켰고 5・4시대의 여성해방 사조와 여성의 자아의식을 보여준다. 셰빙잉은 중국신문학사에서 '여병문학작가女兵文學作家의 시조'라는 칭호를 얻었으며 시대와 긴밀히 결합하며 국민당 정부가 국어운동을 대대적으로 선전하고 중화문화를 부흥시킨 시대에 글쓰기를 하며 많은 작품을 남겼다. 또한 그녀의 작품들은 대만, 홍콩, 말레이시아 등지에 발표되어 대만여성문학의 판도를 넓혔을 뿐만 아니라 현대문학의 문예 지형에도 영향을 미쳤다.

1950년대에는 공산주의를 반대하는 분위기가 감돌았다. 린하이인의 작품『동청수冬青樹』,『녹조와 함란綠藻與鹹蛋』,『요운曉雲』은 대만 사회의 실상을 배경으로 독특한 문체를 구축했다. 1960년대의『성남옛일城南舊事』,『결혼이야기婚姻的故事』,『촛불燭芯』은 어린 시절 성남을 배경으로 한 인물과 전통사회 여성의 처지가 묘사되며 광범위한 논의를 불러일으켰다. 린하이인은『국어일보國語日報』,『연합보聯合報』의 편집자를 역임했으며,

---

2    일본에서 태어나 1948년에 성장한 북경을 떠나 남편과 아이를 데리고 낯선 고향인 대만에서 정착했다. 북평신문전문학교 출신이라는 배경은 린하이인으로 하여금 습작을 비롯해 다양한 영역의 편집을 할 수 있는 능력을 갖게 했다. 1949년 린하이인은『국어일보・주말부간(國語日報・週末副刊)』을 접수하여 1949년에 개정, 우웨칭(武月卿)이 주필한『중앙일보・여성와 가정주간(中央日報・婦女與家庭周刊)』에서 활약했다. 1953년에서부터 1963년까지『연합보・부간(聯合報・副刊)』의 주필로 활동하는 동안『연합보・부간』의 황금기 10년에 적지 않은 우수한 대만국적 작가들을 발탁했으며 1967년에는 월간『순문학(純文學)』을 창간했다. 저서로는『동청수』,『녹조와 함란』,『요운(曉雲)』,『성남옛일』,『결혼이야기』,『촛불』등이 있다.

1953년부터 1963년까지『연합보·부간』을 편집하는 동안 부간을 문예성으로 전환하여 대만 부간지의 황금기 10년을 열었다. 이후 월간『순문학』을 편집하며 출판계에 발을 들여놓았고, 1968년 순문학출판사를 설립했다. 편집 분야에 있어 린하이인의 업적은 그녀의 문학 창작과 함께 빛나며, 그녀는 신인에게 글쓰기의 무대를 주어 작가를 육성했기에 '린선생님'이라는 칭호를 얻기도 했다. 작가이자 편집자, 출판인의 각종 직함을 갖는 린하이인은 전후 대만 문단의 한 페이지 전설을 이뤘고, 거의 반세기에 가까운 문학생애에 있어 여성 작가들의 글쓰기와 편집이라는 이중의 전형을 구축했다.

대만 사회에서도 초기에는 남자를 중시하고 여자를 경시하는 풍조가 있어, 경제조건이 나빠 딸을 유기하거나 남에 맡기는 양녀입양제도가 성행했고, 양녀가 학대를 당하거나 창기로 판매되는 현상은 시급히 관심을 기울여야 할 중요한 사회적 이슈가 되었다. 양녀 또는 '민며느리媳婦仔'는 대만 전통사회에서의 여성의 역할로 한인漢人 전통사회에서 순탄치 않은 운명에 부딪혔다.[3] 1950년대 대만성 의회는 '어떻게 양녀를 보호할 것인가'라는 의제를 제기했고, 점차 '양녀보호운동'을 전개했다.[4] 대만 전통사회에서 양녀는 어떤 이미지를 가지고 있었을까? 여성 작가의 붓끝에서 양녀는 어떤 복잡하고 다원적인 의제로 제시될까? 이 글은 대만의 대표적인 여성 작가 셰빙잉과 린하이인이 쓴 대만 양녀에 관한 서사를 분석

---

3    曾秋美,『台灣媳婦仔的生活世界』, 台北 : 玉山社, 1998.
4    游千慧,『一九五〇年代台灣的「保護養女運動」- 養女、婦女工作與國 / 家』, 清華大學歷史所碩士論文, 2000.

함으로써 여성 작가의 서사 전략과 서사의 위치를 들여다보고, 이를 통해 텍스트라는 상징공간으로부터 민족, 계급, 성별에 관한 문제에 관해 고찰한다.


## 2. 혁명과 연애의 반공적 서사 __ 셰빙잉의 『팥紅豆』을 중심으로

1929년『종군일기』를 출간한 이후 1948년까지『종군일기』로 이름을 날린 셰빙잉은 5·4 2세대 여성작가로서 1920년대 신문학의 선구자라고 할 수 있으며, 같은 시기 여성 글쓰기의 절정을 보여준다. 이 시기에 있어 셰빙잉의 창작 소재는 전쟁 전선의 전기, 보도문학 및 산문주를 이루는데, 그 작품들은 당시 여성들이 갖는 종군의 자의식, 전통 예교에 대한 속박과 전쟁의 격동시대 등의 각종 사회문제를 반영하고 있다. 셰빙잉은 여군 신분으로 여성의 전통적인 운명을 뒤집고, 전족 거부, 학문 쟁취, 결혼 독립 추구 등 여성 의식을 갖춘 의제를 보여주며, 신구 시대 과도기 혁명 여성의 급진성을 보여주었지만, 그 모순성도 있었다. 특히 저우펀링周芬伶은 "여군의 신분은 성별 상 남성과 여성 사이에서 변위한다"[5]고 지적하며, 여군이 성별 신분의 구축인지 아니면 강건한 남성의 전통으로 나아갈 것인지 제시했다.[6] 따라서 이 시기에 있어 셰빙잉의 글쓰기

---

5 　周芬伶,「女性自傳散文的開拓者 謝冰瑩的散文研究與歷史定位」,『台灣現當代作家研究資料彙編 謝冰瑩』, 台南 : 國立台灣文學館, 2014.12, p131.

6 　周芬伶, op. cit., pp.120~121.

는 주로 '여성'의 관점에서 전통 예교 규범, 군대의 남성 문화와 사회적 시선이 여성의 신분에 미친 영향에 천착한다.

셰빙잉의 창작 중기는 1948년부터 대만성립사범학원에서 교편을 잡았던 시기로, 이 시기는 중국에서 대만으로 옮겨와 대만성사범학원 교수1948.9~1957.8·1960.8~1973와 말레이시아 화교 교직1957.8~1960.8의 두 시기로 나뉜다. 1920년대에 셰빙잉은 진보 여성의 본보기가 되었으며, 문학사에서 줄곧 전통의 질곡과 대결하는 여성 작가로 자리매김했다. 대만으로 이주한 후 대학 중문학과 교수와 신문예 작가라는 이중의 신분으로 국민당 문예 체재의 주도하에서 핵심적인 역할을 맡았는데, 그 충당애국忠黨愛國적인 문예관[7]은 보수성이 있어 '문학청 교도'의 일면을 드러내고 있다.[8]

1954년 셰빙잉은『독서잡지』에 장편소설『팥』을 연재했는데, 이것이 그녀의 창작 중기에 해당하는 작품으로, 셰빙잉 문학의 '문화교육'적 의의를 잘 드러낸다.『팥』은 양녀와 성적省籍 통혼에 관한 의제를 제시하며, 대만을 배경으로 한 14만 자에 이르는 소설로 당시 혁명과 연애, 반공 소설의 전형성을 갖추고 있다.『팥』의 주인공은 외성外省 청년 린쯔친林子欽과 대만 양녀 리위메이李玉梅이다. 린쯔친은 선비 집안 출신으로 북사대를

---

7   1955년 셰빙잉과 쑤쉐린(蘇雪林), 리만구이(李曼瑰), 쉬중페이(徐鍾珮), 장쉐인(張雪茵) 등 32명이 공동으로 '대만성여성글쓰기협회(台灣省婦女寫作協會)'를 설립해 감사를 맡았다. 또한 1963년 귀양후이(郭良蕙)가 펴낸『심쇄(心鎖)』는 내무부에 의해 금지되었고, 셰빙잉은 같은 해 4월 중국문예협회 이사회에서 귀양후이의 회적 제명을 주장했다. 이후 중국청년백작협회와 부녀백작협회 역시 회적 제명을 했으며, 셰빙잉도 공개 편지로 귀양후이를 비판하는 등 그의 정통 사상 옹호자적 면모를 보였다.

8   周芬伶,「女性自傳散文的開拓者 謝冰瑩的散文研究與歷史定位」,『台灣現當代作家研究資料彙編 謝冰瑩』, 台南 : 國立台灣文學館, 2014.12, pp.132~136.

졸업하고 교육에 투신한 부모의 훈육를 받으며 항전 전화 속에서 성장했다. 아버지는 1939년 일본이 충칭을 폭격했을 때 사망했고, 홀어머니는 고생 끝에 아들을 키워냈으며, 항전에서 승리하고 북평으로 돌아가 정착했다. 우선, 린쯔친의 역할 설정에 주목할 필요가 있다. 린쯔친은 부모와 마찬가지로 북사대 출신의 수재이다. 교육자인 부모의 정성 어린 교육하에 성장한 그는 북사대에서 '문화중국'의 교양이 깊은 국문과를 다녔으며, 문예를 사랑한 린쯔친은 '철인哲人'이라는 필명으로 『북평일보』, 『세계일보·부간』에 기고하여, 무당무파, 자유를 사랑하는 청년이었다. 그런 그는 공비共匪들이 청년을 도구로 이용하는 데에 불만을 품고 북평을 떠나 살기로 결심한다. 소설에서 린쯔친 개인의 기억은 '중국 근대사'의 대서사 속에서 텍스트화되는데, 린쯔친은 "외적이 멸망하지 않는데, 어찌하여 집이 될 수 있는가"라는 신념을 품고, 나라의 원수와 집안의 한이 가슴에 가득 차 있었다. 더욱이 노모는 철의 장막 속에서 생사를 알 수 없었기 때문에 린쯔친의 반공 감정을 더욱 깊어질 수밖에 없었다.

『팥』은 대만 생활을 배경으로 빈곤한 린쯔친의 망명학생으로서의 모습을 묘사함으로써 당시 외성 학생들의 전형을 형상화했고, 린쯔친의 먼 친척인 우시앙시吳祥熙의 호사스러운 생활과 그가 목격한 청렴학자의 모습이 강렬한 대비를 이루면서 당시 대만 사회의 빈부격차를 부각시켰다. 린쯔친은 우시앙시가 권유한 그의 딸과의 혼인을 거절하는 한편, 허영심이 많고 허울 좋은 그의 딸을 비판하고, 또 이를 통해 당시 부유한 외성인들의 호사스러운 생활을 비판했다. 좋은 비단옷을 입고 진수성찬을 즐기는 등 각종 사치스러운 생활상을 지적하고, 공관에서 일하는 아주머니의 월급이 중학교 교원보다 더 많은 현상을 폭로했다. "어느 화려한 공관의 아주머니는 한 달 월급이 천여 위안이고, 집에 하녀를 고용한다. 한 대학 교수의 월급은 사오백에 불과하고, 밥과 빨래 모두 스스로 해야 한다. 이는 얼마나 불합리한 현상인가."[9] 이를 통해 학자와 문인의 청렴함을 부각시켰고, 린쯔친은 스승 도화 선생이 일생을 고생했음에도 사후 아무것도 남지 않은 궁핍한 생활상을 목격하고는, "죽어도 몸을 묻을 곳이 없"고 "부귀를 가졌어도 부패하지 않고, 가난하고 힘들어도 포부를 버리지 않고, 권위와 무력에도 굴복하지 않는다"[10]며 생애의 끝을 맺는다.

여주인공 리위메이는 참의원인 양아버지가 입양한 여성으로 어릴 때부터 봉건적 분위기의 가정에서 성장했다. 본성本省의 규칙에서 양녀는 일반적으로 고소교육高小教育만 받을 수 있으며, 양가養家에 의해 팔리거나 주점의 접대부가 되는 비참한 운명을 겪는 경우가 많았고, 리위메이처럼 고등교육을 받는다는 것은 그야말로 보기 힘든 상황이었다고 할 수 있다. 이 작품에서는 리위메이가 받은 교양 및 국민당 국어교육하에 국어양성을 묘사하고 있는데, 여기에는 리위메이가 북방인의 발음방식을 가진 표준국어를 거듭 강조하고, 일인칭 서술을 통해 국어운동의 교육을 받고 문예를 사랑하는 긍정적이고 적극적인 여성상이 나타나 있다. "광복 이후에야 나는 국문을 읽기 시작했고 조국의 문자를 배우기 시작했다. 나는 소설을 즐겨 읽고 연극, 영화도 즐겨 보았다. 특히 음악을 좋아한다. 국어 선생님은 늘 나에게 글을 많이 쓰라고 격려하신다. 나도 이에

---

9    謝冰瑩, 『紅豆』, 台北 : 衆文圖書公司, 1977.12(再版), p.51.
10   Ibid., p.54.

노력하고 싶다. 대만의 양녀는 너무 불쌍하다. 앞으로 내가 만약 소설 한 편을 써서 그들을 대신해 하소연할 수 있다면 더할 나위 없을 것이다."[11] 양녀 출신인 리위메이는 대만 양녀를 주제로 한 소설을 쓰겠다는 큰 포부를 드러내는 소설 속에 내포된 서브텍스트이기도 하다. 위메이는 여름 방학에 대진로군大陳軍軍에 가서 쯔친을 알게 되었는데, 일기에 양녀는 연애의 자유가 없고, 혼인의 주권은 부모의 손에 달려 있다고 한탄했다. 주목할 만한 것은 위메이가 당시 여성의 서정적인 미문 문예수사文藝修辭의 영향을 받아 글쓰기를 단련했다는 것이다. "밤, 왜 이렇게 길지? 나는 새벽을 바라고 있다. 나는 영혼의 해탈을 얻을 것이다! 나는 더 이상 사서 고생하지 않겠다. 청춘은 얼마나 귀한가. 나는 나의 생명을 소중히 여기고 더욱 나의 시간을 소중히 여겨야 한다."[12] 위메이와 쯔친이 매번 편지를 주고받는 것에도 상징적 의미가 있는데, 쯔친이 편지에서 20세기 청년을 언급한 것은 20세기라고 해야 할 만큼 새로운 시대의 상징성이 있다.[13]

『팥』은 대만 초기 사회에 존재하는 성적省籍에 대한 편견을 드러낸다. 성적 통혼은 더욱 큰 벽이 있었고, 본토인과 대만 여성의 연애결혼은 일정한 어려움도 있었다. 서로의 물질적 조건 차이와 기타 여러 가지 문제를 포함한다. 소설에서는 쯔친을 통해 외성外省 남학생이 본성本省 여학생을 사랑하면 성공하지 못한다고 하고, 또한 대륙을 반격해야만 가정을 꾸릴 수 있다고 한탄한다. 그리고 사회 통념상 아무것도 없는 가난한 학

---

11    Ibid., p.7.
12    Ibid., p.24.
13    Ibid., p.31.

생은 참의원參議員 여성을 사랑할 자격이 없다고 하며, 사랑의 신에 있어서는 빈부귀천 구분이 없다는 명인과 학자, 작가의 전기를 제시하여 스스로를 격려한다.[14] 로미오와 줄리엣, 위트와 샬롯 같은 사랑의 추구를 예로 들며 자신의 사랑에 대한 추구를 격려한다. 그 외에 위메이 어머니의 말 한마디를 통해 대만의 초기에 본성인들이 외성인을 믿을 수 없는 존재로 보고 있었음을 알 수 있다. "첫째, 당신은 그가 집에서 장가들었는지 알 수 없다. 둘째, 당신은 그가 앞으로 대륙으로 돌아갈 때 당신을 데리고 돌아갈 것인지 모른다. 만약 그 사람이 당신과 결혼하고 아이를 낳은 후에 또 외성 여자를 사랑하게 된다면 당신은 어떻게 할 것인가? 아무리 시집가고 싶어도 불가능하다!"[15] 셰빙잉은 외성 청년과의 연애가 성적 편견과 계급 및 민족의 차이, 위메이 아버지의 정치적 수단에 의한 고려의 영향을 받게 됨을 그린다. 위메이는 결코 대만 사회의 보편적 하층의 양녀가 아니라 집안의 배경적 우월성을 가진다. 정치에 투신한 아버지는 가족의 혼인과 금전적 이익을 유일한 고려로 삼았다. 셰빙잉은 '보편성'의 전통적인 봉건 사회세력의 관점에서 위메이의 비극을 전개한다. 소설은 대만 본성 출신의 돈 많은 여성과 외성에서 대만에 온 가난한 지식 청년들의 통혼에 관한 의제를 제시한다. 또한 위메이 아버지의 정치적 계산 아래 린쯔친의 인격과 학문, 재능을 직시하지 못한다는 점을 부각시켜 보수 봉건세력하에 있는 위메이의 비극적인 연애를 보여주었고, 시쯔웨이司徒衛 역시 대만을 배경으로 한 이 소설이 현실적이지 못하며 남

---

14   Ibid., p.107.
15   Ibid., p.125.

녀 주인공의 개성이 종종 환원불가능하게 처리된다고 비판했다.[16]

위메이는 쯔친과 인연을 맺겠다는 큰 뜻을 이루기 위해 가출도 마다하지 않았는데, 위메이의 용기와 끈기는 다음과 같이 묘사된다. "그녀는 큰 뜻을 세웠다. 쯔친과 결혼하겠다는 목적을 달성할 때까지 절대 그만두지 않겠다고 맹세했다! 그녀는 자결할지언정, 구차하게 살진 않겠다는 결심이 있었다. 그녀는 용감한 전사처럼 휘황찬란한 검을 꺼내 자신을 속박하는 봉건의 자물쇠를 끊으려 하며, 그녀의 의지는 점점 더 강해지고 있다!"[17] 위메이는 비구니 사원에서 생활하며 일을 도왔으며 세상에 자유보다 더 귀중한 것은 없다는 것을 몸소 체득했다. "생명은 참으로 귀중하고 사랑은 더 귀하다. 만약 자유를 위해서라면 둘 다 버릴 수 있다"[18]라고 자신을 격려해 왔다. 위메이는 아버지가 작은 장사를 하는데 집안 사정이 어렵다고 거짓말을 하고 외성에 가서 도우미 일을 하며, 집을 탈출하여 쯔친과 다시 연락한다. 쯔친과 연락이 닿은 후, 소설은 여기서 또 다른 절정에 들어서고 성별과 나라 사이의 복잡다단하게 얽히고설킨 변증법적 관계를 드러내며 정부의 이데올로기와 정치 주도 문화에 상응하는 일면을 보여준다. 위메이와 쯔친의 교신에서 종군이 미래라는 것을 암시하는 내용이 담긴다. "나는 당신과 같은 길을 걸을 것이다. 언젠가 우리는 모두 군복을 입고 있겠지. 그렇게 씩씩하게 만나기만 하면 바로 손을 들어 경례를 할 것이다."[19] 위메이와 쯔친의 교신에서 쯔친이 대만 지

---

16　司徒衛,『書評集』,台北:中央文物供應社,1954, pp.73~75.

17　謝冰瑩, op. cit., p99.

18　Ibid., p129.

19　Ibid., p.113.

역을 쓸 때 강렬한 국가의식을 가지고 있음을 알 수 있다.

> 메이梅, 보물섬은 너무 아름답고, 너무 풍성하오! 우리가 영화를 볼 때, 광
> 대한 지도 옆에 비파잎처럼 생긴 섬이 있는데, 바로 우리의 반공기지인 대만
> 이오.
>
> 메이, 정말 생각지도 못했소.
>
> 이 작은 섬에는 120만 명이 넘는 염황炎黃의 자손을 수용할 수 있다!
>
> 이곳의 땅은 정말이지 비옥하고 기후도 정말이지 온화하오. 비록 때때로
> 태풍이 기승을 부려 홍수가 나기도 하지만 말이오.
>
> 아름다운 풍광, 순박한 민정과 풍속, 굳센 애국 열정이 모든 곳에서 당신
> 을 머물게 하고, 모든 이가 당신을 사랑하게 하오……[20]

대만을 반공기지로 만들고 국가정권을 위해 희생하는 정서를 소환하
여 국가의 '반공' 서사에 응답하는 관점은 그 정치적 의도가 농후하다. 소
설 말미에 위메이의 오빠 쫑신宗信은 아버지가 양녀를 학대하고 억압하면
성省의 참의원 선거 출마에 영향을 미치고, 의회 동료들의 질의를 받게 되
며 본성인과 외성인의 장벽을 만들어 단결력을 분화시킨다[21]고 아버지를
말린다. 쫑신은 다음과 같이 말한다. "일본이 대만을 통치할 때 그는 본성
여자가 공부하는 것을 허용하지 않았을 뿐만 아니라 우리 성의 남자도 대
학에 진학하지 못하게 했다. 오직 소수의 특수 계급 자제들만이 의학을 배

---

20   Ibid., p.116.
21   Ibid., pp.132~133.

울 수 있었다. 광복 이후에는 다르다. 우리 중화민국의 법률은 남녀가 평등하며 여자도 대학에 갈 수 있다. 외국에 나갈 수 있다. 대학교수가 될 수 있다. 엔지니어가 될 수 있다. 혹은 판사가 될 수 있고, 의사가 될 수 있는 오늘날의 세계에서 학식이 없는 사람을 발붙일 수 없다. (…중략…)"[22] 이를 통해 일제의 대만 통치정책을 비판하고 남녀를 동일시하는 현 정부의 덕정을 찬양하며 위메이가 책을 많이 읽기를 바라는 큰 뜻을 제시한다.

소설에서 위메이와 쯔친의 연애는 민족 상호작용의 주제를 다루기도 한다. 특히 성적省籍 통혼의 향방을 다루는데, 위메이의 오빠는 외성인 여성과 결혼하기를 원한다. 그는 외성과 본성을 구분하지 않고 동일시하는 견해를 제시하며 성적의 경계를 허물었다. "외성인과 본성인은 모두 우리나라 사람인데 왜 서로 나누어야 하는가?"[23] 여기서도 수혈이라는 소재를 활용하여 수혈을 통해 본성과 외성의 벽을 소통시키고 혈액의 융합을 촉진한다는 것을 암시한다. 소설에서 위메이는 보약을 가지고 봉산에 가서 쯔친을 만난다. 쯔친은 위궤양으로 인해 수혈이 필요하기 때문에 몸이 튼튼한 위메이는 즉시 쯔친에게 수혈하여 쯔친이 자신의 피를 갖게 하고 "두 사람의 사랑을 더욱 견고하게 한다". 또, 위메이는 다른 두 명의 신세대 친구[24]와 함께 인애구호훈련반에 응시하여 군복을 입고 국가의

---

22　Ibid., p.134.

23　Ibid..

24　소설에서는 위메이와 의기투합한 두 친구의 신상에 대해 언급하고 있는데, 이 중 시우원(秀雲)의 어머니는 남편이 일찍 세상을 떠난 뒤 시우원 자매가 성인이 될 때까지 힘들게 키웠으며, 1948년 동북이 공비들에게 점령당해 북평이 혼란에 빠졌고, 시우원 자매는 숙부를 따라 대만에 와서 공부했고, 치메이(七妹)의 친모는 이미 5년 전에 죽었는데, 계모는 흉악하여 귀가를 꺼리게 되었다. Ibid., p.130.

전사가 되겠다는 꿈으로 억압받는 자매들을 결속시키는데, 이는 니라 유발 데이비스Nira,Yuval-Davis가 민족계획에 관한 성별과 민족 관계를 분석하듯,[25] 국가에 봉사하는 모범적인 여성들도 민족계획에 통섭되어 정권의 합법성을 공고히 함을 보여준다.

소설의 결말은 위메이의 아버지가 준비한 황당한 약혼이 무산되고, 리위메이와 린쯔친은 기대감에 부푼 대화를 통해 대륙 반격의 희망을 전한다. "먹구름이 사라지고, 대지는 따뜻한 햇살로 가득 차 있다",[26] "대륙으로 돌아오는 날, 바로 그 두 개의 도장과 팥반지를 쓸 수 있는 곳"[27]이라고 선언한다. 소설에서 인용되는 왕웨이王維의 시「팥」의 "팥은 남쪽 나라에서 나는데, 봄이 오면 몇 가지에 돋아나는구나. 권하건대 그대는 많이 따게나, 이 물건이 그리움에는 최고라네"[28]는 팥의 다정함을 암유한다. 그리고 시와 연결하여 "그리움의 피눈물은 한 방울도 흘리지 않고 팥을 던지지 못하네. 봄버들 봄꽃을 다 피우지 못하고 화루畫樓에 가득하구나"와 "다 가릴 수 없는 푸른 산이 은은하고, 끊임없이 유유한 푸른 물이 흐르는구나……"[29]라고 묘사한다. 이러한 고전 문학의 소양은 중국문화 고전의 네트워크에 녹아들어 서정적인 효과를 자아내며 소설의 온유하고 부드러운 미문美文의 기조를 유지하는데, 소설이 제시한 팥의 의미처

---

25  Nira,Yuval-Davis, 秦立彦譯,「性別和民族的理論」,『婦女, 民族與女性主義』, 北京:中央編譯社, 2004, p.36.
26  謝冰瑩, op. cit., p.160.
27  Ibid., p.161.
28  Ibid., p.40.
29  Ibid., p.40.

럼 계엄기에 문화를 주도하는 틀 속에서 이 소설이 정치이데올로기와 대화하는 일면을 텍스트로서 보여준다.

셰빙잉은 일찍이 『팥』의 자서自序를 통해 "이것은 대만을 배경으로 한 소설로, 그 안에는 한 대학 남학생과 한 중학교 여학생의 연애를 둘러싼 희극과 비극이 그려지는데, 그들은 모두 선량한 청년이고, 애국심이 투철하고 굽힘 없는 불굴의 의지가 있다. 그러나 상황이 너무 나빴던 탓에 그들은 짧은 몇 년 동안 얼마나 많은 고통을 겪었는지, 얼마나 쓰라린 고통을 겪었는지 모른다……",[30] "오직 진정한 학문, 고결한 인격, 굳센 의지, 순결한 사랑만이 인생에 필요한 비타민이다!"[31]라고 밝힌 바 있다. 여기서 비록 쯔친과 위메이의 인격, 학문과 재능의 일면을 부각시켰지만, 소설은 결말부에서 방대한 국족론國族論을 통해 전통적인 봉건세력하에 있어 리위메이와 린쯔친의 성적 연애를 둘러싼 비극을 해소했으나, 되려 이것이 너무 억지스러워 보인다. 팡밍루范銘如가 성적 갈등의 해법을 지적하듯 『여병자전女兵自傳』의 옛길을 취함으로써 국가라는 기계를 빌려 가정의 분규를 진압하는 것에 다름없다.[32]

---

30  Ibid., p.1.
31  Ibid., p.2.
32  范銘如, 「台灣新故鄉—五○年代女性小說」, 『眾裡尋她—台灣女性小說縱論』, 台北 : 麥田, 2002, p.38.

## 3. 보도자의 논픽션 글쓰기 전략 __ 린하이인의 대만 본성 양녀 작품 을 중심으로

1948년은 대만의 정치적 전환기였다. 대다수 대만 본토 엘리트들은 문학에 대한 정치의 압박으로 인해 어쩔 수 없이 잠시 문단에서 침묵해 야 했다. 린하이인 역시 당시 대만으로 이주한 적지 않은 대륙 여성들처 럼 중산층 출신으로 대학 이상의 교육을 받았기 때문에 '국어 정책'하에 서 자연히 유리한 창작의 위치를 차지할 수 있었다.[33] 한편, 언어의 우위 외에도 민족과 정치는 여기서 긴요한 역할을 하고 있으며, 국민정부와 함께 대만으로 이동한 그녀는 권위주의가 주도하는 문화구조와 친밀성 을 가지고 있었다. 이에 대해 펑밍루는 "린하이인은 민족 간의 격차와 문 단의 경계를 넘나들며 복합적인 신분과 다원화된 경험을 통해 줄곧 사람 들에게 기쁨을 선사했다. 다원화는 옳고 그름의 하나이며, 다양한 글쓰 기의 모호성, 혼종성, 나아가 모순이 서로 얽혀 있음을 암시한다. 린하이 인은 다양한 정체성을 한 몸에 지니고 있으며, 전통과 현대, 대륙과 대만, 부권과 여권 등 여러 의식형태의 집결과도 관련된다"[34]고 평가했다. 대 만에 있어 린하이인의 특수한 위치성은 복잡다단한 다중 주체의 정체성 을 형성한다.

린하이인은 여러 편의 소설에서 흔히 일인칭 시점의 응용을 보여주

---

33  邱貴芬, 『『日據以來台灣女作家小說選讀』』, 『後殖民及其外』, 台北 : 麥田, 2003, p.226.
34  范銘如, 「〈燭芯〉導讀」, 邱貴芬主編, 『日據以來台灣女作家小說選讀』, 台北 : 女書店, 2001, p.192.

는데, 특히 일인칭 화자는 지식을 전달하는 외성적外省籍 교원으로서 외성적 교원의 시점을 통해 대만 사회에 대한 개인적인 배려를 표현했다. 주네트는『서사담론』에서 초점과 서사focalization and narration를 명확하게 정의하여 지각자와 서술자를 구분한다. 초점은 서술자가 인물의 눈과 의식을 빌려 사건을 감지하고 소설의 주제적 의미를 전달하는 것을 의미하며, 전통적인 서술학의 혼돈에 대한 비판을 제기하며 '지각'과 '서술'의 경계를 명확히 정리함으로써 서사학의 중심이 되었다.[35] 한편, 1956년작「장미玫瑰」에서 소설 속의 '나'는 서술자이다. 주인공의 일인칭 서술의 회고적 시각에서 외성 여교사는 아름다운 노랫소리를 가진 본성 학생 쳉시우휘曾秀慧가 양녀라는 것을 알게 되었음을 그린다. 집안의 4대가 모두 양모녀 관계이고 모두 술집 여자이다. 외성 여교사는 이 지식 엘리트로부터 시우휘의 비극을 알게 되었다. 비록 중등교육을 받았지만, 여전히 양어머니에 의해 불구덩이로 떠밀려 술집에서 일하는 처지로 전락하고, 결국 자살의 길을 걷게 된다.[36] 그러나 소설은 일인칭 시점으로 증인의 방관적인 시각에서 시우휘의 비극을 보는 것 같다. 억압받는 대만의 양녀를 외성 지식인의 '일방적' 각도에서 바라보며, 외성 여교사는 옳고 그름을 가리어 사리를 밝힐 때까지 억압받는 시우휘의 운명을 '구원'할 수 없다는 것을 인지하며 죄책감에 찬 자기비판을 드러낸다.

여기서 린하이인이 이 소설에서 외성적 지식인을 주된 화자로 활용하여 본성 학생들의 생활 모습, 역사문화가 야기한 곤경을 묘사하는 데

---

35    Genette, *Narrative Discourse*, Trans. Jane E. Lewin, Ithaca : Cornell UP, 1980.

36    林海音,「玫瑰」,『綠藻與鹹蛋』, 台北 : 遊目族, 2000.

주의를 기울일 필요가 있다. 기묘하게도 외성 여교사가 본성 학생들의 내심을 있는 그대로 읽어낼 수 없기 때문에 종종 화자가 관조하는 보도적 서술이 되는 경우가 많다. 특히 「장미」에서 외성 여교사는 사회 저변에 있는 양녀 학생의 자살 소식을, 눈에 잘 띄지 않는 신문 한구석에 보도된 술집 여성의 자살 뉴스를 통해 알게 되며, 이 일인칭 화자를 통해 전해지는 양상은 뉴스 보도가 되면서도 양녀의 이미지의 상징성을 드러내기도 한다. 산문류에 비해 소설은 서술의 관점을 운용하고 전환할 수 있는 가장 큰 자유도를 가진다. 만약에 인물 묘사와 서사 관점이 상당히 밀접한 관계를 가진다면 린하이인이 본성 인물의 묘사에 순응하기 위해 의도적으로 선택한 서사 관점은 매우 의미심장하다 할 수 있다. 소설을 통해 일인칭 시점으로 대만 동포를 대변하는 지식인 역할을 하는 것이다. 이 서사 관점은 증인의 관찰과 보도를 나타내며, 더욱 깊이 있게 논의하고 사유할 가치가 있다.

다음으로 '보도자'의 자세를 고정시키는 '중개자'라는 중요한 주제를 다루는데, 특히 린하이인은 1950년대에 대만의 본성 양녀를 소개하는 수필을 다수 발표한 바 있다. 주로 보도와 같은 논픽션 작법을 통해 대만 양녀의 이미지를 표현했다. 이 글은 왜 린하이인이 대만 양녀의 생활을 기록하기 위해 '보도자'와 같은 글쓰기 전략을 택했는지에 대해 논할 것이다. 린하이인의 소설 표현에 있어 일인칭 시점에 관한 논점을 더 분석한 후 린하이인이 본성 양녀를 보도하는 부분에 초점을 맞춰 논의를 진행하며, 성별이라는 것이 대만이라는 주제를 쓰는 데 어떠한 복잡성을 가중하는지 살펴볼 것이다.[37] 이러한 차이의 글쓰기로 대만을 씀으로써 구성된 복잡한 이미지는 린하이인이 다양한 평론과 대담에서 교차되고 길항하는 양상을 보인다.

『중앙일보·여성과 가정주간中央日報·婦女與家庭周刊』제57호에서 우웨칭 武月卿은 일찍이 『부주婦週』에 대한 독자들의 건의를 정리한 적이 있는데, 그중 대만의 글쓰기와 관련된 것은 독자들이 "대만 본성의 여성 사진"[38] 이라는 주제를 더 보고 싶다고 요청한 것이다. 본성 여성 작가인 린하이 인은 베이징에서 오랫동안 저널리즘에 종사해 왔으며, 본성 여성들의 생활을 '진실'되게 보도하는 중책을 맡고 있었다. 우웨칭도 특히 한 달 전 린하이인이 저술한 대만 며느리에 관한 글이 독자의 수요에 맞춰 기획한 것임을 말한 바 있는데, 여기서 린하이인이 상상 속의 독자와 교류할 수 있었다는 것을 엿볼 수 있다. 또한 린하이인이 가진 다중적 주체의 위치와 독특한 반산半山 정체성을 가지고 있다는 점, 대만 원주민과 이주한 외성인 사이에 위치한다는 점을 알 수 있다. 이 같은 중간자적 위치는 린하이인이 다양한 위치와 이념의 중개지에 위치하고 접촉과 교류의 중개자가 되는 것을 나타낸다. 프리드먼이 지적하듯 "새로운 국경은 사회적 신분의 메커니즘이 아니라 영역과 경계를 설정하고, 내부와 외부 사이, 중심과 주변 사이, 그리고 능동적으로 접촉하는 다양한 공간접촉지역, 중간지대, 국

---

37  夏祖麗在,『從城南走來—林海音傳』中. 1949년부터 1952년 사이에 린하이인은 대만의 향토 풍물을 소개하는 300편에 가까운 민속 관련 단문을 『중앙일보·부간』,『중앙일보·여성과 가정주간』,『신생보·신생여성』등의 문학지에 발표했다. 夏祖麗,『從城南走來—林海音傳』, 台北 : 天下, 2000, p.131.

38  武月卿提及〈一, 國外和各地婦女動態通訊. 二, 台灣本省婦女生活寫真. 三, 增設青年女學生園地.四, 設立婦女信箱.〉,「婦週是讀者的」,『中央日報·婦女與家庭週刊』, 1950.4.23.

경지대와 변경 사이의 변증법적 영역이다".[39]

「대만며느리台灣的媳婦仔」는 1950년 3·8부녀절 전야에 쓰였는데, 린하이인이 이 글을 쓴 동기는 "3·8부녀절이 대만 여성에게 어떤 역할을 할 수 있는가"라는 전제에 근거한다고 말한 바 있다.[40] 이 전제는 본성의 여성 주체와 대륙의 새로운 이민자들이 서로 미묘한 권력 위계를 가지고 있다는 것을 암시한다. 국부가 대만으로 이전한 후의 '조국'은 일관되게 구원의 자세로 대만을 대하고 있으며, 대만 여성들은 이러한 구도 속에서 약한 '타자'일 수밖에 없었다. 이 글에서 린하이인은 대만 초기 사회의 특수한 여자 교환 제도와 민며느리 아쫑메이阿宗妹를 그렸다. 생모가 가난하여 린하이인의 고모네에게 민며느리로 나누어 주었고, 나중에 사촌 언니가 출산할 때 아쫑메이는 형부의 유혹에 넘어갔다. 비록 아이를 낳았지만 양가의 권력에 의해 아이의 양육에 관여할 힘이 없었다. 린하이인은 아쫑메이의 예를 들며 '대만 여성을 상상하라'는 주류 담론의 이색적인 상상을 해소하고, 대만 며느리의 특수하고 비참한 처지와 운명을 부각시키려 했다. 일반적으로 대만 여성의 '성개방性開放'을 보는 시각과는 대항적

---

39    蘇珊·弗瑞蒙(Susan Stanford Friedman)提出六種論述方式, 包括：多重壓迫論(multiple oppression), 多重主體位置論(multiple subject position), 矛盾主體位置論(contradictory subject position), 主體社會關係論(relationality).Susan Stanford Friedman, "BeyondGender : The New Geography of Identity and Future of Feminist Criticism", in *Mappings : Feminism and the Cultural Geographies of Encounter* (Princeton : Princeton University Press,1998), pp.17~35.
  此中譯參見蘇珊·弗瑞蒙(Susan Stanford Friedman), 譚大立 譯, 康宏錦校, 「超越女作家批評和女性文學批評－論社會身分疆界說以及女權 / 女性主義批評之未來」, 王政、杜芳琴主 編,『社會性別研究選譯』, 北京：三聯書店, 1998, p.427.
40    海音, 「台灣的媳婦仔」, 『中央日報·婦女與家庭週刊』, 1950.3.12.

인 담론을 형성한다. "외성인의 눈에는 대만 여성이 매우 개방적으로 여겨지는데, 적어도 성의 해방은 문제가 되지 않는다. 나도 종종 이런 말을 듣는다. '대만 여자는 매우 혼란스럽다!' 그들은 기후, 습관, 제도 등 종합적 관계하에서 생겨난 대만 여성들이 어떻게 그들의 생명을 한탄하고 있는지 모른다. '대만 차모여자는 정말 악랄하다!' 그들은 항상 이렇게 말한다."[41] 그러나 많은 독자들에게 '진짜' 대만 여성의 모습을 보여주는 이 공간에서 린하이인은 특히 대만 양녀의 사회현상을 분석하여, 이 보도 배후에 잠재되어 있는 의식의 형태를 드러낸다. 양녀의 비극적인 운명은 부권제 하의 '여아 무용론'의 성별 편견에서 비롯된 것이 아니라 '성적省籍 폐습'에 초점을 맞추고 있다. 대만 사회는 봉건제도하에서 혼인 매매 풍습에서 벗어나지 못했다. 전통적이고 보수적인 봉건 감옥은 바로 대만 여성이 주체적으로 행동하지 못하도록 억압하는 원인이다. "대만의 물질문명은 비록 상당히 진보했지만, 많은 풍속과 관습은 여전히 봉건제도의 형식에서 벗어나지 못하고 있다. 혼인을 놓고 말하자면 대만의 혼인은 여전히 매매식의 지참금 제도를 벗어나지 못했으며, '며느리'의 운명은 바로 매매혼인 제도하에서 진화된 것이다."[42] 린하이인 역시 양녀 현상을 "일본의 우민 정책이 남긴 뿌리 깊은 봉건제도"라는 논리로 추론했다.[43]

한편, 「'혼인경제학'이 낳은 양녀」에서 린하이인은 대만의 '혼인경제학'에 따른 양녀 제도가 인신매매의 변칙적인 형태이며, 특히 "봉건제도

41    海音,「台灣的媳婦仔」,『中央日報 · 婦女與家庭週刊』, 1950.3.12.

42    Ibid..

43    海音,「台灣婦女生活漫談」,『中央日報 · 婦女與家庭週刊』, 1950.4.30.

를 벗어나지 않은 매매혼인"이 양녀 제도를 조성하는 주원인이라고 비판했다.[44] 대만 여성에 대한 보도라는 새로운 조류는 물론 독자들에게 신선함을 주는 측면도 없지 않아 있고, 이러한 서사 패턴에서 드러나는 의식의 형태는 매우 흥미로운 지점도 있다. 구원을 갈망하는 대만 여성들은 분명히 보도의 초점이 아니다. 그것이 우려하는 것은 '대만며느리'가 봉건적 먼지를 뒤집어쓴 낡은 어휘라는 점에 주목한다. 『부주』에 실린 기타 몇 편의 양녀 운동 추진에 관한 관련 보도는 『양녀봉사처—누가 양녀를 구해야 하는가』[45]와 『양녀의 등기와 출구』[46]를 포함하며 또 모든 국민에게 일본 식민통치의 유독을 많이 받은 봉건제도 규탄을 호소하기도 했으며, 전후 국부가 늘 대만의 문화적 차이를 일본의 노예화 교육으로 돌리는 것과 어느 정도 부합한다.

양녀는 결코 대만만의 특수한 문제가 아니다. 요찌안휘游千慧는 1950년대의 담론에서 양녀는 여전히 대만 특유의 풍습으로 여겨진다는 문제의 소재를 제시하고, 당시의 『부우婦友』 사론社論을 예로 들며 "대만은 50년 동안 남존여비의 영향과 기형적인 혼인제도의 유폐로 인해 양녀 제도가 이미 변질되었다. 그것은 인신매매, 학대, 노예화, 난음, 근친상간 등 각종 죄악을 포함하기 때문에 여성만의 문제만이 아니라 사회, 도덕의 문제이다"[47]라고 지적했다. 마찬가지로 『장미』[1956]라는 소설에서도 린하

---

44  海音, 「「婚姻經濟學」産生下的養女」, 『台灣新生報』, 1951.8.26.
45  「養女服務處—誰該救養女」, 『中央日報 · 婦女與家庭週刊』, 1951.5.30.
46  「養女的登記與出路」, 『中央日報 · 婦女與家庭週刊』, 1951.6.13.
47  游千慧, 『一九五○年代台灣的「保護養女運動」—養女, 婦女工作與國／家』, 清華大學歷史所碩士論文, 2000, p.36.

이인은 많은 사회현상을 반영하고자 했다. 예를 들면 성적省籍, 계급 및 양녀 문제는 '양녀 문제'를 '기녀 문제'라는 식으로 전유했다. 그러나 술집 여성으로 전락시키는 것은 보편적인 양녀의 처지나 조우 때문이 아니라 오히려 양녀를 각인화하는 혐의가 있다. 요찌안휘가 '양녀 문제'와 '기녀 문제'를 대만 특유의 경험과 동일시했던 것처럼 중국 정권은 일찍이 대만의 '망국'의 결과로 여겨졌고, 이는 일제 시대의 여성 우선주의 이념의 영향으로, 국민당이 대만으로 이전하기 전 '삼민주의 하의 중국은 남녀 평등권'이라는 현상을 두드러지게 나타낸다.[48]

린하이인의 「'혼인경제학'이 낳은 양녀」에 따르면 '남동생은 닭다리를 먹고, 여동생은 닭똥을 먹는다'라는 대만 속담은 여성의 운명은 태어나기도 전에 가격이 매겨져 대만 전통사회에서 남존여비 관념이 극심하다는 것을 부각시킨다.[49] 린하이인의 「대만며느리」는 아쫑메이를 유혹한 형부를 규탄하며 남자가 성욕을 해결한 후 쉽게 외면하고 여자가 그를 대신하여 일을 처리하는 것은 매우 불공평하다고 한다. 린하이인도 광복 전 본성의 지식인층과 양녀를 둘러싼 주제를 놓고 한차례 대립한 바 있다. 그녀는 남성 문인들이 양녀를 해방하라는 호소와 구호가 너무나 이상적이라고 비판했다. 린하이인은 대만 양녀의 처지를 깊이 있게 이해했는데, 해방 후의 양녀는 흔히 갈 데가 없었기 때문이다. 그도 그럴 것이 생부모는 대부분 가난했기 때문이다.[50] 양녀 문제에 대한 논쟁에 대

---

48    Ibid..

49    海音, 「「婚姻經濟學」産生下的養女」, 『台灣新生報』, 1951.8.26.

50    見蘇珊・弗瑞蒙(Susan Stanford Friedman), 譚大立 譯, 康宏錦校 譚, op. cit., p.427.

해 린하이인은 분명히 다수 남성 지식인보다 더 사려 깊고 훨씬 현실적이었다. 린하이인 역시 양녀에 대한 고정관념을 해석함으로써 그의 글쓰기 자세를 선전했으며, 린하이인의 보도는 대만 출신 양녀를 더욱 가시화했고 '차이'에 대한 요구를 해석의 기초로 삼았다.

## 4. 나가며

대만계 여성이 주목받는 초점은 양녀 문제이다. 양녀 문제에서 대만 여성은 봉건예교 제도하에서 억압받는 상징으로 분류되어 문화권력의 색채를 띠고 있으며, 대만계 여성 문제에 대한 폭로와 비판은 일본의 식민지배가 대만 민족에 대한 노예화 사상과 봉건성의 폐해에 영향을 미쳤음을 강조하는 데 목적을 두고 있다. 이 글은 셰빙잉과 린하이인이 1950년대에 대만의 양녀를 배경으로 쓴 작품을 평가하고, 또 일찍이『여병자전』을 통한 여성의 경험과 글로 군대 체제를 느슨하게 하고 여성의 주체의식을 부각시킨 셰빙잉의『팥』은 양녀를 둘러싼 논의 전개에 있어 우리로 하여금 당시 여성 작가의 글쓰기 전략을 깊이 사유하게끔 한다는 점을 지적했다. 특히 국부가 대대적으로 공고히 한 '국가 서사'하에서 여성 작가가 어떠한 태도를 취하고 적응했는지, 자유문예문화운동에서 셰빙잉은 청년들에게 '문화교육'과 '반공 선전'이라는 임무를 부여받았음을 살펴볼 수 있었다. 한편, 린하이인은 다중적 정체성과 민족의 격차와 성적의 경계를 넘나들었는데, 그녀는 특정한 발언의 위치에서 서로 다른 입장의 관점들을 절충하는 중개적 역할을 수행했다. 이로 인해 린하이인이 표상하는 대만 양녀는 다양한 위치에서의 목소리들과 끊임없이 대화하는 존재가 되었으며, 작품을 통해 보도자로서의 자세를 탐색하고자 했음도 알 수 있었다. 이를 통해 5·4운동 이후 신식교육의 계몽을 받은 린하이인이 가부장권과 여권 의식 형태의 집합에서 양녀의 구애에 주목하여 뚜렷한 성 의식을 가지고 주류 담론의 한계를 돌파하지만, 전후 국부가 대만의 문화적 차이를 일본의 지배로 돌리는 측면에도 부합된다. 이는 모두 대만 국적 신분의 린하이인이 1950년대 대만문학에서 차지한 독특한 위치와 서사의 주체성을 강조하는 것이었다.

# 참고문헌

林海音, 『綠藻與鹹蛋』, 台北: 遊目族, 2000

周芬伶 編選, 封德屏總策 畫, 『台灣現當代作家研究資料彙編 謝冰瑩』, 台南: 國立台灣文學館, 2014.12.

海音, 「台灣的媳婦仔」, 『中央日報·婦女與家庭週刊』, 1950.3.12.

＿＿＿, 「台灣婦女生活漫談」, 『中央日報·婦女與家庭週刊』, 1950.4.30.

＿＿＿, 「「婚姻經濟學」產生下的養女」, 『台灣新生報』, 1951.8.26.

夏祖麗, 『從城南走來一林海音傳』, 台北: 天下, 2000.

邱貴芬主 編, 『日據以來台灣女作家小說選讀』, 台北: 女書店, 2001.

邱貴芬, 『後殖民及其外』, 台北: 麥田, 2003.

范銘如, 『眾裡尋她一台灣女性小說縱論』, 台北: 麥田, 2002.

謝冰瑩, 『紅豆』, 台北: 眾文圖書公司, 1977.12月再版.

曾秋美, 『台灣媳婦仔的生活世界』, 台北: 玉山社, 1998.

游千慧, 『一九五〇年代台灣的「保護養女運動」－養女, 婦女工作與國 / 家』, 清華大學歷史所 碩士論文, 2000.

Nira, Yuval-Davis, 秦立彥 譯, 「性別和民族的理論」, 『婦女, 民族與女性主義』, 北京: 中央編譯 社, 2004

Susan Stanford Friedman, "BeyondGender : The New Geography of Identity and Future of Feminist Criticism", in *Mappings : Feminism and the Cultural Geographies of Encounter*, Princeton : Princeton University Press, 1998

Genette, *Narrative Discourse. Trans*, Jane E. Lewin. Ithaca : Cornell UP, 1980.

이 글은 일본어로 작성되었으며 이설연(李雪蓮 / LI Xuelian, 한림대학교 중국학과 강사, 중일비교문화 전공)이 번역했다.

# 미군의 오키나와 점령과
# 오키나와문학 속 '자기' 표상

오시로 다쓰히로大城立裕 『칵테일 파티|カクテル·パーティー』1967의 균열

**신조 이쿠오**

## 1. 미국의 오키나와 군사점령과 오키나와문학

2022년, 오키나와는 미국군 점령으로부터 '해방'되어 '일본으로 반환'된 50주년을 맞이했다. 그러나 오키나와는 현재 오히려 미국과 일본의 군사 동맹의 폭력으로부터 해방되지 못하고 있다.

일본 국토 전체 면적의 0.7%에 지나지 않는 오키나와에 약 70%의 주일미군 기지가 자리한다는 사실은 자주 지적된다. 이 비교는 면적에 관한 것이지만 면적뿐만 아니라 오키나와의 미군기지는 한국과 괌의 미군기지와 밀접한 관련이 있으며, 세계 특히 아시아 지역에 대한 미국 군사 패권의 중심적인 역할을 달성해 왔다. 이러한 의미에서 1945년 제2차 세계대전 이후의 오키나와는 일본의 다른 지역과는 다른 형태로 집중적인 군사적 위협에 노출되어 왔다고 할 수 있으며 1972년 이른바 '일본으로 반환'된 이후에도 현재에 이르기까지 그 상황은 여전히 근본적으로 변하지 않았다. 오히려 오키나와 주민의 정치적 민의에 반하는 신축 기지 건설의

움직임에서 알 수 있듯이 그 중압감은 커지고 있다고 할 수 있다.

　말할 것도 없이, 미군이 오키나와에 끼치는 잠재적인 영향력은 일본 국가의 적극적인 동의 혹은 정치적인 의도에 의해 가능한 것이다. 그렇기 때문에 오키나와에 거주하고 있는 사람들에게 가해지는 군사적·정치적 폭력은 미일안보조약 및 미일지위협정을 축으로 하는 일본과 미국의 복합적인 차별에 기인하고 있다고 할 수밖에 없다. 군사적 식민지주의가 미국과 오키나와 혹은 일본과 오키나와와 같은 이항대립으로 구성된 것이 아니라, 항상 두 국가 간 이상의 동맹 관계의 망 속에서 형성되어 있다는 것이다. 그것은 미국과 일본이 축으로 하는 군사 동맹의 이음매로써 오키나와라는 장소가 언제든 전쟁터가 될 수 있다는 것을 의미한다. 그리고 한국전쟁과 베트남전쟁 혹은 이란·이라크 전쟁, 아프가니스탄 전쟁에 이르는 현대의 전쟁에 오키나와 자체가 깊이 관여해 버리고 말았다는 점에서 오키나와의 주민이 어쩔 수 없이 지속적으로 정치적 폭력의 주체가 되고 있다는 점도 부정할 수 없는 사실이다. 오키나와에 기지가 있는 한 오키나와의 주민은 군사 패권주의에 관한 정치적 책임에서 벗어날 수 없다.

　'오키나와는 우리의 남문, 쓰시마는 우리의 서문인 최대 요충지이므로 이 제도諸島 요항要港의 보호 경비를 어찌 포기하고 이것을 불문에 붙일 수 있겠느냐'『복명서(復命書)』라는 1886년 야마가타 아리토모山県有朋 내무대신의 오키나와 시찰 보고에서도 볼 수 있듯 중국에 대항하는 국가 방위 군사 요지로서 근대 일본 초기에 자리매김한 뒤 150년 가까이 오키나와에 사는 사람들은 계속해서 전쟁 상태에 휘말려 있다. 달리 말하자면, 일본제국의 패전 후 더욱 미국은 한반도라는 전선의 보급기지로서 오키나와를 요새화해 왔기 때문에 사실상 제2차 세계대전 이전 일본의 아시아 침략을 기초로 한 제국주의 패권은 제2차 세계대전 이후 미군의 아시아 전략으로 살아남았다고 볼 수 있다. 특히 1949년 중국의 혁명 성공 이후 아시아 전역이 '도미노 이론'하에 공산당이 될 위협을 받는다고 여겨지던 중에 오키나와는 공산화의 '위협'에 대한 방파제로서 미국과 일본에 의해 예상대로 군사적 긴장의 기점에 놓이게 되었다. 여기서 중요한 것은 오키나와에 관한 군사적 위치 지정은 제2차 세계대전이 한창이던 미국이 점령정책으로서 가야 할 곳으로 기정화해 두었다는 것이다.

이 사실을 명백히 보여주는 것이 일본 패전 이전에 이미 미국이 작성했던 군사 매뉴얼이며, 이 매뉴얼 제작의 기초가 된 오키나와 지역연구이다. 점령 후 친미 반공산주의적인 민주주의 육성이라는 표면적인 목적 하에 오키나와에 미군 주둔과 군사 통치를 필연적이도록 만든 기초 자료가 되었으나 여기서 참조하고 싶은 것은 1943년 이후 본격화된 스탠퍼드대학과 콜롬비아대학, 미 해군에 의한 다음의 세 가지 지역연구이다. 먼저 첫 번째가 1944년 미군이 작성한 점령 매뉴얼『류큐 열도에 관한 민사 핸드북琉球列島に関する民事ハンドブック』미군 해군성, 조지 P. 머독(George P. Murdock), 예일대학 인류학 교수 외이다. 두 번째는『류큐 열도의 오키나와인 ― 일본의 마이너리티琉球列島の沖縄人－日本のマイノリティ』미군 전략국, 알프레드 M. 토저(Alfred M. Tozzer), 하버드대학 인류학 교수 외이며, 세 번째는 조지 H. 커George Henry Kerr의『류큐의 역사琉球の歴史』1953, 미국 육군성 주도이다. 이 세 가지가 초기 오키나와 점령에 관한 미군의 기초 자료가 되었다.

이들 점령 미군이 작성한 오키나와 연구의 주요 목적은 오키나와인의 아이덴티티 육성을 매개로 한 일본 본토와의 분리이며 이러한 이반離反의 감정을 오키나와 주민에게 심음으로써 미군 점령을 보다 원활하게 하려던 것이다. 이는 선행연구에서도 지적되어 왔다. 아마도 이러한 오키나와인의 아이덴티티 구축은 실은 전후 오키나와문학이나 사상 혹은 전 미디어 여론에 의해 미군 점령의 그림자를 보이지 않게 소거하며 재생산되어 왔다고 할 수 있으며, 최근 논의되고 있는 오키나와·류큐 민족 독립론 등에서 보이는 배타주의적 오키나와인·류큐인 아이덴티티 강조에도 영향을 미치고 있다. 이 글은 오키나와(인) 의식의 고양이 일본 국가 비판을 함유하고 있다는 점에 의의를 인정하는 한편, 이러한 아이덴티티의 구축이 때로는 미군 패권과 연동하여 그 구조화를 지지하는 위험성을 가진다는 점을 문제로 삼고자 한다.

이러한 비판적 사고에 중요한 가능성을 보여준 작품이 전후 오키나와문학의 대표작인 오시로 다쓰히로大城立裕의 소설 『칵테일 파티カクテル・パーティー』1967, 아쿠타가와상 수상이다. 여기에서는 이 소설이 일본에서 미국으로 승계되는 동아시아 식민지 제국주의 편성의 구조를 재생산하는 위험과 동시에 군사적 강간폭력의 표상(혹은 반표상)에 미국과 일본에 의한 군사 동맹 구조에 균열을 내고, 오키나와인의 자기의식을 하나의 의문으로 바꿔 나가는 가능성에 대해 논하고자 한다.

## 2. 아시아를 말소시키는 역사 서술방법

오시로 다쓰히로1925~2020는 전후 오키나와를 대표하는 뛰어난 소설가이다. 오랜 활동 기간을 거치며 소설뿐만 아니라 희곡, 비평·문화론 등의 폭넓은 장르에서 집필을 계속해왔으나 그가 일본문학에서 지위를 확립한 계기가 된 작품은 1967년 '아쿠타가와 상'을 수상한 소설 『칵테일파티』이다. 오키나와의 '일본 반환'에 관한 논의가 사회적·정치적인 과제로서 확산되던 시기라는 점에서도 큰 화제가 되었다. 먼저, 그 줄거리를 살펴보도록 하자.

작품은 전반부와 후반부로 나뉜다. 우선 전반부이다. 1963년 오키나와에 주인공인 '나'가 중국어 학습 클럽의 동료인 미군 장교 '미러 씨'로부터 기지 내에서 하는 파티에 초대받고 장제스蔣介石 중화민국 정부의 지지자로 알려진 망명자 변호사인 '손孫 씨'와 일본 본토의 신문기자인 '오가와小川 씨' 그리고 미러의 친구인 '모건'과 오키나와의 역사와 정치·문화에 대해 대화한다. 그곳에서의 대화는 '반환'에 관한 논의와 연관되면서 오키나와가 이전에 류큐 왕국이라는 독립국이었다는 점 등이 대부분 중국어로 이뤄진다. 그 파티 도중에 모건의 아들이 행방불명되는 소동이 있었으나 오키나와 여성의 메이드가 집으로 데려갔었다는 것이 밝혀지며 모두가 안심한다. 이어서 후반부의 줄거리를 보자. 주인공 '나'를 축으로 하던 일인칭 구성이 전환되면서 주인공을 '너'로 부르는 2인칭 구성으로 바뀐다. '너'가 집에 돌아가니, 손님방을 빌려 살고 있던 '로버트 할리스'에게 딸이 강간당한 사건이 일어나 있었다. 주인공 '너'는 로버트를 고소하기 위해 미러와 손에게 협력을 요청했지만 거절당하고 역으로 자신의 딸이 로버트에게 달려들어 상처를 입혔다는 이유로 군에 연행되었다. 그 사이에 모건이 메이드를 고소하는 사건이 일어나고 그 사실을 들은 '너'는 승소할 가능성이 없는 채 로버트를 고소하자고 딸을 설득하고 친선파티의 위선을 고발한다. 이러한 상황 속에서 예전에 충칭에서 아내가 일본 병사로부터 강간당했던 사실을 고백하는 손의 말을 고발로 들으며 주인공은 자신이 전시 중 중국에 병사로서 향했던 가해성을 깊이 자각하는 한편, 딸을 범한 로버트를 승소할 방법이 없는 채 고소를 결의한다.

이상이 작품의 대략적인 내용이다. 오키나와와 일본, 미국의 정치적인 관계가 역사적 이야기로 전개되면서 마찰을 빚기도 하지만 이러한 정치적인 마찰을 오키나와와 미국의 친선이라는 논리로 덮으려고 하는 양상이 긴장감 있게 그려지고 있다. 동시에 이와 같은 친선을 강간 사건과 그에 관련된 법적 신분 간의 식민지적 불균형을 내재한 현실이 서로 배반해가는 부분에서 이 작품의 특징이 나타난다고 할 수 있다.

소설 전반부의 많은 부분은 파티에서의 대화 장면이 점하고 있는데 이 파티에서 회자되는 것은 오키나와의 역사이다. 반대로 말하자면, 일본·오키나와 그리고 미국이라는 정치적인 불균형은 권력 관계 속에 위치된 남성들이 가지며 친선을 앞세운 화제로서 신중히 선택된 것이 다름 아닌 오키나와의 고대 역사라는 것이다. 즉, 군사점령과 식민주의의 폭력이 노출된 '현재'를 통과하기 위한 적당한 소재로서 오키나와의 역사가 선택된 것이며 이 역사 논의가 진행되는 것이야 말로 오키나와의 '현재'를 보이지 않게 지우는 것이라고 할 수 있다. 파티에서는 다음과 같은 대화를 주고받는다.

당신들이 오키나와에서 중국어를 말하는 그룹을 만들고 있는 것은 분명 리얼리티가 있습니다.

콜맨 수염을 한 남성이 거드름을 피우며 말했다. 올 게 왔구나, 하고 나는 생각했다. 오키나와는 메이지明治 이전에는 중국의 속령이었다는 사고가 얼마나 많은 일본인과 미국인에게 이토록 지배적인가. 내가 칠면조를 입에 넣는 중에 미스터 모건은 오가와 씨를 붙잡고 말을 이어갔다.

"당신은 일본인 신문기자이죠. 오키나와가 일본에 속해있는 것에 대해 그 필연성이 있다고 생각합니까?"

"필연성은 잘 모르겠습니다만 필요성은 있다고 판단합니다."

신문기자인 오가와 씨는 익숙한 듯이 눈도 깜빡하지 않았다.

"왜죠?"

"지금 시행되는 것과 같은 점령 체제를 자연스럽다고 생각하지 않기 때문입니다."

"그건 알 것 같네요"

콜맨 수염은 끄덕이며 "그렇다면 독립을 생각해볼 수 있죠".

"19세기의 이야기를 읽었군요. 어떤 책에서는 오키나와는 19세기까지 독립국이 있다고 쓰여 있습니다."

신문기자는 웃으며 "잠시, 실례"하고는 바에 술을 따르러 갔다.

"분명 19세기 것을 읽었지" 콜맨 수염은 나와 손 씨를 보며 신문기자를 기다리지 않고, "그러나 20세기에도 그 논리는 있을 수 있는 것이라는 증명을 얻었지. 여러분들은 조지·H·커 박사의 『류큐의 역사』라는 책을 읽어보셨는가?"

꽤나 수다스럽군, 하고 나는 생각했다.

이 대화에는 미국과 일본의 제국주의 패권의 지배하에 있는 오키나와의 근현대 역사·정치성을 말소시키기 위해 '19세기' 이전의 오키나와 역사를 국가의식으로 두고 거슬러 올라가며, 잃어버린 '진정한 민족적 아이텐티티'를 독립과 연관시키며 말하는 일종의 게임이 들어있다고 할 수 있다. 그것도 오키나와의 역사적 '속령'성을 둘러싼 언어게임이 다름 아닌 중국어로 진행되었다는 점도 중요하며 여기서 진정으로 위협받고 있는 것은 중국대륙이라는 점이 역설적으로 드러난다. 언어게임은 미국 군 정보부 장교가 이끌며 전개되고 출신이나 내셔널리티가 다른 4명의 주요 남성 등장인물이 위화감을 내뱉는 일은 없다. 민족의식에 기반한 국가 독립 혹은 속령이라는 화제는 장제스 중화민국대만 측이라고 할 수 있는 정치적 입장이 암시된 '손 씨'에게도 물론 남의 일이 아님이 분명하다. 다만, 여기서 확인할 필요가 있는 점은 다음과 같다. 즉, 미군에 있어서 오키나와가 일본에 대한 분리 독립적인 대항성을 가지는 것과 마찬가지로 대만이 중화민국 공화국대륙정부에 대해 분리 독립적 대항성을 가지는 것은 특히 한국전쟁 이후 미군이 군사적 패권을 취하기 위해 중요한 부분이었다는 점이다. 대만 혹은 오키나와와의 불안정화는 동아시아에 미국이 군사적 정치 개입을 하기 위한 필요조건이었으며 오키나와 혹은 대만에 의한 분리적 독립의 동향은 그 조건을 보완해준다. 이때 '독립'이라는 말은 당시의 내분을 부추기는 말이며 통치 수단이 된다. 말하자면, 끝나지 않은 한국전쟁과 다가올 베트남전쟁을 배경으로 두고, 위의 4명의 남성은 그것을 말로 내뱉지 않은 채 반공산주의 진영의 전쟁 전선에서 오키나와의 '일본 반환' 후 동아시아의 군사적·정치적 지정도地政図를 화제로 하고 있다고도 생각할 수 있다. 말할 것도 없이 이 대화에서 오키나와인인 주인공이나 다른 인물이 민족의식을 담아서 오키나와의 독립이라는 테마를 언급하는 것은 미군에게 어떤 불편함도 주지 않는다. 기지를 무제한으로 자유롭게 사용할 수 있는 것이 무엇보다 중요하며 오키나와인의 아이덴티티는 오키나와 사람들이 군사기지에 대한 저항을 억제할 수 있는 수단으로써 이용 가능성이 있기 때문이다.

단, 이 소설이 시사적인 것은 이러한 점령 미군의 의도를 주인공이 어느 정도까지는 파악하고 있다는 점이다. 위의 인용의 마지막 부분에서 조지·H·커 박사의 『류큐의 역사』라는 책을 언급한 것이 이를 명백히 보여준다. "'그 책은……' 나는 말을 하려다 멈췄다. 그 책은 미국 정책에 사용하려고 쓴 책이 아니냐라고는 아무래도 말하기 어렵다"라고 주인공이 속으로 말한 그 책은 어떤 책인가.


## 3. 일본과 미국의 제국적 공범과 '오키나와인' 의식의 생성

미군이 주도해서 설립한 오키나와 최초의 대학인 류큐대학의 역사 교과서로 사용할 목적으로 편찬된 『류큐의 역사』의 「서문」에는 동아시아 연구가로 당시 군에 소속되었던 조지·H·커가 다음과 같이 기록하고 있다.

　　이 책이 류큐의 학생에게 류큐에 관한 알파벳 문헌을 친숙하게 하고, 일
본과 중국 사이에 가로놓여서 일본과 태평양을 잇는 류큐 열도가 '전선前線'
으로서의 성격을 가지고 있다는 사실을 독자들에게 실감하게 한다면 그 목
적을 달성하는 것이다. (…중략…) 일본에 있어서 류큐는 단지 군사적인 전
선 기지로서만 중요성을 가진다. 일본 정부는 여러 방법을 가지고 류큐를 이
용하지만 류큐 사람들을 위해 희생하는 것은 꺼린다. 조지·H·커, 「서문」, 『류큐의 역
사』, 1953.6.15, 류큐 열도 미국 민정부 발행, 1956

　　거듭 말하자면, 주인공은 이러한 점령 미군의 오키나와인관을 의식
하고 있었다. 다만, 그 의식으로 인해 더욱 점령은 일상화되며 "나는 공산
주의자가 아니야. 게다가 오늘날의 국제 정세 속에서 오키나와에 미군기
지가 있는 건 어쩔 수 없다는 것도 알고 있어"라고 말하는 주인공의 역사
의식 및 자기의식은 반드시 미군의 점령정책과 상반된 입장에 서 있다
고 할 수는 없다. 그러기는커녕, 종종 『민사 핸드북』이나 『류큐 열도의 오
키나와인』 혹은 『류큐의 역사』와 같은 미군이 작성한 오키나와 연구에
서 만들어낸 의식을 반복하는 부분도 여기저기 보인다. 예를 들면, 파티
에서 어떤 말에 관심을 보인 주인공은 마음속으로 다음과 같이 중얼거
린다. "나는 순간 이 오가와 씨가 이른바 부락민 출신이 아닌가 의심했다.
이렇게 아무렇지 않게 스토이시즘을 로맨티시즘으로 바꾸는 감각은 오
키나와 지식인다운 것이라고 하고 생각했었으나, 아마 본토에서는 이른

바 부락민들이 그렇지 않을까 하고 예전에 생각한 적이 있기 때문이다."
전후 문맥으로 보자면 너무나도 당돌한 발상이라고 할 수 있으나 피차별
부락과 오키나와를 '일본의 마이너리티'라는 틀에서 유사하게 인식하고
있다는 사고는 이미 전전부터 진행된 미군의 오키나와 연구에서 보여지
던 것이다. "에타와 오키나와인에 대한 내지인의 태도는 각각 많은 공통
점이 있다"[1]와 같은 기술이 직접적으로『칵테일 파티』에 보이는 인종주
의적 인식에 영향을 주었다고까지는 할 수 없다고 하더라도 사고의 틀이
어느 정도 공유되고 있었다는 것은 부정할 수 없다고 본다. 그렇다면『칵
테일 파티』자체가 조지·H·커 혹은 점령 매뉴얼의 오키나와·오키나와
인 인식과 공통성을 가지고 있는 것이라고 생각할 수 있다.

센스이 히데카즈泉水英計, 요시하라 유카리吉原ゆかり, 야마구치 에이테
쓰山口栄鉄에 의한 조지·H·커의 선행연구가 시사하는 바는, 커가 제2차
세계대전 이전에 도쿄대학에서 동양사를 수학하고 전후 콜롬비아대학
과 예일대학 그리고 해군학교 등에서 대만·오키나와에 관한 지역연구
전문가로서 활약하며 전후에는 대만 부영사를 지내고 스탠퍼드대학 등
에서 지도를 하며 군과 대학 아카데미가 겹치는 지점에서 활약한 역사이
다. 그 조지·H·커가 1952년 오키나와 주둔 미군 루이스 준장의 지령으
로 설립 직후의 류큐대학 교과서로서 쓴 것이『류큐의 역사』인 것이다.
류큐 역사에 관한 방대한 영어 문헌과 일본어 문헌을 당시의 오키나와

---

1  アルフレッド·トッザー、ハーバード大学人類学教授ほか、『琉球列島の沖縄人 日本
   の少数民族』、アメリカ軍戦略局調査分析部, 1944. 인용은『沖縄県史 資料編2』(沖縄
   県立図書館史料編集室 編, 沖縄県教育委員会, 1996)의 일본어역전문판에 의거함.
   『沖縄県史 資料編2』, p.97.

연구를 대표하는 역사가들이 협력해서 수집·정리한 결과 완성된 이 책이 전후 오키나와 인식 형성과 오키나와 역사 인식에 준 영향은 적지 않다. 오키나와가 아닌 '류큐'라는 호칭을 고집하면서 근대 이후 일본의 식민지로 전락한 역사와는 다른 고대 류큐의 역사를 본격적으로 진정한 것이라고 찬양하며 오키나와인의 민족적 아이덴티티를 창도하는 자세는 조지·H·커의 『류큐의 역사』에서 쉽게 찾을 수 있다. 또한 그 자세로 인해 점령 미군을 오키나와인 및 오키나와 문화의 구제자로서 자리잡게 하는 것이 가능했다는 점도 확인해 두고 싶다(더불어, 1965년 커는 대만에 관한 동일한 양상의 역사서 『배신당한 대만』을 쓰며 중화민국 국민정부 지배 이전의 대만에 본격적이고 독립적인 국가로서의 자리를 부여한다).

이러한 커의 오키나와 연구가 오키나와 점령이라는 정치적 군사적 프로젝트의 일환으로서 1944년 미군이 작성한 『민사 핸드북』의 기술과 연동한 것은 확실하다. 1952년의 오키나와 조사 당시 조지·H·커는 『민사 핸드북』 작성자인 피터 머독예일대학 인류학 교수, 미국 해군 소좌(少佐), 이후 민족학회 회장과 함께 행동했는데, 이 머독이 주도적으로 작성한 『민사 핸드북』에는 이미 다음과 같은 지적이 있었다. 여기서 보이는 미군의 오키나와 인식의 일부가 『칵테일 파티』의 오키나와 표상 속에서도 잔재하고 있었던 것은 틀림없다고 사료된다.


일본과 류큐 열도와의 밀착된 민족 관계나 유사한 언어에도 불과하고 일본인은 열도 민족을 민족적으로 평등하다고 여기지 않는다. 류큐인은 이러한 우악스러운 행태로 인해 이른바 '시골에서 온 가난한 친척'으로 여겨지며 다양한 방법으로 차별을 당하고 있다. 한편, 열도 민족은 열등감 따위 전혀 느끼지 않으며 오히려 섬의 전통과 중국과 오랜 기간 걸쳐온 문화적 교류에 자부심을 가진다. 따라서 류큐인과 일본인의 관계에 내재된 고유한 성질은 잠재적인 불화의 씨앗이며, 이 부분에서 정치적으로 이용할 수 있는 요소를 만들어 내는 것이 가능할지도 모른다.[2]

『칵테일 파티』속 오키나와와 일본과의 알력에 관한 대화에서는 점령 미군이 '정치적으로 이용할 수 있는' '불화의 씨앗'이라고 명명한 인식을 어렵지 않게 찾을 수 있다. 이 점에서 이 소설 속 남성들은 인종과 민족 그리고 젠더라고 하는 변수에 의한 분할적 통치가 만들어낸 내셔널적인 담론 구조 속에서밖에 타자를 접할 수 없으며, 이러한 아이덴티티의 저항은 미군 패권을 지지하면서 민족적·인종적 카테고리를 강화시켜 간다. 그곳에는 민족적 '불화'가 항상 준비되어 확산되고 있다 해도 좋을 것이다.

여기서 주인공을 비롯한 등장인물들은 미군 주도하의 지역 연구에 의해서 사전에 쓰이고 할당된 동아시아 지정도 상의 위치 관계를 각각이 체현하는 민족적 속성에 따라 모방해 버린다. 모방하는 것을 통해, 냉전기에 재생산된 식민지주의적인 아시아 패권구조 속에서, 주체가 되고자 했던 것이다. 그 과정에서 한국전쟁과 다가올 베트남전쟁이라는 그들이 깊이 관여하고 있는 전쟁들이 깨끗이 말소되고 있다는 사실이 시사적이

---

2    ジョン・P・マードック、エール人類学大学教授ほか執筆、『琉球列島に関する民事ハンドブック』、アメリカ海軍作戦本部司令部, 1944. 일본어 번역의 인용은 『沖縄県史 資料編1』(沖縄県立図書館史料編集室 編, 沖縄県教育委員会, 1995)에 의거함. 『沖縄県史 資料編1』, p.75.

다. 오히려 미국·일본·오키나와 그리고 중화민국이라는 서로 다른 내셔널리티를 견지하는 남성들의 역사 인식에 관한 상호 주체화는 한국전쟁 혹은 베트남·인도네시아 반도의 격렬한 전쟁을 그들의 현실로부터 분리시킴으로써 가능해졌다고 할 수 있다. 이러한 위선적인 '친선' 형식의 리얼함은 점령 문화 양식 바로 그 자체이며, 여기서 대화하는 이들은 서로가 전혀 다른 불균형적 법체계와 사회규범 그리고 차별적 정치 피라미드 계급 속에서 취급되고 있다는 사실을 말할 것도 없이 서로가 인정하고 있다. 또 서로 보완하고 있다고도 할 수 있다. 여기서 남성들의 성적 아이덴티티도 다른 남성들의 정치적 포지션에서의 암묵적인 인가 없이는 성립하지 않는 상호 의존적 구조를 가지고 있다. 이 경우 법과 정치에 있어서 초월적인 것은 언제나 미군의 군속이지만, 이 오키나와 점령의 '주인'들도 또다시 점령을 억지로 받아들이고 있는 피점령자들에게 의존하고 있다. 이러한 상호의존이 점령 체제 그 자체이며 제2차 세계대전 이후의 제국 편성이라는 사실은 말할 것도 없다. 이 경우 파티의 대화 속에서 의견 차이가 있는 듯이 보이더라도 그 대립은 문화론적인 마찰로 병렬되는 것을 통해 군사 폭력의 비가시화와 연동하며 문화의 차이를 허용하는 상호 주체화에 의해 공범적인 점령 체제가 재구축되고 추인된다.

## 4. 제국 패권의 균열로부터의 목소리

소설은 이렇게 해서 특히 전반부 미군기지 내 파티장면에서 있었던 대화를 통해 이른바 군사점령을 문화론적 혹은 역사론적인 인식 속에서 성립된 것으로 회수시키려고 한다. 그러나 이러한 기만스러운 '친선'을 돌연 깨트리는 것이 주인공 딸의 강간 사건이다. 이 사건을 계기로 소설은 후반부에 주인공을 '너'라는 인칭으로 떨어뜨리고, 군사점령하에 내는 목소리를 빼앗으려는 사람들을 텍스트 내부로 소환한다.

손 선생님, 나를 깨닫게 해준 건 당신입니다. 국가에 속죄를 하는 것과 나의 딸에게 속죄를 요구하는 것은 같은겁니다. 이 클럽에 온 후에야 그것을 깨달았다는 것이 부끄럽지만 이참에 서로 절대적으로 불관용을 하는 것이 무엇보다 필요하지 않겠습니까. 내가 고발하려고 하는 것은 사실 한 사람의 미국인의 죄가 아니라, 칵테일 파티 그 자체입니다.

미러, 인간으로서 유감스러울 뿐입니다.

미스터 미러. 포령 제144호, 형법 및 항소 수속법전 제2.2.3조를 알고 계십니까?

철저히 '가면의 논리'로밖에 살 수 없는 현실을 받아들여야 한다는 사실을 깨우친 손 씨에게 주인공은 '절대적인 불관용'의 필요성을 호소하며 '칵테일 파티'를 하나의 폭력적 구조로서 이해할 것을 요구한다. 그리고 그 구조의 뒤틀림을 보여주는 예로 미군 포령 144호를 들고 있다. 144

호의 '2.2.3조'는 다음과 같이 규정하고 있다. '연합국 군대 요원인 부여자를 강간 또는 강간하려는 의지를 가지고 폭행을 가한 자는 사형 혹은 민정부 재판소에서 명하는 그 외의 형에 처한다.'

법 앞에 평등하다는 원칙은 있을 수 없으며 '강간'에 관한 죄형의 규정 안에서조차 인종주의적이고 식민지주의적인 권력의 불균형 속에 포박되어 있는 이상, 아무리 친선과 융화를 가장한 '가면'의 논리를 추구하려 해도 그 논리에는 서로가 서로를 점령한 상처를 서로 인정하지 않는 것밖에 되지 않는다. 주인공인 '너'는 이러한 인식의 연을 끊으려고 하는 것이다. 그리고 주인공은 딸의 강간 사건을 통해 드러난 군사점령의 폭력 구조로서 스스로 삶의 영역 내부에 파고들어 있는 어둠이 존재한다는 사실을 감수해내려고 하고 있다.

이 땅에서 범죄조사는 류큐 정부와 미군의 CID가 이중구조로 하고 있으며, 군과 관련된 것은 CID가 집행한다는 것 정도는 알고 있었다. 그러나 CID의 조사라는 것이 어떤 형태로 진행되는 것인지는 구체적으로 이미지가 떠오르지 않았다. (…중략…) CID나 CIC에 대해 너는 아무것도 모른다. 그것들의 본부나 사령부 같은 것들이 어디에 있는지 지인과 차를 마시며 이야기한 적이 있지만 결국 아직도 모른다. (…중략…) 딸을 연행당하고 나서야 비로소 그것들을 미미하게 머릿속에서 그려보려고 했지만, 이미지는 조금도 펼쳐지지 않았다. 상상을 완고하게 거부하는 무언가가 있었다. 그곳은 발언이 거절당하는 세계로만 느껴졌다. 그것은 결국 상상의 거부로 이어졌다.

여기서 주인공이 직면하고 있는 상상 불가능한 영역의 존재는 지극히 시사적이다. 소설 속에서도 언급되듯이, 딸의 사건에 관해서 주인공이 강간범인 미국 군인을 고발한다고 하면 그것은 류큐 정부의 법정에서 하는 재판이 되지만 오키나와 주민은 그 법정에서 미군 군속을 증인으로 소환해서 심문할 권리를 가지고 있지 않다. 동시에 강간 당시 딸이 미군 병사를 낭떠러지에 밀어 떨어뜨려 생긴 부상에 관한 죄로 딸이 고소당한 재판은 군법정에 세워지며 재판관도 검사도 변호인도 모두 미국인이며 심리는 모두 영어로 진행된다. 이렇게 되면 법은 미스터리가 된다.

오키나와 인간에게 오키나와 내부의 상상 불가능한 영역이 있으며, 스스로 그 영역과 교차하고 있다는 사실을 주인공은 희미하게 느끼고 있다. 그러나 교차하고 접하면서 오히려 그 영역은 상상을 거부하는 이른바 공백화된 영역이 되며 그곳에서부터 폭력이 발생하고 있다. 어쩌면 '칵테일 파티'를 비롯한 문화적 생활양식이나 사회적 인프라의 정비 등의 가시성은 어쩌면 군사기지 게이트의 저편 어딘가에 위치한 공역에서 다원적으로 만들어지는 폭력의 비가시화와 연결되어 있다. 주인공이 내심 권력으로 즐기던 기지 내 파티에서 만든 가면의 희열은 딸의 신체에 일어나버린 강간과 분명 연관이 되어있다.

주인공 '너'의 지각의 한계를 깨닫는 것을 통해 이 소설은 1960년대 후반의 오키나와를 그곳에 사는 사람들이 배제된 영역으로서의 오키나와로 다시 묻고, 그 오키나와로부터 동아시아를 다시 묻는 가능성을 가진다. 이 소설에서 특히 시사적인 부분은 법과 정치의 무권리 상태에서 발생한 군사 강간 사건이 가져오는 군사점령의 피해를 사회적 · 정치적인 영역에서 배제하는 힘이 있다는 사실이다. 이 점령의 힘은 단적으로 말해서 말을 빼앗는다. 그리고 점령의 힘은 구조적 폭력에 저항하며 살아가는 곳에서의 권리나 평등을 호소하는 말을 빼앗으며 문화론적인 혹은 역사 인식적인 민족 아이덴티티나 인종주의적 인식에 관한 말을 피점령자에게 부여하고 이를 열렬히 말하게 한다. 마치 아이덴티티나 전통문화나 민족의 자부심을 말할 수 있게 해주기 위해 군사점령이 이뤄지고 있는 듯한 환상을 점령지역의 사람들에게 퍼뜨리고 있는 것이다.

아마도 주인공 '너'는 지금 오키나와라고 하는 군사점령사회의 심층부 속 '상상 불가능'한 영역에 연행되어 말을 잃어버린 딸의 무언의 시선을 받고 있다고 할 수 있다. 무엇이 '칵테일 파티'의 구조를 지지하고 있는 것인가. 어떤 폭력의 발동이 그런 파티의 논리를 은폐해 온 것인가. 소설의 마지막 부분에 주인공 '너'는 마치 그림자처럼 움직이며 하늘을 그리고 있는 딸의 모습을 멀리서 지켜본다.

딸은 두 재판에서 지겠지. 너는 이제까지의 딸의 고통을 들여다보며 생각해야 한다. 지금 딸이 실험을 계속하면서 확인한 것이 무엇인가를 말이야. 딸의 동작 하나하나에서 그걸 찾아내야 해…… (…중략…) 그 동작은 저 흉물을 목숨 걸고 낭떠러지로 떨어뜨린 순간의 동작이겠지. 바다 암초에 흰 물결이 밀려온다. 너는 숨을 참고 딸의 온 모습을 바라보며 다가올 재판에서 아마 미스터 미러나 손 씨가 방청하는 앞에서 힘을 다해 건강하게 싸워줄 것을 빌어라. 그곳에 허망은 없을 것이다……

군사점령체제가 만드는 것은 점령을 내면화하고 점령의 형식적인 종료 이후에도 점령 체제를 국가의 논리로써 재생산하며 유지해 나가는 제국적 주체이다. 그러나 이렇게 만들어진 점령 하의 순종적인 주체는 민사와 군사의 틈새에 휩쓸려 보이지 않게 지워지는 『칵테일 파티』 속 주인공의 딸과 같은 희생을 필연적인 불가결의 성립조건으로 하고 있다. 권력적인 불균형 속에서 상호 승인한 아이덴티티를 서로 연기하는 남성들의 파티는 이 아이덴티티의 승인극이 군사점령을 군사점령이라고 묻지 않을 때밖에 허용되지 않는 순간의 환영이라고 할 수 있다.

그러나 문화 카테고리를 파괴하고 그곳에 사는 사람들의 삶 그 자체를 향한 공격으로서의 점령이 드러나는 순간, 상호 주체화 승인 게임에 뒤틀림이 발생한다. 그리고 인식하고 상상하는 것이 곤란한 영역이 스스로 영위해 오던 주체로서의 삶의 근간이 되어 왔음을 묵인해온 사실을 자기 비판적으로 환기한다. 『칵테일 파티』가 구현하려는 것이 바로 이 비판의 가능성이다. 이러한 의미에서 "딸은 재판에서 지겠지"라고 하는 소설 마지막의 주인공의 혼잣말은 그저 패배에 종속하는 자세를 가리키는 것이 아니다. 이 말은 만약 재판이 패소로 끝난다고 하더라도, 그 패소로부터 시작되는 싸움이 있다는 것을 시사하는 것이며 또한 그 싸움이 딸의 존엄을 건 점령 그 자체를 향한 싸움의 시작이라는 것을 예고하는 것이라고 할 수 있다.

일본에 대해 혹은 중국에 대해 그리고 미국에 대해라고 하는 제국적 질서 속에서 오키나와인의 아이덴티티를 대항적으로 세우려고 할 때, 사실 그 아이덴티티가 일본과 미국의 제국주의적 통치 수단으로 만들어진 측면이 있다는 것을 더욱 의식해야 할 필요가 있다. 이 의식에 있어서 생각해야 할 것은 오키나와를 포함한 동아시아 각지의 내셔널리즘이 특히 제2차 세계대전 이후 미군을 축으로 하는 제국적 패권에 의해 대부분 대항적으로 그 형태가 만들어졌다는 점에 대한 비판적 사유일 것이다. 이때, 오시로 다쓰히로의 소설 『칵테일 파티』가 오키나와라고 하는 군사점령하의 법·사회의 내부를 유사 주권적인 형태로 다루면서 동시에 항상 '법의 타자'로서 소외되어 있었던 존재의 사는 방식에 하나의 자세를 부여했다는 점은 평가되어야 하는 부분일 것이다. '법의 타자'가 법과 사회의 내부에 자리한 어둠에서 부상할 때, 군사점령과 제국 패권에는 분명 균열이 생긴다. 그것을 『칵테일 파티』는 보여주고 있다.

## 참고문헌

アルフレッド・トッザー, ハーバード大学人類学教授ほか,『琉球列島の沖縄人 日本の少数
　　　民族』, アメリカ軍戦略局調査分析部, 1944.
大城立裕,『カクテル・パーティー』, 文芸春秋, 1967.
沖縄県立図書館史料編集室 編,『沖縄県史 資料編1』, 沖縄県教育委員会, 1995.
　　　　　　　　　　　　　　,『沖縄県史 資料編2』, 沖縄県教育委員会, 1996.
ジョージ・H・カー,「序文」(1953年6月15日付),『琉球の歴史』, 琉球列島米国民政府発行, 1956.
ジョン・P・マードック, エール人類学大学教授ほか執筆,『琉球列島に関する民事ハンドブ
　　　ック』, アメリカ海軍作戦本部司令部, 1944.

이 글은 일본어로 작성되었으며 남상현(南相明 / NAM Sang-Hyon, 충남대학교 인문과학연구소 학
술연구교수, 일본 근현대문학·문화 전공)이 번역했다.

# 제주/오키나와,
# 냉전의 억압과 문학의 상상력*

김동현

## 1. 지역, 타자, 그리고 냉전이라는 억압

지역은 어떻게 타자와 만나는가.[1] 이 질문은 내부로서의 지역과 외부로서의 타자라는 구분, 그리고 타자를 발견하는 양상과 발견의 욕망, 타자에 대한 대상화와 지역을 어떻게 상상할 것인가를 둘러싼 다양한 힘의 방향들을 포함하고 있다. 또한 국가와 지역의 구분이 전제하고 있는 위계와 중심으로 수렴되거나 혹은 수렴되지 않는, 중심의 포섭과 주변의 저항 등 다양한 힘의 대결들도 내포되어 있다. 때문에 지역이 타자를 만

---

\*   이 글은 졸고 「냉전의 지속과 지역의 상상력-제주와 오키나와 문학을 중심으로」(『한국언어문화』 72집, 한국언어문화학회, 2020.8)를 가필수정한 것임.

1   여기서 지역은 '국가'라는 단일한 정체성으로 소환되지 않는 특정한 장소나 조건을 지닌 곳으로, '로컬/로컬리티'를 지닌 장소를 의미한다. 한국 문학사에서 일국적 차원의 문학사에 수렴되지 않는 로컬(지역)문학사에 대한 연구들은 그 자체로 국민국가의 균일성이 상상된 것이며, 무수한 차이들의 집합이라는 사실에 주목해 왔다. 지역(로컬/로컬리티)의 개념에 주목한 연구로는 정주아, 「움직이는 중심들, 가능성과 선택으로서의 로컬리티(locality)-한반도 서북 지역의 민족주의 문학운동을 사례로」, 민족문학사학회, 『민족문학사연구』 47권, 민족문학사연구소, 2011.12, 10~13쪽 참조.

나는 방식은 단일하지도 않으며 지역과 타자의 관계가 언제나 대등한 것
도 아니다.

　지역과 타자의 관계는 비유하자면 겹겹이 쌓인 힘의 층위를 종횡으
로 누벼야 하는 '고단한 전장戰場'이다. 그럼에도 불구하고 지역에 방점을
두는 이유는 그것이 '국가'라는 이름으로 수렴되는 균질적 사고를 반성
적으로 바라보는 동인이 되기 때문이다. 그렇게 함으로써 우리는 무수한
차이들이 만들어내는 틈(들)을 들여다볼 수 있다.

　이 글이 지역과 타자의 관계에 주목하는 이유는 냉전체제의 구속력
이 지역의 상상력을 어떻게 추동했고, 냉전이라는 세계사 속에서 지역이
타자를 어떻게 발견했는가를 살펴보기 위함이다.

　그동안 냉전 혹은 탈냉전에 대한 연구들은 한국, 일본, 중국 등 아시
아라는 지리적 경계를 중심으로 미국과 소련의 대결 양상과 소련 붕괴
이후의 국제 정치적 역학 관계를 중심에 두고 진행되었다. 특히 한국에
서의 냉전 연구는 분단이라는 특수성을 염두에 두고 한국전쟁의 기원과
국제관계 등을 해명해왔다.[2] 그간 이뤄진 냉전 연구는 연구사를 정리하
는 그 자체가 또 하나의 연구가 될 정도이다. 냉전 연구는 이데올로기와
핵, 2개의 축을 중심으로 전개된, 냉전의 기원과 대결 양상의 책임을 둘
러싸고 전통적인 입장, 수정주의, 후기 수정주의적 해석 등이 중요한 쟁
점으로 작용했다. 조지 케넌 등 미국의 정치인들과 학자들이 체제 대결
에 주목하면서 냉전이라는 용어를 사용하기 시작한 이래로 냉전의 기원

---

2　백원담, 「냉전연구의 문화적 지역적 전환 문제」, 『중국현대문학』 제75호, 한국중국현
　대문학학회, 2015.12, 108쪽.

과 체제 대결의 심화를 누구의 책임으로 보는가에 따라 냉전사 해석이 달라졌다. 소련을 위주로 한 마르크스-레닌주의에 있다고 본 전통주의적 해석, 미국의 책임을 강조하는 수정주의적 해석, 그리고 미소 양 세력 모두에 책임을 묻는 후기 수정주의적 해석이 바로 그것이다.[3] 소련 붕괴 이후 이른바 문화적 냉전 등 다양한 연구들이 진행되어 온 것도 주지의 사실이다. 이러한 연구들은 냉전이 정치적 역학 관계, 즉 미소 양 진영 간의 대결에 폭력적으로 포섭되어 왔던 공동체의 인식과 대응 양식에도 영향을 끼칠 수밖에 없었다. 이는 냉전이 정치적 역학 관계뿐만 아니라 "공동체의 기억과 인식 생활양식"을 포괄하는 문화 영역에도 지속적인 영향을 끼쳤다는 '문화냉전'에 대한 연구로 확장되기도 했다.[4]

거시적 혹은 미시적 관점에서 다양한 냉전 연구가 진행되어왔지만 이러한 연구들은 냉전 이데올로기의 확산과 내면화 등 국가 차원의 대응

---

3    베른트 슈퇴버, 최승환 역, 『냉전이란 무엇인가』, 역사비평사, 2008, 16~19쪽; 오드 아르네 베스타, 옥창준 역, 『냉전의 지구사—미국과 소련 그리고 제3세계』, 에코리브르, 2020, 20~23쪽 참조.

4    문화냉전과 관련해 주목할만한 연구로는 프랜시스 스토너 손더스의 『문화적 냉전—CIA와 지식인들』을 필두로 하여 『동아시아 냉전의 문화』, 『문화냉전』 등이 있다. 프랜시스 스토너 손더스, 유광태·임채원 역, 『문화적 냉전—CIA와 지식인들』, 그린비, 2016; 오타 오사무·허은 편, 『동아시아 냉전의 문화』, 소명출판 2017; 김려실, 『문화냉전-미국의 공보선전과 주한미공보원 영화』, 현실문화, 2019. 프랜시스 스토너 손더스는 냉전 초기 '문화적 냉전'에 주목하면서 심리적 평화적 수단에 의한 여론조작, 타국의 적대적 입장을 약화시키기 위해 선전선동술을 활용하고 문화를 정치적 설득을 위한 도구로 이용했음을 실증적으로 밝히고 있다. 『동아시아 냉전의 문화』가 동아시아에서의 문화적 냉전의 확장과 이로 인한 공동체의 기억과 아이덴터티의 문제를 다각도로 살피고 있다면 『문화냉전』은 배타적·적대적 이데올로기의 확산을 위한 미공보원의 역할을 중점적으로 살피고 있다.

방식에 주목해 왔다. 하지만 '국가'라고 호명할 때 상상되는 균질성이 그 자체로 무수한 차이들로 이뤄진 것이라는 점을 감안한다면, 그러한 차이의 구체적 양상을 살펴보는 일 역시 중요하다고 할 수 있다.

이 글은 이러한 문제의식을 바탕으로 제주와 오키나와를 중심에 두고 냉전의 시공간을 지역이 어떻게 상상했고, 지역 주체를 어떠한 방식으로 규정해갔는가를 살펴보고자 한다. 그동안 미시사적 냉전의 시공간 속에서 지역이 내면화한 냉전적 사고는 무엇이고, 그러한 세계 질서에 포섭되지 않은 지역적 사고는 과연 무엇이었는가.

냉전체제는 국가와 민족단위를 넘어서는 세계사적 문제이자, 식민지 경험을 지닌 한국에 있어서는 식민지의 경험과 냉전체제로의 포섭이라는 연속과 분절의 다양한 층위를 통해 해석될 필요가 있다. 특히 반공 이데올로기의 폭력이 한국 사회를 오랫동안 지배해왔다는 점에서 해방 이후 벌어졌던 제주4·3항쟁이하 '4·3'으로 약기, 한국전쟁, 그리고 이후 벌어진 박정희 군사독재는 냉전체제의 산물일 수밖에 없었다. 냉전에서의 정치가 "주권과 주권을 뛰어넘은 군사적 폭력이 겹치는 곳에서 발생하는 통치문제"[5]라고 할 때 통치의 문제는 국가 내에서의 배제와 차별을 낳을 수밖에 없는 이유도 여기에 있다.

제주와 오키나와를 염두에 두는 이유도 바로 이 때문이다. 제주와 오키나와는 한국과 일본에서 냉전체제 유지를 위한 배제와 차별의 당사자였다. 이는 단순히 오키나와전쟁과 4·3만을 염두에 둔 것은 아니다. 오키

---

5    도미야마 이치로, 「기지를 감지한다는 것」, 오타 오사무·허은 편, 『동아시아 냉전의 문화』, 소명출판, 2017, 424쪽.

나와전쟁과 4·3의 대규모 학살이 '비국민'으로서의 차별과 억압이 만들어낸 결과라고 할 때 이후 두 지역은 냉전 질서에 편입된 대한민국과 일본 내에서 소위 국익이라는 이름의 국가 안보를 위한 희생을 강요받아 왔다.

유일한 지상전이 벌어졌던 오키나와는 이후 미국의 지배를 받았고, 1972년 '일본 복귀' 이후에도 일본 내 미군기지의 80% 이상이 주둔하고 있다. 제주 역시 4·3과 이후 벌어진 대규모 학살, 그리고 기회가 있을 때마다 거론되었던 '미군기지 공여 논쟁' 등으로 몸살을 앓았다. 실제로 제주도를 미군기지로 이용할 수도 있다는 논의들은 1946년 무렵부터 나오기 시작했다.[6] 1969년에는 오키나와의 '일본 반환'을 앞두고 오키나와 주둔 미군기지의 제주도 이전 문제가 거론되기도 했다.[7]

당시 오키나와 미군기지 이전 문제에 대해 한국 정부는 제주도를 미군기지로 제공할 수 있다는 입장이었다. 박정희 대통령은 제주도를 미군기지로 제공할 용의가 있다는 뜻을 밝혔고, 제주에 미 공군기지와 해군기지까지 건설할 수 있다는 한미 간 합의가 이뤄졌다는 보도도 나왔다.[8]

---

6    당시 신문은 미군 시사평론가의 개인적인 견해라면서 제주도가 태평양의 '지브롤터' 가 될 수 있다고 보도했다. 이러한 보도는 제주도의 군사 전략적 중요성을 미군이 염두에 두고 있었음을 보여준다. 「제주도의 군사적 가치 - 태평양 지부랄타화」, 『자유신문』, 1946.10.22.

7    「오키나와 반환협상 실패하면 제주에 미군기지 용의 - 패카드 차관 밝혀」, 『경향신문』, 1969.7.18. 당시 보도 내용은 다음과 같다. "17일 패카드 미 국방차관은 한국 국회의원단과 만난 자리에서 오키나와 기지 반환에 관한 협상이 실패할 경우 한국이 제시한 안을 수락할 용의가 있다고 말했다. 한국은 미국이 오키나와에서 철수할 경우 한국 특히 제주도에 미군기지 설치를 제공할 용의가 있다고 제안한 바 있다. 또한 패카드 차관은 미군이 월남에서 철수한다고 하더라도 극동 안보 특히 한국 자유중국 월남의 안보에 위협을 가져오도록까지는 철수하지 않을 것이라고 다짐했다."

8    「제주에 해공군기지 - 한미 국방회담서 의견 모은 듯」, 『경향신문』, 1969.6.6, 1쪽.

국회에서도 오키나와 반환 문제가 거론되면서 미군기지 유치 문제가 제기되기도 했다. 국방부 차관을 지냈던 박병배 의원신민당은 국회 본회의에서 국가 안보를 위해 오키나와 미군기지를 제주도에 유치해야 한다고 주장하기도 했다.[9] 이에 대해 당시 제주 출신 국회의원은 제주도민들이 환영대회를 열겠다는 반응을 보이기도 했다.[10]

이러한 논의들은 국가 안보를 위해 제주와 오키나와를 희생해도 된다는 발상의 배경에 냉전체제라는 국제 정치적 역학이 작용하고 있음을 보여준다. 미군기지 반환문제가 대두되면서 제주가 언급되는 과정은 오키나와가 미군 점령 이후 분리 통치되었던 5년 동안 소위 사석捨石으로 여겨졌다가 1950년대 이후 요석要石으로 주목받기 시작한 이유와 유사하다고 할 수 있다.

---

9    1968.2.26. 국회 본회의. 당시 박 의원의 발언은 다음과 같다. "(…중략…) 배은망덕자라는 일본사람들이 요사이 오키나와를 도로 내놓으라고 발광지신을 하는데 왜 그렇게 일본사람들에게는 꼼짝을 못 하는가, (…중략…) 그 아니꼬운 놈들에게 구사리 먹지 말고 오끼나와 가 본 분들 다 아실 테지만 지형도 지세도 사람 얼굴…… 우리가 좀 미남자고 잘 생겨서 그렇지 모든 것이 오끼나와에 가면 제주도하고 비슷합니다. 그러니까 오끼나와보다는 훨씬 중공도 더 가깝고 소련도 더 가까운…… 오끼나와 그 거지 같은 놈들에게 도로 주어 버리고서 시설 일체를 제주도로 좀 가져올 수가 없는가 이런 식 사고방식을 해야 합니다. 이런 것이 혁명적이고 획기적인 사고방식인 것이에요. 그 놈을 저쪽으로 태평양쪽으로 자꾸 후퇴를 하면 큰 탈이에요." 박 의원의 이 같은 발언은 오키나와 미군기지 이전 문제를 당면한 국가 안보의 문제로 바라보면서 제주를 군사기지화 해야 한다는 주장을 그대로 보여주고 있다.

10  「3국 고민 한 목 해결된다고」, 『경향신문』, 1968.6.18. 보도 내용은 다음과 같다. "오키나와 미군기지의 제주도 이동 문제가 한일간에 논의되었다는 보도는 정가에 새로운 관심을 불러일으킨 듯, 지난번 국회에서 안보 문제에 관한 대정부 질문에서 오키나와 미군기지유치론을 제창한 바 있는 신민당의 박병배 의원은 18일 상오 "내가 바로 그 창안자"라고 (…중략…) 제주도 출신의 양정규 의원은 "제주도민 전원이 궐기해서 환영대회라도 열겠다"고 가슴 부푼 반응을 보였고".

주지하다시피 1945년 8월 15일, 일본 제국주의의 패배 이후 동아시아는 새로운 질서로 재편되기 시작했다. 제국의 붕괴와 동시에 미국은 새로운 '제국'으로 등장했다. 이는 1945년 8월 15일 이후, 동아시아가 겪게 될 시공간이 일국적 차원에 국한되지 않음을 알리는 신호였다. 이날 이후 동아시아라는 지리적 시공간은 승전국의 지위를 차지하고 있었던 소련과 미국, 그리고 패전국의 신세로 전락했지만 미국의 아시아 정책의 중요 거점으로 부각하기 시작한 일본 등 다양한 이해관계와 국제 역학 관계가 교차하는 세계사적 시공간이 되어갔다. 1945년 8월 15일 이후 '동아시아'에 새겨진 세계사의 시간은 과연 어떤 모습이었던가. 그것은 국가적 차원의 대응방식을 필요로 하는 일인 동시에 국가 내부의 무수한 차이들을 생성하는 탈경계의 시공간이기도 했다. 이 글은 이러한 문제의식을 바탕으로 제주와 오키나와가 타자를 어떻게 발견하고, 그러한 발견의 욕망을 추동하는 냉전적 인식은 무엇이었는가를 살펴보고자 한다.

## 2. 냉전체제와 제주/오키나와의 상상력

1969년에 발행된 『제주도』지에 오키나와 특집이 실린다. 앞서 살펴보았듯이 1969년이라는 시섬은 의미심장하다. 당시 제주에서도 오키나와의 미군기지 반환 문제가 단순히 미일 간의 문제가 아니라는 인식이 대두되기 시작했다. 『제주도』지에 실린 특집도 '오키나와의 정치', '오키나와의 경제', '오키나와의 토양', '오키나와의 민속·문화', '오키나와의 교육·언어' 등으로 채워져 있지만 단순히 민속지적 관심에 국한된 것도 아니었다. 『제주도』지의 편집 후기는 오키나와 특집에 대해 "때마침 미군기지가 주둔하고 있는 오키나와를 두고 미일 간에 반환문제가 논의되던 터라 특집의 의의를 살릴 수 있었다"고 밝히고 있다.[11]

오키나와 반환 문제가 미국과 일본 사이만의 문제라면 제주에서 군이 오키나와를 의식할 필요가 없다. 하지만 제주에서 오키나와가 언급되고 있는 사실 자체가 냉전이 만들어낸 국제 질서의 자장에 제주 역시 포섭될 수밖에 없음을 방증한다. 이는 냉전이 주권국가의 범주를 벗어난 문제인 동시에 군사적 폭력의 자장이 현실적 조건으로 작용한다는 점을 보여준다. 특집을 시작하는 글인 「오키나와의 정치」에는 이러한 인식이 잘 드러난다.[12] 이 글의 처음은 오키나와가 제주에서 관심거리가 된 계기를 오키나와 미군기지의 제주 이전 문제였다고 밝히고 있다.

일본과 대만의 중간에 위치한 60여 개의 섬으로 구성된 '오키나와'가 우리의 주변에서 관심거리가 된 것은 작년 6월부터의 일이라 보여진다.

'오키나와'에 있는 미군기지의 중요시설을 한국의 제주도에 이동시키려는 구상이 한일 양국간에 비공식적으로 검토되고 있다고 작년 6월 17일 동경에서 보도되었다. 즉 『요미우리』 신문 보도에 의하면 이와 같은 구상은 지난번 서울을 방문한 일본 자민당 의원단과 한국 국회의원간의 회담에서 제기된 것으로 그 내용은 메이스·E 등 핵무기를 포함한 중요 전략기지와 ABM

---

11    『제주도』 제39호, 제주도, 1969.7, 285쪽.
12    한창영, 「오키나와의 정치」, 위의 책, 18쪽.

레이다 망 등의 미군시설을 한국, 일본, 그리고 극동 전역의 방위에 공헌하도록 하는 것이다. 그러나 이 구상에는 미국 측에서 전략상 문제와 기지 건설비 등의 이유로 난색을 표명하고 있다고 하며 『요미우리』 신문은 가까운 장래에 구체화할 가능성은 적지만 일본의 대미 오키나와 행정권 반환 교섭의 진전에 따라서 한미일 3개국의 현안으로 남을지 모른다고 말했다.

지역신문의 보도 내용을 인용하고 있는 이 대목은 오키나와 미군기지가 제주로 이전될 수 있다는 논의를 이미 제주 지역에서도 폭넓게 공유하고 있음을 보여준다. 이 글은 오키나와에 미군기지가 주둔하게 된 역사적 배경을 살피면서 동아시아의 국제 정세 속에서 오키나와 미군기지의 필요성을 밝히고 있다. 특히 오키나와 반환과 관련한 일본과 미국의 입장 등을 비교적 자세하게 언급하고 있다. 류큐 혁명동지회의의 등장 배경과 일본의 오키나와 지배 과정을 언급하면서 이른바 오키나와 독립론의 대두 과정뿐만 아니라 미군정 치하의 오키나와 정치 기구에 대해서도 소개하고 있다.

1960년 체결된 미일안보조약의 유효기간이 다가오면서1970 오키나와 내부에서는 복귀와 반복귀 등 다양한 논의가 제기되기 시작한다. 일본 본토에서는 일본 영토의 회복으로서의 오키나와 반환이 대두되었고 오키나와 내부에서는 일본 복귀에는 찬성하면서도 안보 강화에는 반대하는 움직임도 일어났다.[13] 오키나와의 '일본 반환'을 둘러싼 다양한 논의

---

13   아라사키 모리테루, 정영신·미야우치 아키오 역, 『오키나와 현대사』, 논형, 2008, 49~60쪽 참조.

중에서 류큐 혁명동지회의 입장을 자세히 소개하고 있는 이 글은 일본과 오키나와에서의 이러한 논의가 발생하게 된 맥락과 관계없이 오키나와 미군기지 주둔이 필요하다며 서둘러 결론을 맺는다. 즉 미군이 오키나와에 주둔하고 있는 것은 극동의 안전보장을 위해 필요하다는 것이다.[14]

「오키나와의 정치」라는 글에서는 전후 오키나와의 경제부흥이 미군기지 주둔 때문이라는 점을 강조하면서 미군기지에 의존한 오키나와 경제 구조를 성찰하는 오키나와 내부의 논의를 "우스꽝스러운 일"이라고 평가절하한다. 이 글은 미군정하의 오키나와 경제 정책이 미군기지 주둔으로 인해 폭발적으로 성장했다면서 다음과 같이 결론을 맺고 있다.

이상과 같이 미민 정부의 적극적인 경제정책과 군사기지라는 특수한 환경하에서 현재 오끼나와의 경제는 발달 되었고, 오끼나와인의 생활 수준은 동남아에서 최고라고 하여도 과언이 아닐 정도이다. 그럼에도 불구하고 과거 무자비하게 다른 민족을 착취하든 일본이 이제 자기네 경제가 좀 발전되었다고 오끼나와 경제가 이러쿵저러쿵하며 헐뜯는 것은 참으로 우스꽝스러운 일이 아닐 수 없다. 일본 사람들이 무어라고 하든 오늘의 오끼나와 경제는 그 어느 때보다도 훨씬 부유한 것이다.[15]

---

14 한창영의 쓴 원문 내용은 다음과 같다. "이상으로 오키나와에 대한 정치 사정을 살펴봤거니와 미군기지가 그곳에 있는 것은 극동의 안전보장을 위해서 필요하다는 것을 아무리 강조하여도 지나치는 법은 없을 것이다." 위의 책, 1969.7, 28쪽.

15 김문관, 「오끼나와의 경제」, 위의 책, 35쪽. 한글맞춤법과 맞지 않는 부분도 있으나 원문의 느낌을 살리기 위해 당시 표기대로 적는다.

전후 오키나와의 경제부흥이 기지 경제 덕분이라는 점을 말하는 이 대목은 당시 제주에서 개발과 근대화 프로젝트에 대한 기대감이 높아지고 있었다는 점을 감안해서 세심하게 독해할 필요가 있다. 1964년 제주도종합개발계획 수립 이후 제주에서는 "개발만 하면 제2의 하와이는 능히 만들 수 있다"[16]거나 한라산 케이블카 건설이 도민의 염원이라면서 정부의 개발 계획을 적극적으로 내면화하기 시작했다.[17] 이러한 분위기를 잘 보여주는 것이 바로 '동양의 하와이' 담론이었다. 오키나와 특집이 실리기 직전 같은 잡지에 '하와이 특집'이 게재되었다. 여기에서는 하와이를 동양의 낙원으로 상정하고, 제주가 하와이 같은 섬이 되기 위해 하와이의 경제, 역사, 문화를 알아야 할 필요가 있음을 강조하고 있다. 편집후기에는 "같은 도서 지구란 입장에서 선진 도서 지역을 먼저 알아봄도 매우 유익하고 뜻깊은 일이 될 것"이라고 밝히고 있는데 특집 기사의 필자들은 하나같이 제주도가 하와이가 될 수 있다는 기대감을 피력하고 있다.[18]

하와이와 오키나와, 서로 다른 타자를 대하는 제주의 상반된 입장은 무엇 때문인가. '동양의 하와이'라는 구호에는 하와이의 현재적 모습이 미국의 제국주의적 영토확장의 결과이며 진주만에 미군기지가 주둔하

---

16  부종휴, 「제주도 자유화 문제」, 『제주신문』, 1964.9.9.

17  「실현 되려나 도민의 꿈, 한라산정까지 케이블카」, 『제주신보』, 1962.9.4.

18  이 특집에 실린 내용의 결론만 살펴보아도 이러한 시각을 분명히 알 수 있다. "20세기 하와이의 역사가 하와이와 같은 낙원을 건설해보는 우리에게 똑똑히 보여주고 있다고 말할 수 있다." 황언택, 「하와이의 역사」; "우리가 제주도를 개발만 하면 동양의 하와이로 건설할 수 있을 것이다." 김문관, 「하와이의 경제」; "오늘의 하와이는 제주도를 개발함에 있어서의 하나의 교훈이 된다는 뜻이다". 양중해, 「하와이의 민속문화」, 이하 특집 기사들은 『제주도』, 36호, 제주도, 1968.11, 26~87쪽 참조.

면서 역설적으로 관광 산업이 부각되기 시작했다는 역사적 사실들은 숨겨져 있다.[19] 오키나와 특집에서는 독립국가였던 류큐 왕국의 역사부터 미군정 점령하의 경제부흥까지 거론하면서 하와이에 대해서는 관광 개발과 경제부흥이라는 현실만 취사선택하고 있는 것이다. 이는 제주-지역의 타자 인식이 냉전이라는 질서 속에서 개발 담론의 내면화와 군사적 폭력을 외면하려는 이중적 태도로 나타나고 있음을 보여준다.

냉전이 만들어낸 군사적 폭력의 자장 안에서 오키나와 미군기지 반환 문제는 현실적 위협으로 다가올 수밖에 없었다. 제주 지역 출신 국회 의원이 호언했던 것처럼 미군기지 문제는 전 도민적인 환영의 대상이 되기는커녕 개발 프로젝트의 성공적 추진에 방해가 된다는 인식이 지배적이었다. 오키나와 미군기지의 제주 이전은 미군기지 주둔이 실제로 오키나와 경제부흥의 기반이 되었다는 사실에도 불구하고 지역에서는 받아들일 수 없는 것이었다. 군사 기지와 개발이 양립할 수 없다는 이중적 태도는 식민지 지배 책임의 당사자인 일본에 대한 민족주의적 반감과 함께 오키나와의 '희생'을 당연하게 여기는 것으로 이어지고 있다. 기지 경제에 의존하고 있는 오키나와의 현실에 대한 이견들을 "무자비하게 다른 민족을 착취"했던 일본이 "헐뜯는 것"이라고 말하는 대목에서는 민족주의적 반일 의식까지 보여진다. 오키나와 주민의 생활 수준이 동남아에서 세계 최고라고 치켜세우면서 동시에 오키나와 반환을 앞두고 미군기지 이전 문제에 대한 오키나와 내부의 반응을 신경질적인 태도로 꾸짖는 이

---

19 조웅, 『미국의 하와이 병합에 관한 연구―미국 제국주의 정책을 중심으로』, 단국대 박사논문, 1997, 5~16쪽 참조.

유는 무엇일까. 그것은 식민지배의 피해자이면서 반일을 기반으로 한 민족적 우월감의 작용이라고 볼 수 있지만 역설적으로 말하자면 제주가 냉전의 희생 지대가 될 수 없다는 반응이기도 했다. 분단이라는 국내 현실과 베트남전쟁이라는 국제적 정세, 그리고 미군기지 반환을 둘러싼 국제 외교의 흐름은 오키나와라는 타자를 발견하는 주요한 동력이었다. 하지만 이러한 냉전 질서 속에서도 오키나와가 부담하고 있었던 미군기지 주둔이라는 현실적 조건은 받아들일 수 없는 이중의 딜레마가 이러한 인식의 배면에 자리잡고 있었다.[20]

근대를 선취해야 할 대상으로 여기면서 개발지상주의를 내면화한 지역의 입장에서 경제개발의 성공은 하와이와 오키나와가 다르지 않다고 여길 만도 했다. 하지만 앞서 살펴본 바와 같이 하와이는 제주적 이상향의 현실로, 오키나와는 미군 주둔이라는 상황을 감수해야 할 지역으로

---

20 1960년대 이후 지역개발에 대한 기대감과 냉전 체제의 산물일 수밖에 없는 군사기지에 대한 반감은 특정한 시기의 문제만은 아니었다. 이를 잘 보여주는 것이 송악산 군사기지 반대 운동이다. 1985년 당시 건설부가 특정 지역 제주도 종합개발계획을 발표하자 제주도는 송악산 일대를 관광지구로 지정한다. 하지만 정부가 이 일대의 관광지구 지정을 취소하고 군사기지와 비행장을 건설하려는 계획이 알려지면서 대정 지역의 주민들과 진보적 청년, 농민 운동 그룹들은 공동으로 송악산 군사기지 반대대책위를 구성하여 저항에 나섰다. 이러한 저항은 결국 1989년 정부의 군사기지 건설 백지화로 포기로 이어졌지만 반대 대책위원회에 참여했던 주민들은 이후 재야단체와 지역 개발을 둘러싸고 갈등을 빚게 된다. 재야 단체들은 군사기지 건설 저지를 이끌어낸 성공적인 투쟁이었다고 평가한 반면 지역 주민들은 개발에 대한 기대감이 좌절된 것에 대한 불만과 상대적 박탈감을 호소하면서 관광개발을 둘러싼 갈등으로 비화된다. 조성윤·문형만, 「지역 주민운동의 논리와 근대화 이데올로기─제주도 송악산 군사기지 설치 반대 운동을 중심으로」, 『현상과 인식』 29호, 한국인문사회과학회, 2005.12, 15~22쪽 참조.

'상상'되었다. 오키나와 미군 주둔이 미국의 동아시아 정책의 일환이었고 1964년부터 시작된 베트남 파병으로 한국은 미국의 침략전쟁에 직접적으로 개입하고 있는 상황이었다는 점을 감안한다면 이러한 지역의 태도는 냉전으로 인한 피해와 희생을 오키나와에 전가시키는 또 다른 폭력을 용인하는 결과를 초래할 수밖에 없었다.

그렇다면 오키나와 미군기지 반환 문제는 제주에서만 문제가 되었는가. 오키나와 반환 문제는 일본과 오키나와, 특히 미군 점령하의 오키나와와 일본 본토와의 문제이기도 했지만 기지 문제는 일본/오키나와가 냉전 질서 속에서 또 다른 타자를 발견하는 계기로 작용하기도 했다. 1969년『제주도』지에 오키나와 특집이 실릴 무렵『아사히 저널』에는 무라카미 가오루村上薫의「다음의 전개-오키나와에서 제주도로次の展開·沖縄から濟州島へ」라는 내용의 글이 실린다. 또 비슷한 시기에는 군사전문가인 구즈미 다다오久住忠男의 오키나와 기지의 제주 이전설과 관련한 글이 발표되기도 했다.[21]

당시는 미군이 여전히 오키나와를 점령하고 있었고 시정권 반환도 아직 합의되지 않았다. 베트남전쟁도 최고조에 달하고 있었다. 이때 오키나와 미군기지 제주 이전 문제는 베트남전쟁 이후 미군의 전략적 선택이 어떻게 될 것인가에 대한 관심이자 미군기지 제주 이전의 가능성을 타진하는 것이기도 했다. 그런데 이러한 기지 이전 문제는 일본 혹은

---

21    당시 발표된 글은 村上薫,「次の展開-沖縄から濟州島へ」,『朝日ジャーナル』10(22), 朝日新聞社, 1968.6.2; 久住忠男,「沖繩基地の濟州島移轉說」,『世界週報』49(31), 時事通信社, 1968.7.30 두 편이다.

오키나와 내부의 자발적 선택에 의해 촉발된 것이 아니었다. 그것은 미국의 전략적 변화에 따른 불가피한 논평의 일환이었다. 구즈미 다다오의 글에는 편집자 주의 형식으로 미군기지 이전 문제가 돌연하게 대두되었다면서 미 국방부의 공식적인 부인에도 불구하고 비공식적으로 기지 이전 문제가 언급되고 있다는 사실을 언급하고 있다.

오키나와 미군기지의 제주 이전 문제가 갑자기 크로스 체크되고 있다. 미국방성 당국은 그러한 사실이 없다고 부정하고 있지만 미국 측 관계자들 사이에서는 비공식적으로 문제가 거론되고 있다는 점은 사실이다. 여기에 미국 측의 진의, 기지 오키나와의 표정, 기지 이전설의 주변을 탐색하면서 이에 의거하여 군사평론가 구즈미 다다오의 이 문제에 관한 종합적 평가를 아래에 싣는다.[22]

구즈미 다다오는 베트남전쟁 이후의 미국 전략의 변화 가능성을 미국, 오키나와, 서울의 입장을 거론하면서 언급하고 있는데 미군 기지의 제주 이전 가능성은 현실적으로는 어렵다는 입장을 보이고 있다. 그는 1968년 1월 김신조 사건과 푸에블로호 피납 사건들이 한국에서 북한이 실질적 위협으로 작용하고 있다는 점을 이야기하면서도 실제 기지 이전은 제주의 지형적 조건상 어렵다고 결론을 맺고 있다.[23] 이에 비해 무라

---

22　久住忠男,「沖繩基地の濟州島移轉說」,『世界週報』1968.7.30, p.32.

23　"さらにはアジア最大の空軍基地と言われる嘉手納基地に匹敵する滑走路は濟州島の地形から建設困難……【인용자 역주】더욱이 아시아 최대의 공군기지라고 일컬어지는 가데나 기지에 맞먹는 활주로는 제주 지형에서는 건설이 곤란하고……)", 久住忠男,

카미 가오루는 다른 견해를 피력한다. 베트남전쟁 이후 미국의 아시아 전략 변화 가능성을 염두에 두면서 1968년 김신조 사건과 푸에블로호 피납으로 고조된 남북 간의 긴장 관계, 그리고 한국 측의 적극적인 요청 등 정세를 감안할 경우, 장기적인 관점에서 제주도가 미군기지 대체지가 되는 것이 미국의 극동전략, 나아가 미일 관계에 긍정적 요인이 될 것이라고 분석하고 있다.[24]

　　두 가지 견해 중 어느 쪽이 당시 정세를 보다 정확히 파악하고 있었는가라는 점은 잠시 논외로 해 두자. 중요한 점은 냉전의 자장 안에서 제주와 오키나와가 나란히 언급되고 있다는 점이다. 그리고 이러한 언급이 제주와 오키나와의 지역 주체의 의지와는 상관없이 발화되고 있다는 것도 의미심장하다. 제주-오키나와, 오키나와-제주의 관계망이 동일한 시기에 서로를 주목하고 있다는 것은 무엇을 의미하는 것일까. 그것은 제주와 오키나와가 냉전 아시아의 시공간을 동시적으로 경험했으며, 그러한 시공간의 경험들이 지역의 현재를 구성하는데 강력한 요인이 되었음을 보여준다. 즉 냉전이라는 군사적 폭력이 국가 체제의 경계를 뛰어넘는 탈국

---

　　「沖繩基地の濟州島移轉說」, p.36.

24　濟州島は地圖を見れば一目瞭然明らかなように, 北朝鮮はもとより中國本土, 極東ソ連領もにらむ黃海上の一大要衝地である。最近沖繩で起っている全島をあげての激しいB52撤退運動の渦卷をみれば, 濟州島にその代替地をつくるということは米も極東戰略にとってはもちろんのこと, 長い目でみた日米關係にもプラスとなる。(**【인용자역】** 제주도는 지도를 보면 일목요연하고 분명히 알 수 있듯이, 북한은 물론이거니와 중국 본토, 극동 소련을 노리는 서해 상의 커다란 요충이다. 최근 오키나와에서 벌어지고 있는 전도를 통틀고 있는 B52기의 철퇴운동의 격렬한 소용돌이를 본다면 제주도에 그 대체지를 만든다는 미국도 극동전략에 있어서는 물론, 긴 안목으로 보더라도 일미관계에 플러스가 된다.) 村上薰, 「次の展開-沖繩から濟州島へ」, p.106.

가적 기획인 동시에 냉전구조의 재편 과정이 과거의 사건으로만 존재하는 것이 아닌, 제국주의와 식민주의의 연속적 과정일 수도 있다는 것이다.

## 3. 기지를 사유하는 방식 __ 제주/오키나와 문학

앞서 살펴보았듯이 미군기지 문제는 제주와 오키나와가 서로를 주목하는 계기가 되었다. 그렇다면 이러한 기지의 사유는 제주와 오키나와 문학에서 어떤 방식으로 나타나고 있는가. 오키나와문학이 일찍부터 미군 혹은 미군기지 문제를 포착하고 있는 것[25]과 달리 제주문학에서는 미군미

---

[25] 오키나와문학에서 미군(미군기시) 문제는 오시로 다쓰히로의 「칵테일 파티」, 「신의 섬」, 메도루마 슌의 『무지개새』, 『기억의 숲』, 마타요시 에이키의 『조지가 사살한 멧돼지』 등 일련의 작품을 통해 민감하게 포착된 바 있다. 한국에서 오키나와문학의 미군 문제에 주목하고 있는 연구로는 손지연, 「오시로 다쓰히로 문학에서 미군이 내포하는 의미-오키나와 미군 일본 본토와의 관련성을 시야에 넣어」, 『일본연구』 39, 중앙대 일본연구소, 2015.8; 곽형덕, 「메도루마 문학과 미국-미군에 대한 대항폭력을 중심으로」, 『일본문화연구』 56, 동아시아일본학회, 2015.10 등이 있다. 손지연의 연구에 따르면 오키나와문학에서 미군의 등장은 1947년 요시카와 나루미(吉川成美)의 『오키나와의 최후』를 시작으로, 이시노 게이치로(石野径一郎)의 『히메유리의 탑(ひめゆりの塔)』(1950), 나카소네 세이젠(仲宗根政善)의 『오키나와의 비극(沖縄の悲劇)』(1951) 등 오키나와전쟁의 비극을 증언하기 위한 방식으로 채택되기 시작한다(손지연, 「오시로 다쓰히로 문학에서 미군이 내포하는 의미-오키나와 미군 일본 본토와의 관련성을 시야에 넣어」, 155~156쪽). 이들 작품들이 비극을 드러내는 수단으로서 미군의 존재를 그리고 있다면 오시로 다쓰히로의 작품은 미군과 오키나와인, 그리고 일본인의 관계 속에서 미군과 기지의 문제를 사유하고 있다고 할 수 있다. 특히 메도루마 슌은 작품 속에서 미군과 기지의 문제를 예각화시키면서 대항폭력으로서의 문학적 보복까지 감행하고 있는 점이 특기할만하다. 곽형덕은 그러한 문학적 보복을 "펜을 현실을 겨누는 칼로서 사용하려 했다"고 분석하고 있다(곽형덕, 「메도루마 문학과 미

군기지에 관한 직접적인 언급은 많지 않다. 오키나와문학이 일찍부터 미군과 기지 문제를 문학적으로 형상화한 것은 일본 패전 이후 미군 주둔과 미국 점령이라는 역사와 무관하지 않다. 특히 오늘날까지도 일본에 주둔하고 있는 미군기지의 80% 이상이 오키나와에 있는 현실에서 미군기지 문제는 오키나와인들에게 현실적 위협이자 실존의 문제였다. 1995년 일어난 미군범죄소녀폭행사건는 그러한 현실을 극명하게 보여주는 사례이다.[26]

냉전에 대한 사유가 기지문제에서 극명하게 드러나고 있다는 점에서 제주문학이 냉전에 대한 사유를 외면하고 있다고 할 수 있을까. 1969년 오키나와의 일본 복귀를 앞두고 지역에서 오키나와에 대한 관심이 일어나고 있는 것에 비한다면 제주문학에서의 오키나와 표상은 전면화되지 않았다. 이는 제주와 오키나와의 현실적 조건의 차이에 기인한 것이기도 하는데 오키나와문학이 미군과 기지문제를 예각화했다면, 제주문학, 특히 4·3문학은 반공 이데올로기에 대한 도전을 통해 역사적 진실을 찾으려 했다고 할 수 있다.[27]

---

국—미군에 대한 대항폭력을 중심으로」, 40쪽).

26  오키나와에서의 미군에 의한 사고는 1959년 미 제트기 추락사고, 2004년 후텐마 기지에서 발진한 헬기의 오키나와 국제대학 캠퍼스 추락사고 등 기지 주둔 이후 끊이지 않고 있다. 미국 군인 및 군속에 의한 범죄 건수도 연 평균 1000여건이 넘고 살인, 강간, 강도 등의 흉악범죄도 508건에 이른다.(2011년 기준). 개번 매코맥·노리마쯔 사또코, 정영신 역, 『저항하는 섬, 오키나와』, 창비, 2014, 165~168쪽.

27  김동윤은 제주4·3문학의 사적 전개 과정을 논의하면서 현기영의 「순이삼촌」이 발표되었던 1978년과 1987년 6월 항쟁을 언급하면서 '피상적 접근 단계', '사태 비극성 드러내기 단계', '다양화·종합화 단계' 등으로 구분하고 있다. 1978년 「순이삼촌」 발표 이전까지가 피상적 접근 단계, 「순이삼촌」 발표 이후부터 1987년 6월 항쟁 이전까지를 '비극성 드러내기', 6월 항쟁 이후를 '다양화·종합화 단계'로 보고 있는 것이다. 김동윤, 『4·3의 진실과 문학』, 도서출판각, 2003, 12~23쪽. 하지만 「순이삼촌」 발표 이

반공 이데올로기가 냉전체제의 산물이라는 점을 염두에 둔다면 4·3의 비극을 드러냄으로써 기억의 억압과 대결하려고 했던 문학적 사유의 과정은 냉전체제라는 거시적 틀에서 바라볼 수 있을 것이다. 다만 미국이라는 새로운 제국을 예각화하지 않고 국가 폭력의 관점에서 4·3을 바라보았다는 점은 오키나와문학의 모색과는 다른 지점이라고 할 수 있다.

4·3에 대한 문학적 사유 중에서 주목할 것은 국가 폭력의 문제를 제주 정체성의 훼손으로 바라보고 있는 일련의 흐름들이다. 「순이삼촌」을 통해 4·3의 비극을 증언하는 문학자의 역할을 고민했던 현기영은[28] 『변방에 우짖는 새』와 『바람타는 섬』 등 일련의 장편을 통해 이재수난과 해녀항일항쟁 등 권력에 대항해왔던 제주적 전통에 주목한다. 이는 『지상에 숟가락 하나』로 이어지는데 이 작품에서는 인민유격대장이었던 이덕구의 죽음을 "관권의 불의에 저항해왔던 제주섬 공동체의 신화"가 붕괴하는 순간으로 묘사한다.[29] 「순이삼촌」에서 억울한 죽음의 진혼을 이야기하던 현기영이 4·3의 신원伸冤을 이야기했다면 『지상에 숟가락 하나』

---

전인 1960년대 중반 무렵부터 제주지역 신문에 4·3을 소재로 한 작품이 발표되기도 하는 등 4·3을 소재로 다룬 작품들이 등장하기도 한다. 김동현, 『제주, 우리 안의 식민지』, 글누림, 2015.

28  현기영은 「순이삼촌」을 쓰게 된 이유를 다음과 같이 말하고 있다. "나는 스스로를 일종의 무당이라고 생각하는 것입니다. 무당이 되어 한 맺힌 그 죽음들을 신원(伸冤)하는 일이죠.", 김연수, 「언어도단의 역사 앞에서 무당으로서의 글쓰기」, 『작가세계』 10호, 세계사, 1998.2, 41쪽.

29  "그리하여 그날의 십자가와 함께 순교의 마지막 잔영만을 남긴 채 신화는 끝이 났다. 민중 속에서 장두가 태어나고 장두를 앞세워 관권의 불의에 저항하던 섬 공동체의 오랜 전통, 그 신화의 세계는 그날로 영영 막을 내리고 말았다." 현기영, 『지상에 숟가락 하나』, 실천문학사, 1999, 84쪽.

에서는 오랜 저항의 전통을 지닌 제주 역사의 연속선적 측면에서 4·3을 그린다. 이는 4·3을 좌우 이데올로기적 시각이 아니라 제주 섬 공동체의 훼손이라는 측면에서 바라보고 있는 것이다.

이러한 시각은 4·3을 과거에 종결된 '사건'이 아니라 현재적 시간이 개입하는 '과정'으로 보게 한다. 4·3이 과거 제주 섬 공동체의 존립을 위협하는 '사건'이었다면, 현재 제주 섬 공동체를 위협하는 것에 대해서도 같은 시각을 견지할 수밖에 없다. 이러한 시각을 잘 보여주는 작품이 1984년에 발표된 현기영의 「아스팔트」이다. 이 작품은 주인공 창주가 죽음을 앞둔 강 씨를 만나러 가는 과정에서 4·3 당시를 회상하면서 시작한다. 창주는 4·3 당시 중학생으로, 동굴에 두 달 동안 숨어 지내다 주정공장에서 모진 조사를 받기도 했다. 이후 한국전쟁이 터지자 학도병에 지원했고 우여곡절 끝에 고향으로 되돌아왔다. 이런 이력 때문인지 창주는 마을 사람들의 눈총에서 벗어나게 되고 왠지 모를 자신감마저 갖게 된다. 창주는 강 씨가 과거 토벌대 정보원을 했고 그 과정에서 여러 잘못을 한 사실을 떠올리면서 길을 재촉한다. 4·3을 다루고 있는 이 작품에서 주목할 부분은 '아스팔트'로 상징되는 개발과 근대화에 대한 비판적 시각이다.

자정이 넘은 시간 어둠 속에 붐비는 이 눈송이들은 필경 사자들의 혼령이리라. (…중략…) 그러나 눈송이들은 아스팔트를 뚫지도 못하고 덮어싸지도 못한다. 눈송이들은 다만 견고한 아스팔트 위에 부딪혀서 허망하게 바스라지고 녹아버릴 뿐이다. 아스팔트는 물샐틈없이 치밀하다. 삼십육 년 전의 애닯은 과거를 깔아 봉해버린 아스팔트. 관문인 공항에서 시작하여 비극의 심야

를 종횡으로 질주하는 아스팔트의 관광도로……**30**

　내리는 눈은 죽은 자들의 영혼이다. 하지만 눈송이들을 아스팔트를 뚫지 못한다. "물샐틈없이 치밀"한 아스팔트를 현기영은 "삼십육 년 전의 애닯은 과거를 깔아 봉해"버렸다고 표현한다. 4·3의 기억을 억압하는 현재적 힘으로서의 '아스팔트'를 전면에 내세우고 있는 이 장면은 4·3의 기억을 봉인하는 힘이 반공 이데올로기에서 개발과 근대화 기획으로 이어지고 있음을 보여준다. "심야를 종횡으로 질주하는 아스팔트의 관광도로"라는 표현이 말해주듯 4·3에 대한 기억의 억압과 제주적 정체성을 훼손하는 국가 주도의 개발기획을 동일한 선상에서 파악하고 있는 것이다.

　개발과 근대화 담론이 과거를 억압하는 현재적 힘으로 작용하고 있음을 보여주는 작품은 현기영의 경우에만 그치지 않는다. 김석희의 「땅울림」에서도 현기영과 유사한 문학적 사유를 확인할 수 있다. 「땅울림」은 4·3 당시 입산했던 현용직 노인과 그의 이력을 좇는 김종민 기자의 취재기, 그리고 그것을 전달하는 '나'의 입장 등이 교직하면서 탐라독립론의 입장에서 4·3을 바라보고 있는 작품이다. 현용직 노인의 입산과 4·3의 진실을 추적하는 이 작품의 마지막은 나의 독백으로 끝이 나는데 현기영이 '아스팔트'를 기억을 억압하는 개발과 근대화의 상징으로 표현한다면 김석희는 이를 제주적 순결의 훼손으로 인식하고 있다.

---

30　현기영, 『아스팔트』, 창비, 1986, 98쪽.

그러나 나는 침을 삼키듯, 입안에 고여 있는 그 의문을 삼켜버렸다. 그 대답이 지금에 와서 무슨 소용이 있는가? 아니, 40년이 지난 오늘의 제주도는 그때와 무엇이 달라졌는가? 겉으로 드러나 있지만 않을 뿐 한은 한 대로 깊숙이 박혀 있을 것이고, 땅이며 문화며 생활에 이르기까지, 외지인의 침식을 피해 제주도적인 순결로 남아있는 게 과연 무엇인가? 그런데도 지금 제주도는 자신의 순결을 지키고 가꾸기 위해 무엇을 하고 있는가?[31]

현용직 노인의 이야기를 통해 4·3의 진실과 마주했던 나는 스스로에게 제주가 지금 자신의 순결을 지키고 있는가를 되묻는다. "외지인의 침식"이라는 표현에서 볼 수 있듯이 외지 자본에 의한 개발은 제주적 순결성을 위협하는 존재로 인식된다. 오랫동안 4·3이 침묵을 강요받았던 이유를 반공정권의 이데올로기적인 억압이라고 보는 시각에 비춰본다면 이러한 문학적 사유는 기억의 억압이 단지 이데올로기적 문제가 아니며 국가 폭력의 양상이 역사적 과거에만 국한되는 것이 아님을 드러내고 있다. 이러한 인식은 전근대적인 방식으로 치부되어왔던 지역 공동체의 문화적 유산에 대한 적극적인 소환으로도 이어진다.

4·3을 다루고 있는 소설들에서는 억압된 기억을 환기하는 제주적 전통을 전면화한 경우를 확인할 수 있다. 이는 제주어, 제주굿, 제주민요 등 다양한 방식으로 사용되는데 「순이삼촌」에서와 같이 신체에 각인된 제주적 전통제주어을 드러내면서 억압된 기억을 소환하는 계기로 작동하기도

31    김석희, 「땅울림」, 제주작가회의 편, 『깊은 적막의 끝』, 도서출판각, 2001, 39쪽.

한다.[32] 이 중에서도 제주의 무속 신앙을 기억의 억압을 무너뜨리는 서사적 장치로 사용하는 경우도 있다. 이를 잘 보여주는 작품이 현기영의 「목마른 신들」이다. 이 작품은 근대적 합리성의 세계로 포획되지 않은 제주 무속의 방식을 적극적으로 활용하면서 4·3의 가해책임을 묻고 있다. 늙은 심방이 4·3 원혼굿을 하게 된 내력담을 소개하면서 시작되는 이 소설에는 4·3 당시 피해자였던 열일곱 살의 소년, 그리고 4·3 당시 서청단원으로 가해의 편에 섰던 노인과 그 노인의 손자가 등장한다.

이해를 위해 간략하게 줄거리를 설명하자면, 늙은 심방인 '나'는 어느 날 원혼굿을 해달라는 부탁을 받는다. 고2짜리 남학생이었는데 수개월 동안 신경치료를 해도 효험이 없어서 할머니가 굿을 청한 것이었다. 손을 강박적으로 씻고 손을 잘라버리고 싶다고 울부짖고 한밤중에 어딘지 모르는 곳을 돌아다니는 남학생의 사정을 들은 심방은 필시 누군가 알지 못한 집안 내력이 있을 것이라고 생각한다. 하지만 소년의 집안 내력은 평범했다. 다만 아이의 조부가 1·4후퇴 때 월남한 피난민일 뿐이었다. 이유를 알 수 없는 병증에 걸린 아이를 치료하기 위해 굿을 하는 과정에 아이에게 씌운 귀신의 정체가 밝혀진다. 4·3 때 열일곱의 나이로 세상을 떠난 영혼이 아이에게 들린 것이었다. 아이가 밤마다 찾아다녔던 들판이 바로 학살터였다.

---

32 「순이삼촌」에서 제주어와 진실 드러내기의 양상에 대해서는 이명원, 「4·3과 제주 방언의 의미작용 – 현기영의 「순이삼촌」을 중심으로」, 『제주도연구』 19, 제주학회, 2001.6, 17쪽. 이명원은 작품 속에서 제주어의 사용이 "4·3의 진실에 근접해가려는 현기영의 역사적 시각을 중계하는 언어적 매개로서 작동되고 있을 뿐만 아니라, 「순이삼촌」의 주제의식을 간접적으로 부각시키는 상징체계로 작동"하고 있다고 분석한다.

그날로 나는 아이의 어머니와 할머니를 대동하고 봉산부락을 찾아가 수소문해보았는데, 과연 열일곱 살로 농업학교 다니던 외아들을 4·3사태 때 잃고 일흔아홉 살까지 한평생 설움에 갇혀 살다가 지난 1월 달에 세상을 떠난 노파가 있었다는 것이었다.

시월 열여드레 마을이 불타던 날 주민 칠십여 명이 학살되었다고 했다. (⋯중략⋯) 죽은 사람들은 대개 남정네였지만, 잡힌 남편, 아들을 살려달라고 울며불며 따라갔다가 무참히도 함께 죽임을 당한 여자들도 여럿이었다. 그런데 그 여인만은 빗발치듯 퍼붓는 총탄 속에서 손끝 하나 다치지 않고 시체 더미를 헤치고 살아난 것이다. 살아 생전에 그 여인은 그때 아들과 함께 죽지 못한 걸 늘 한탄했다고 한다. (⋯중략⋯) 환자 아이가 발견한 그 풀밭이 바로 그 학살터였다.[33]

소년의 병을 치료하기 위한 굿은 4·3 원혼굿이 되어 버렸다. 열일곱 살에 억울하게 죽은 원혼이 같은 나이인 열일곱 살의 소년에게 의탁한 상황에서 유일한 해결책이 바로 굿이었다. 그런데 「목마른 신들」에서 채택하고 있는 제주 무속의 사용은 단순히 제주적 전통의 확인에 그치지 않는다. 김석희의 「땅울림」에서 표현하고 있듯이 '제주적 순결성'의 상징으로서 제주 굿에 주목하면서 제주를 훼손당한 신체로 그려내고 있다.

이는 「목마른 신들」에서 4·3과 개발의 문제를 동일한 시각으로 바라보고 있는 데에서도 확인할 수 있다. 원혼굿 내력담을 이야기하기 전

---

33   현기영, 「목마른 신들」, 『마지막 테우리』, 창비, 1994, 75쪽.

에 늙은 심방은 개발로 인해 지역성이 위협받는 상황을 "토착의 뿌리가 무참히 뽑혀나가고 있다"며 탄식한다. "개명된 시대"에 "마을 축제인 당굿"이 사라져버리는 현실을 바라보면서 심방은 "마을 공동체가 무너지고 있"다고 말한다. 지역 개발을 상징하는 비행기와 아스팔트를 "핵미사일같이 생긴 비행기들", "아스팔트 길 위로 관광객을 실은 호사한 자동차 행렬"이라고 비판하기도 한다.

이는 개발과 근대화 담론에 대한 비판인 동시에 4·3학살이 현재에도 이어지고 있다는 인식이기도 하다. "4·3의 수많은 원혼이 잠들지 못하고 엉겨 있는 이 섬 땅이 다시 한번 학살당하고 있다"는 표현은 이를 단적으로 보여준다. 4·3과 개발 모두 제주 섬 공동체를 '학살'한 주체라는 인식은 4·3학살과 개발의 문제를 제주 공동체를 훼손하는 동일한 폭력으로 인식하게 한다. 이는 4·3과 개발을 개별적인 사건으로 간주하는 것이 아니라 그 폭력의 구현 방식을 근원적 구조에서 동일하게 바라보게 한다. 즉 4·3학살이라는 국가폭력의 문제와 개발담론을 제주 정체성을 훼손하는 현재적 위협으로 동일시하고 있음을 확인할 수 있다.

이러한 지역 정체성에 대한 인식은 오키나와의 소설에서도 유사하게 확인할 수 있는데 오시로 다쓰히로의 「신의 섬」에서는 민속지적 흥미의 대상으로 오키나와인의 성지인 우타키의 배소를 관찰하고자 하는 야마토 학자를 오키나와전쟁 당시의 일본 군인과 같은 존재로 묘사하는 대목이 등장한다.[34] 이는 오키나와전쟁과 이후 야마토일본 본토의 '오키나와붐'

---

34  오시로 다쓰히로, 「신의 섬」, 『오키나와 현대소설선』, 글누림, 2016, 134쪽.

을 오키나와 정체성에 대한 위협으로 바라보는 인식을 반영한다.

이러한 인식은 제주문학에서도 볼 수 있듯이 오키나와전쟁을 과거의 사건으로만 기억하지 않고 지역의 정체성을 위협하는 현재적 억압으로 바라보게 한다. 이러한 인식을 극명하게 보여주는 작품이 메도루마 슌의 「평화거리라 이름 붙여진 거리를 걸으면서」<sup>이하 「평화거리」</sup>이다. 메도루마 슌의 「평화거리」는 1983년 헌혈운동추진 전국대회에 참가한 황태자 부부의 오키나와 방문을 소재로 다루고 있다. 메도루마 슌은 오키나와전쟁 당시 장남 요시아키를 잃은 우타, 그의 아들 세이안, 그리고 초등학생인 손자 가주와의 관계를 통해 전후 오키나와 평화의 허구성을 예리하게 간파하고 있다. 이 작품에서 인상적인 부분은 치매에 걸린 노인 우타가 황태자 부부 일행의 차량에 똥을 칠하는 장면이다.

그것은 우타였다. 차 문을 들이받고 두 사람이 타고 있는 앞 유리창을 손바닥으로 큰 소리가 나게 두드리고 있는, 백색과 은색 머리카락이 마구 흐트러진 원숭이처럼 보이는 나이 든 여자는 바로 우타였다. (…중략…) 제지하는 경관을 뿌리치고 후미가 형사 등에게 몸을 세게 부딪쳤다. 후미의 힘찬 노호나 요란스러운 비명이 주위를 흔들어 놓아서, 흐린 하늘에 일직선으로 쏘아 올려진 불화살처럼 군중 속에서 손 휘파람 소리가 크게 났다. 동시에 가주의 뒤에서는 눈앞에 벌어지고 있는 혼란과는 어울리지 않는 문란한 웃음이 흘러나왔다. 그것은 낮은 중얼거림이라는 포자를 흩뿌려서 금세 주변을 감염시켜 갔다. <sup>35</sup>

천황제에 대한 통렬한 비판으로 읽을 수 있는 이 장면에 주목하여 "천황제에 대한 문학적 보복",[36] "일본화라는 강력한 훈육과 치매를 앓고 있는 예외적인 몸이 일으킨 감시 체제의 와해"[37]라는 평가를 하기도 한다.

일견 타당한 지적이지만 황태자 부부를 향한 우타의 돌발행동이 행해지고 있는 장소에 주목할 필요가 있다. '평화거리'는 일본 복귀 이후 전쟁책임을 은폐하고 '오키나와 붐'이라는 소비적 시선으로 오키나와를 규정하는 본토의 폭력적 시선이 작동하고 있는 곳이다. 또한 이곳은 본토의 폭력적 시선을 내면화하면서 기억을 스스로 은폐하는 지역의 공모가 동시에 이뤄지는 곳이기도 하다.

황태자 부부의 오키나와 방문을 앞두고 우타의 아들인 세이안은 만약의 사태에 대비해달라는 경찰의 요청을 따르면서 우타를 감금한다. 경찰이 평화거리의 상인들에게 '위생'이라는 이름으로 위협하는 장면에서 확인할 수 있듯이 평화거리에는 근대적 규율이라는 지배와 종속의 위계가 작동하고 있다. 소비와 은폐, 그리고 모종의 공모가 함께 하는 이 장소에서 우타의 돌발 행동은 일본 본토의 위선과 오키나와 내부의 모순을 동시에 드러내고 각성하는 계기로 작동한다. 치매 노인 우타의 행동을 바라보면서 평화거리에 모인 사람들은 "문란한 웃음"을 나누고 "낮은 중

---

35  메도루마 슌, 곽형덕 역, 「평화거리라 이름 붙여진 거리를 걸으면서」, 『어군기』, 도서출판문, 2017, 221~222쪽.

36  고명철, 「오키나와 폭력에 대한 문학적 보복과 '오키나와 리얼리즘'-메도루마 슌의 초기 작품을 중심으로」, 『탐라문화』 54권, 제주대 탐라문화연구원, 2017.2, 328쪽.

37  조정민, 「금기에 대한 반기, 전후 오키나와와 천황의 조우」, 『오키나와를 읽다』, 소명출판, 2017, 176쪽.

얼거림"으로 서로를 "감염"시킨다. 우타의 행동을 만류하기보다는 비이성적인 응징을 묵인하고 나아가 동조하는 태도들은 그것이 단순히 개인적 일탈이 아닌 공동체적 보복이라는 점을 분명히 보여준다.

주지하다시피 황태자 부부의 첫 번째 오키나와 방문은 오키나와 부흥계획의 일환으로 기획된 오키나와 해양박람회 개최를 계기로 이뤄졌다. 오키나와 해양박람회는 오키나와의 일본 복귀 직후인 1975년 개최되었다. 오키나와 해양박람회 개최의 명분은 두 가지였다. 일본 복귀를 계기로 한 오키나와의 경제부흥, 그리고 영토 주권의 과시. 애초 '천황'의 오키나와 방문이 계획되었지만 오키나와 내부의 반발이 만만치 않았다. 오키나와 내부에서도 전쟁책임의 당사자가 오키나와를 방문할 수 없다는 반대 여론이 높았다. 우여곡절 끝에 황태자 부부의 방문으로 일단락되었지만 황태자 부부가 히메유리 탑을 방문할 때 오키나와 청년 2명이 그들을 향해 화염병을 투척하기도 했다.[38]

이 작품은 우타의 돌발 행동을 통해 화염병 투척이라는 현실을 문학적 방식으로 변주하면서 오키나와가 처한 현실의 문제를 외면하고 오키나와를 관광의 시각에서 '소비'하려는 일본 본토의 이중성을 드러내고 있다. 이는 오키나와의 정체성을 위협하는 존재로서의 일본 본토의 굴절된 시각에 대한 보복인 동시에 훼손된 오키나와의 정체성을 바로잡고자 하는 시도이다.

메도루마 슌의 작품들에는 오키나와의 현재적 모순을 지역 정체성의

---

38  손지연·김동현, 「개발과 근대화 프로젝트─제주와 오키나와가 만나는 방식」, 『한림일본학』 제36집, 한림대 일본학연구소, 2020.5, 120쪽.

훼손이라는 관점에서 바라보는 경향을 확인할 수 있는데, 「희망」, 「무지개새」, 「기억의 숲」 등 일련의 작품들에서 미군에 대한 대항 폭력을 타진하고 있는 것도 이러한 인식이 반영되었기 때문이다.[39]

이와 같은 인식은 메도루마 슌만이 아니라 오시로 사다토시의 작품에서도 확인할 수 있다. 오시로 사다토시는 「아이고 오키나와」라는 작품에서 오키나와전쟁에서 현재까지의 오키나와 현대사를 1945년부터 2015년까지의 시간 속에서 그려내고 있다.[40] 오키나와전쟁 종전일인 6월 23일을 연도별로 반복해서 그려내고 있는 이 소설은 오키나와전쟁 당시의 참상과 미군 치하, 일본 복귀 등 현대사들이 소환되면서 오키나와의 현재적 모순의 연속성을 효과적으로 드러낸다. 이 작품에서 흥미로운 대목은 2015년 6월 23일의 시각에서 오키나와 독립을 선언하는 무장 테러리스트의 존재를 작중 인물이 환영 속에서 그려내는 장면이다. 세계 우치난추 대회가 열리는 날 소설 속에서 '나'는 무장 테러리스트의 존재를 목격하고 그들의 목소리를 듣는다. 그들이 무장을 한 이유는 오키나와를 영원한 군사기지의 섬으로 만들려는 일본 정부의 차별에 저항하기 위해서였다.[41] 착취와 차별에 대한 저항을 전면에 내세우고 있는 이 작품

---

39 이른바 일본 본토의 '오키나와 붐'에 대해서 메도루마 슌은 본토 중심의 치유 이데올로기에 의해 오키나와가 소비되고 있다고 비판한다. 메도루마 슌, 안행순 역, 『오키나와의 눈물』, 논형, 2013, 118~121쪽.

40 오시로 사다토시, 손지연 역, 「아이고 오키나와」, 『지구적 세계문학』 제14호, 2019.가을호, 225~307쪽.

41 "그들은 목소리를 죽여 나에게 속삭였지. 오키나와에서는 일본 정부가 차별적인 정치를 하고 있다는 걸 알고 있어. 이렇게 되면 오키나와는 영원히 군사기지 섬이 되어 버릴 거야. 오키나와의 평화와 독립을 쟁취하기 위해서 우리는 무장봉기를 위한 젊은이들의 조직을 만들었어. 찬동자는 세계 각지에 퍼져 있지. 그 네트워크가 착실히 구축

은 오키나와 현대사의 문학적 버전이라고 할 만큼 류큐 처분에서부터 현재까지의 역사를 자세하게 서술하고 있다. 테러리스트의 존재를 목격한 '나'는 세계 우치난추 대회를 취재하는 젊은 기자들에게 오키나와의 미래를 위해 무장 테러가 필요하다는 점을 강조한다.

　　제군! 왜 우리들은 언어를 빼앗기고, 방언패方言札를 걸지 않으면 안 되는 겁니까. 왜 우리들은 토지만이 아니라 목숨까지 빼앗겨야 하는 겁니까.

　　제군! 우리들에게서 토지를 빼앗은 오만한 권력자는 이번에는 바다를 빼앗고, 신군사기지 건설을 꾀하고 있다. 우리에게 남겨진 해결책은 단 하나, 테러! 이 테러는 우리의 새로운 역사를 쓴다. 새로운 시대를 만드는 유일한 수단이자 하나의 광명이다.[42]

　　일본 본토의 착취와 차별 구조를 문제 삼으면서 오키나와의 대항폭력의 가능성을 타진하고 있다는 점에서 이 작품은 메도루마 슌의 일련의 작품들과 유사한 상상력을 보여주고 있다. 일본 본토와 오키나와의 차별적 구조, 그리고 이로 인한 현재적 모순에 주목하고 있는 오키나와 소설에서 확인할 수 있듯이 본토와 지역의 모순은 지역 정체성에 대한 자각을 추동하는 동력이 된다.

　　4·3과 오키나와전쟁이라는 국가폭력의 피해자로서 제주와 오키나와는 과거의 폭력을 기억하고, 현재적 삶의 모순을 드러내는 문학적 재

---

　　되고 있다." 위의 글, 300쪽.
42　위의 글, 30쪽.

현을 고민해 왔다. 이러한 고민의 방식들 속에서 제주는 개발담론의 폭력적인 기입을 지역의 정체성을 훼손하는 현재적 위협으로 여겼다. 제주와 달리 기지문제에 대해 민감하게 반응할 수밖에 없었던 오키나와는 기지문제를 야기한 미군의 문제를 일찍부터 예각화해오면서 대항적 폭력의 가능성을 타진해왔다.

이러한 방식의 차이는 기실 제주와 오키나와가 처한 현실, 그리고 시대적 맥락의 차이로 인한 것이지만, 폭력의 문제를 단순히 과거의 사건으로만 기억하지 않고 현재적 관점에서 재해석하려는 문학적 욕망을 지니고 있다는 점에서는 유사하다고 할 수 있다. 즉 제주에서는 개발담론을, 오키나와에서는 기지문제를 문제 삼으면서 이러한 현재적 모순이 지역 정체성을 훼손하는 실질적 위협이라고 인식해왔던 것이다.

이는 2007년 제주에서도 기지 문제가 불거지면서 4·3과 기지 문제를 현재적 관점에서 해석하려는 움직임으로 이어지는 계기가 되기도 한다. 2007년 제주 강정에 해군기지 유치가 결정되면서 강정 주민들뿐만 아니라 제주도민 사회에서도 격렬한 반대 운동이 일어나게 된다. 당시 해군기지가 건설될 경우 사실상 미군기지가 건설될 것이라는 의혹이 제기되고 했다. 기지 건설 예정지였던 강정 마을은 찬반으로 나눠 극심한 갈등을 빚기도 했다.[43]

고시홍의 「물음표의 사슬」은 강정 해군기지를 당대적 시각에서 다루

---

43 2007년부터 2011년까지 강정 해군기지 건설 과정에서 연행된 주민과 활동가들은 모두 697명으로 이중 구속영장이 신청된 인원은 32명, 구속영장이 발부된 인원 18명이다. 이같은 연행 건수는 강정 해군기지 반대 투쟁의 강도를 짐작케 한다. 경찰청 인권침해 진상조사위원회, 『제주 강정 해군기지 건설 사건 심사결과』, 2019.5.27.

고 있다는 점에서 주목할만하다. 강정 마을이 고향인 '나'와 해군기지 찬성과 반대로 갈린 어머니와 장모를 내세워 기지 건설 과정의 갈등을 전면에 내세우고 있는 이 작품에서 해군기지 건설 문제는 기지 문제로만 인식되지 않는다. 작품은 병원에 입원한 할머니를 화자로 내세워 그녀가 겪은 4·3의 참상을 그려내면서 시작된다. 이는 바로 해군기지 건설 과정과 그로 인한 찬반 갈등과 겹쳐지면서 기지 문제와 4·3의 문제를 동일한 관점에서 바라보게 한다. 육지 경찰의 파견을 4·3 당시의 사례와 견주거나 기지 찬반 갈등 상황을 4·3 당시보다 더하다는 표현 등에서 알 수 있듯이 소설 속에서 기지 문제는 4·3의 연속으로 이해된다. '나'는 모처럼 찾은 고향 강정 마을에서 해군기지 찬성파와 반대파들이 쏟아내는 구호와 선전에 현기증을 느끼고 이러한 갈등으로 고향이 소멸될지도 모른다는 위기의식에 사로잡힌다.

내 할머니 같은 고향마을의 임종을 지켜보는 것 같다. 강정 마을이 지상에서 사라질지 모른다는 불안감이 엄습했다. 아니, 제주섬 전체가 하나의 거대한 목마장이었듯이 어쩌면 제주섬 전체가 지구촌의 충혼묘지로 둔갑할는지 모른다.[44]

기지 건설과 그로 인한 지역사회의 갈등을 바라보면서 주인공 '나'는 고향 마을의 임종을 바라보는 슬픔과 안타까움에 사로잡힌다. 마을의 죽음은 제주섬의 죽음으로 확장되는데 이는 제주 공동체의 붕괴를 의미한

---

44  고시홍, 「물음표의 사슬」, 『물음표의 사슬』, 삶창, 2015, 72쪽.

다. 기지 건설이 가져올 공동체의 붕괴를 직감하는 이 대목은 4·3과 개발, 그리고 기지 건설이 모두 제주 공동체를 위협하는 실재적 위력이라는 점을 보여준다. 이 작품은 4·3, 개발, 기지로 이어지는 폭력의 순환과 변주, 그리고 이로 인한 공동체의 붕괴를 징후적으로 그려내고 있다는 점에서 오키나와 소설이 선취한 냉전적 사유의 예각화가 앞으로 어떻게 서사화될 수 있을지 가늠할 수 있는 텍스트라고 할 수 있다.

주목할 것은 이 작품에서 해군기지 반대파의 입을 빌어 기지 건설의 배후인 미국의 제국주의적 속성을 그대로 노출하고 있는 점이다.

이 해군기지는 오로지 중국을 압박하고 포위하는 제7함대의 기지로 사용되기 위해 지어지고 있습니다. 미 제국주의 대對 중국 해군기지 강력 반대! 동북아에 전쟁 몰고 올 강정마을 해군기지 강력 반대!! 평화의 섬 제주도에 군사기지 웬 말이냐? 4·3영령들이 통곡한다! 60년 전에는 미군정의 양민학살. 앞날에는 미 제국주의의 전쟁기지!![45]

날 것 그대로의 구호를 인용하고 있는 것은 기지 건설 과정의 찬반 갈등의 심각성을 드러내기 위한 장치이다. 반대파의 구호와 함께 찬성파의 그것들도 그대로 싣고 있다는 점에서 기지 문제와 관련한 서사적 선택은 유예된다. 하지만 이러한 유예의 전략에도 불구하고 선전과 선동의 생생한 목소리를 전달하고 있는 것은 그 자체로 기지 문제가 가져올지도 모

---

45   위의 글, 68쪽.

르는 미래를 우려하는 시선을 보여주고 있다는 점에서 징후적이라고 할 수 있다.

이러한 징후적 시각이 오키나와가 먼저 겪은 기지 문제의 문학적 재현 양식과 어떻게 만날 것인가에 대해서는 앞으로 지켜봐야 할 과제다. 하지만 제주와 오키나와가 냉전체제라는 시공간을 거치면서 문학을 통해서 공동체의 기억을 소환하고 공동체적 질서를 위협하는 폭력적 구조의 변주와 반복에 대응해 왔다는 점은 주목할 필요가 있다.


## 4. 냉전체제와 제주와 오키나와의 문학적 상상력

제주와 오키나와가 타자를 발견할 때 그것은 냉전체제라는 세계사적 시공간을 동시에 경유해 간 지역의 경험을 공유하는 일이었다. 이러한 지역의 경험은 단순히 일국적 차원에 머무는 것이 아니라 국가라는 경계를 넘어서는 탈경계의 상상력이기도 했다. 또한 미국을 중심으로 하는 냉전체제와 거기에 내재될 수밖에 없는 국가-지역의 위계가 동시에 작용하는 것이기도 했다. 제주와 오키나와라는 지역이 관통해왔던 냉전 질서는 역설적으로 지역의 근대가 폭력적 방식으로 기억을 억압할 수도 있다는 근대에 대한 근원적 성찰을 가능케 했다. 또한 4·3과 오키나와전쟁을 과거의 '사건'으로만 규정하지 않고 현재적 모순을 규명하고 해석하기 위한 개입의 지렛대로 삼아왔다.

현기영과 김석희, 고시홍의 작품에서 볼 수 있듯이 억압된 기억인

4·3을 소환하는 일은 그 자체로 지역 공동체를 위협하는 폭력적 변주에 대한 저항이자 지역의 정체성을 지키고자 하는 문학적 모색이었다.

오키나와전쟁 이후 기지 문제가 실존적 위협이었던 오키나와에서는 미군과 기지 문제가 빚어낸 현재적 모순에 저항하기 위한 문학적 대응을 타진해왔다. 오시로 다쓰히로의 「칵테일 파티」와 「신의 섬」, 그리고 메도루마 슌과 오시로 사다토시의 문학적 영위에서 보듯, 미군과 기지 문제는 오키나와적 질서를 위협하는 실재적 위기의 진원지였다. 그리고 이러한 위협을 조장하고 부추긴 일본 본토의 차별적 구조에 대한 예민하게 반응하면서 본토의 모순과 위선을 고발하기도 했다.

냉전이라는 동시적 시공간을 공유했던 제주와 오키나와의 경험을 염두에 두고 논의를 전개하면서 그동안의 제주와 오키나와 문학의 성취를 소략할 수밖에 없었다는 점은 이 글의 한계이다. 하지만 이 글은 제주와 오키나와 문학을 연대기적으로 고찰하고 그 의미를 밝히기보다는 냉전체제라는 시대적 맥락 속에서의 문학적 상상력을 살펴보는 데에 집중하고자 했다. 특히 그동안 연구에서 다소 소홀히 다뤄졌던 문학, 특히 제주와 오키나와 문학을 비교하고 냉전체제가 문학을 통해 구성해간 기억을 살펴보았다는 점에서 나름의 의미를 찾을 수 있을 것이다.

제주와 오키나와 문학은 두 지역이 경험했던 역사적 경험이 일국적 차원에 국한되는 것이 아니라 세계사적 시각에서 바라보아야 하는 동시에 제국주의와 식민주의 연속에서 지역의 문제를 성찰해야 한다는 사실을 일깨워준다. 반공주의적 억압과 일본 본토에서 방사되는 내셔널리즘 억압은 지역 스스로 기억의 재현과 진실을 드러내게 하는 동인이 되기도 했지만 역설적으로 국가와 지역의 여전한 위계를 드러내는 것이기도 했다. 냉전체제라는 시대적 맥락을 세심하게 독해하고 근대적 폭력의 반복을 거부하는 제주와 오키나와 문학의 가능성을 함께 읽는 일은 국민국가의 경계를 넘어서는 지역의 연대를 타진하는 작은 시도가 될 수 있을 것이다. 그럴 때 일종의 보편사이자 세계문학으로서 제주4·3문학과 오키나와문학을 사유할 수 있을 것이기 때문이다.

# 참고문헌

## 1. 기본자료

『제주도』, 『제주도지』, 『경향신문』, 『자유신문』, 『제주신보』, 『제주신문』

## 2. 논문 및 단행본

곽형덕, 「메도루마 문학과 미국-미군에 대한 대항폭력을 중심으로」, 『일본문화연구』 56집, 동아시아일본학회, 2015.10.

개번 매코맥·노리마쯔 사또코, 정영신 역, 『저항하는 섬, 오키나와』, 창비, 2014.

경찰청 인권침해 진상조사위원회, 『제주 강정 해군기지 건설 사건 심사결과』, 2019.5.27.

고명철, 「오키나와 폭력에 대한 문학적 보복과 '오키나와 리얼리즘' 메도루마 순의 초기 작품을 중심으로」, 『탐라문화』 54집, 제주대 탐라문화연구소, 2017.2.

고시홍, 『물음표의 사슬』, 삶창, 2015.

김동윤, 『4·3의 진실과 문학』, 도서출판각, 2003.

김동현, 『제주, 우리 안의 식민지』, 글누림, 2015.

김려실, 『문화냉전-미국의 공보선전과 주한미공보원 영화』, 현실문화, 2019.

김석희, 「땅울림」, 제주작가회의 편, 『깊은 적막의 끝』, 도서출판각, 2001.

김연수, 「언어도단의 역사 앞에서 무당으로서의 글쓰기」, 『작가세계』 10집, 세계사, 1998.

도미야마 이치로, 「기지를 감지한다는 것」, 오타 오사무·허은 편, 『동아시아 냉전의 문화』, 소명출판, 2017.

메도루마 순, 곽형덕 역, 「평화거리라 이름 붙여진 거리를 걸으면서」, 『어군기』, 도서출판문, 2017.

_____, 안행순 역, 『오키나와의 눈물』, 논형, 2013.

백원담, 「냉전연구의 문화적 지역적 전환 문제」, 『중국현대문학』 75집, 한국중국현대문학학회, 2015.12.

베른트 슈퇴버, 최승환 역, 『냉전이란 무엇인가』, 역사비평사, 2008.

아라시키 모리테루, 정영신·미야우치 아키오 역, 『오키나와 현대사』, 논형, 2008.

오드 아르네 베스타, 옥창준 역, 『냉전의 지구사-미국과 소련 그리고 제3세계』, 에코리브르, 2020.

오시로 다쓰히로, 「신의 섬」, 『오키나와 현대소설선』, 글누림, 2016.

오시로 사다토시, 손지연 역, 「아이고 오키나와」, 『지구적 세계문학』 14집, 지구적세계문학연구소, 2019.

이명원, 「4·3과 제주방언의 의미작용-현기영의 「순이삼촌」을 중심으로」, 『제주도연구』 19집, 제주학회, 2001.6.

손지연, 「오시로 다쓰히로 문학에서 미군이 내포하는 의미-오키나와 미군 일본 본토와의 관련성을 시야에 넣어」, 『일본연구』 39집, 중앙대 일본연구소, 2015.8.

_____ · 김동현, 「개발과 근대화 프로젝트 - 제주와 오키나와가 만나는 방식」, 『한림일본학』 36집, 한림대 일본학연구소, 2020.5.

정주아, 「움직이는 중심들, 가능성과 선택으로서의 로컬리티(locality) - 한반도 서북지역의 민족주의 문학운동을 사례로」, 『민족문학사연구』 47집, 민족문학사학회, 2011.12.

조성윤 · 문형만, 「지역 주민운동의 논리와 근대화 이데올로기 - 제주도 송악산 군사기지 설치 반대 운동을 중심으로」, 『현상과 인식』 29집, 한국인문사회과학회, 2005.12.

조웅, 『미국의 하와이 병합에 관한 연구 - 미국 제국주의 정책을 중심으로』, 단국대 박사논문, 1997.

조정민, 「금기에 대한 반기, 전후 오키나와와 천황의 조우」, 『오키나와를 읽다』, 소명출판, 2017.

오타 오사무 · 허은 편, 『동아시아 냉전의 문화』, 소명출판, 2017.

프랜시스 스토너 손더스, 유광태 · 임채원 역, 『문화적 냉전 - CIA와 지식인들』, 그린비, 2016.

현기영, 『아스팔트』, 창비, 1986.

_____, 『지상에 숟가락 하나』, 실천문학사, 1999.

_____, 「목마른 신들」, 『마지막 테우리』, 창비, 1994.

村上薫, 「次の展開 - 沖繩から濟州島へ」, 『朝日ジャーナル』 10(22), 朝日新聞社, 1968.6.2.

久住忠男, 「沖繩基地の濟州島移轉說」, 『世界週報』 49(31), 時事通信社, 1968.7.30.

제3부

제국과 국민국가를
넘어서

# 전후 일본과 아시아주의의 변용

### 대미 '협조'와 '자주' 외교의 길항관계에 대한 재고찰

#### 김남은

## 1. 들어가며

19세기 후반 일본에 등장한 아시아주의는 서구와의 이항구도 대결성과 아시아의 통합성, 그리고 자기 정체성을 확립시켜가는 과정을 통해 '권력성'을 산출시키기 위한 수단이었다. 청일전쟁과 같은 지역패권 전쟁, 일본의 세력 확대과정에서 나타난 러일전쟁, 초강대국 간의 경쟁 또한 그 명분은 아시아주의였다. 근대 일본은 아시아라는 공간에서 '동양' 내지는 '동아'라고 하는 용어들을 창안해내고, 그러한 용어들과 함께 아시아에 대한 시각을 확립하고 자신들의 대외적 행동에 동기를 부여했으며,[1] 그것을 모두 아시아주의라는 명분에 맡겨버린 것이다. 이처럼 아시아주의는 다양한 문화를 가진 아시아 국가들을 '서구로부터 억압받는 하나의 아시아'로 묶어내기 위한 이데올로기에 가까웠으며, 또한 그러한 의식은 궁극적으로 아시아 자체라기보다는 오히려 서구를 지향한 것이

---

1   고야스 노부쿠니, 이승연 역, 『동아·대동아·동아시아』, 역사비평사, 2005, 80쪽.

었기 때문에 유럽적 시선이 은폐되어 있는 것이 사실이다. 쑨 꺼가 아시아의 역사적 실체에 대해 "서구라는 타자를 거울삼아 조립된 상상의 정치공동체"라고 지적한 것도 이와 같은 맥락에서이다.[2]

근대 일본에서 아시아주의를 표현하는 용어는 다양했으며 이후 이에 대한 많은 연구도 쏟아져 나왔지만, 전후 처음으로 아시아주의 논의를 불러일으킨 다케우치 요시미竹內好에 의하면 아시아주의는 "객관적으로 한정된 사상이 아니라 일종의 경향성"이다. 또한 그는 아시아주의가 "각각의 개성을 지닌 사상에 편향성으로서 부착되어 있는 것이지 독립적으로 존재하는 것이 아니다"라고 정의했다. 특히 "최소한도로 규정"해 보자면 아시아주의가 "(침략을 수단으로 하든 아니든 간에) 아시아의 연대의 지향을 내포하고 있는 점만큼은 인정하지 않을 수 없다"라고 주장했다.[3] 또한 히라이시 나오아키平石直昭는 아시아주의를 서구열강에 저항하기 위해 "일본을 맹주로 하는 아시아 연대 또는 결집을 위한 경향성"이라고 정의했으며,[4] 야마무로 신이치山室信一는 "아시아주의는 단순한 아시아 인식과는 달리, 항상 적대 또는 격퇴할 상대를 전제로 하고 아시아를 어떠한 틀 아래서 일체화하여, 타자에 대한 저항과 투쟁을 불러일으키는 정치적 언설"로 간주하고 있다.[5] 그리고 그러한 아시아주의의 본질을 "확장된 일

---

2    쑨 꺼, 류준필 역, 『아시아라는 사유공간』, 창비, 2003, 22쪽.

3    竹內好, 『アジア主義』, 筑摩書房, 1963, pp.12~14.

4    平石直昭, 「近代日本の「アジア主義」－明治期の諸理念を中心に」, 『アジアから考える 5』, 東京大学出版社, 1994, p.14.

5    山室信一, 『思想課題としてのアジア－基軸, 連鎖, 投企』, 岩波書店, 2001, p.580.

본 내셔널리즘"으로 규정했다.[6] 이와 같은 맥락으로 김영작도 아시아주의의 특징으로서 '방어적 내셔널리즘'과 일본의 '지도자적 우월의식'을 들고 있다.[7]

한편 하쓰세 료헤이初瀬龍平는 아시아주의를 '화이질서'를 지향한 사상으로 정의하고, 이것을 국가 간 '병렬'관계로서의 '아시아연대주의'와 아시아 침략의 이데올로기로서의 '대아시아주의'로 구분하고 있다.[8] 이외에도 하자마 나오키狹間直樹는 아시아의 단결을 주장한 일본의 궁극적인 목표가 "유럽에 대한 지리적 · 공간적인 대항관계라는 기반 위에 유럽이 가진 부강을 장래에 달성하고자 하는 추종적 노선"을 지향한 것에 있었다고 주장했으며,[9] 마쓰모토 겐이치松本健一 또한 이를 근대화의 반작용에 의해 성립된 "서양=근대를 초극하려고 하는 사상"으로 정의했다.[10] 그 밖에도 많은 연구들이 아시아주의의 목적은 '대등한 연대'라는 '이념적 위장' 속에서의 일본의 대륙으로의 팽창과 지배에 있었다고 주장하고 있다.[11]

---

6    야마무로 신이치, 「일본의 아시아주의와 아시아 학지(學知)」, 『대동문화연구』 50, 대동문화연구원, 2005.6 참조.

7    김영작, 『한말네셔널리즘 연구-사상과 현실』, 청계연구소, 1989 참조.

8    初瀬龍平, 『伝統的右翼-内田良平の研究』, 九州大学出版会, 1980, pp.22~23.

9    狹間直樹, 「初期アジア主義についての史的考察(1) 序章 アジア主義とはなにか」, 『東亜』 410, 霞山会, 2001.8, pp.69~70.

10   松本健一, 『挾撃される現代史-原理主義という思想軸』, 筑摩書房, 1983, p.17.

11   한상일, 『아시아연대와 일본 제국주의』, 오름, 2002; 백영서 · 최원식(편), 『동아시아인의 '동양'인식-19-20세기』, 문학과지성사, 1997; 박한규, 「아시아주의를 통해 본 전전 일본의 동아시아 정체성」 『일본연구논총』 20, 현대일본학회, 2004.12; 김동기 · 양일모, 「아시아주의의 경험과 동아시아 연대의 모색」, 『시대와 철학』 18(3), 한국철학사상연구회, 2007.9.

즉 논자들은 아시아주의의 다음과 같은 특징에 동의한다. 첫째, 아시아주의는 서구의 위협에 저항하기 위한 아시아의 연대를 주장한다. 즉 '저항'을 위한 '연대'가 핵심이며, 여기에서 '연대'는 아시아 국가 간의 대등한 관계가 아니라 일본을 정점으로 한 '위계적 질서'를 의미한다. 둘째, 아시아주의는 제국 일본을 위한 이데올로기로서 수단화되었다. 일본이 지향한 아시아 연대는 '동아신질서', '대동아공영권'과 같은 구체적인 지역구상으로 나타났으며, 여기에서 아시아주의는 서구로부터의 아시아 해방을 표방한 이데올로기로서 존재했다. 셋째, 아시아주의는 '탈아脫亞'와 '입아入亞'라고 하는 상호배타적인 경향성을 포괄하고 있다. 자국을 '서구의 일원'으로 간주할 때에는 '탈아'를 내세웠으며, '아시아의 일원'으로 간주할 때에는 '입아' 내지는 '흥아興亞'를 주장했다. '탈아'란 일본에게 악영향을 미치는 비문명의 아시아 국가들에서 벗어나 일본 자신의 운명을 서구의 문명국가와 함께해야 한다는 것으로, 서양이 동양을 대하듯 하겠다는 이른바 '탈아입구脫亞入歐'를 의미한다. 반면 '입아'는 일본의 정체성을 아시아에 두고 서구열강에 대항하기 위해 일본의 지도력 아래 아시아 국가들이 협력하고 연대해야 한다는 것을 의미한다.

그러나 '탈아'와 '입아'는 그 길항관계에도 불구하고 애초에 별개의 것이 아니라는 점에 주목해야 한다. 근대 일본은 '탈아'와 '입아'를 오가며 일본을 포함하지 않는 아시아를 타자로 설정함으로써 역사적·문화적 아시아를 무시 혹은 왜곡하면서도, 다른 한편으로는 대륙으로의 팽창의 공간으로 중요시하는 '멸시'와 '연대'를 동시에 분출하는 자기 모순적이고 이중적인 모습을 보였다. 다시 말해 일본은 지리적으로는 아시아에 위치하나 문명적으로는 낙후된 아시아 국가들과 자신을 구별하는 동시에, 이들 아시아 국가들을 '서구로부터 억압받는 하나의 아시아'로 묶어냄으로써 제국 일본을 위한 아시아 지역으로 발전시켜 나가는 것으로 자신의 정체성을 아시아 지역에 내장시키고자 한 것이다. 이러한 점에서 '탈아'와 '입아'는 상반된 정체성을 가지면서도 '상호보완적이고 동일행위의 표리'를 이루는 경향성을 지니고 있으며, 이것이 바로 아시아주의라는 이름으로 포장된 것이다.

이 글은 이와 같은 특징을 지닌 아시아주의가 전후 일본 외교에서 어떻게 변용되었는지를 밝히는 것에 목적을 둔다. 구체적으로는 첫째, 근대 일본의 아시아주의가 전후 일본에서 어떠한 속성을 지닌 경향성으로 등장했는지에 대해 개괄적으로 살펴본 후, 둘째, 동남아시아에 대한 배상외교와 일본의 대중접근을 사례로 전후 일본에서 아시아주의가 어떻게 변용 내지 수단화되었는지 규명하고, 셋째, 이를 통해 일본 외교 패러다임의 가장 본질적인 문제를 규명해 내고자 한다.


## 2. 전후 일본과 아시아주의

근대 일본의 외교는 '탈아'와 '입아'가 얽혀 있는 구조였으며, 일본은 동전의 양면처럼 모순적이면서도 상보적인 경향성을 지닌 '탈아'와 '입아'를 오가면서 아시아에 대한 멸시와 연대를 동시에 분출하는 이중적인 모습을 보였다. 또한 아시아 국가 중에서 유일하게 근대화에 성공한 국가라는 우월감이 자국을 '서구열강의 일원으로 볼 것인가, 아니면 아시아의 일원으로 볼 것인가'라는 국가 아이덴티티의 분열로 이어져 일본은 마침내 '아시아를 지배할 운명을 타고난 우수 민족'이라는 맹목적 사상으로 젖어간 것이다.

다만 일본의 제국주의 외교가 아시아주의를 내세웠다고 해서 서구와의 '협조'를 완전히 배제한 것은 아니었다. 대륙으로의 '발전'을 위해서라도 열강과의 '협조'는 반드시 필요한 것으로 간주되었다. 청일전쟁 후의 3국 간섭은 열강과의 양해가 필요하다는 중요성을 극적으로 보여주는 것이었으며, 이를 교훈으로 일본은 열강의 간섭을 받지 않고 생존하기 위해서 '협조'의 자세를 취할 필요가 있었다. 러일전쟁에서 일본이 영국과 체결한 동맹조약은 열강과의 '협조'를 통해 성공한 사례이다. 이후 일본의 열강과의 협조는 영·미 중심으로 전개되었으며, 이것을 '가스미가세키霞が関 정통 외교'[12]라고 부른다. 당시에는 앵글로색슨 국가와의 협조노선이야말로 일본 외무성의 본류로 여겨지고 있었다.[13]

그러나 제1차 세계대전 이후 미국의 윌슨Thomas Woodrow Wilson 대통령은 자유주의와 민족주의를 근본이념으로 삼는 '14개조 원칙'을 비롯한 '민족자결의 원칙'을 주창했으며, 침략을 공동으로 저지한다는 목적의 국제연맹도 창설했다. 이는 제1차 세계대전 이후의 국제질서가 제국주의 시대로부터 이탈하기 시작한 것을 의미하는 것이며, 이러한 상황은

---

12  '가스미가세키 정통 외교'는 영국과 미국을 중심으로 한 앵글로색슨 국가와의 협조를 중시하는 근대 일본 외무성의 외교 노선을 말한다.

13  이오키베 마코토, 조양욱 역, 『일본 외교 어제와 오늘』, 다락원, 2002, 14~15쪽. 원제 : 五百旗頭眞, 『戦後日本外交史』, 有斐閣, 1999.

일본 외교에서 '협조'와 '발전'의 양립을 어렵게 만들었다. 즉 일본은 중국의 자결과 내정 불간섭을 주창하는 미국에게 '협조'하기 위해서 아시아 대륙으로의 군사적인 '발전'을 자제하지 않으면 안 되는 상황에 직면한 것이다. 친영미적인 협조외교로 대표되는 '시데하라 외교'가 1920년대 일본 외교를 이끌었던 것도 바로 이 때문이었다.

그러나 결정적으로 1931년 만주사변 이후 일본은 서구열강과의 '협조'를 포기하게 된다. 일본의 노골적인 중국대륙진출, 특히 만주진출이 영·미의 반발과 즉각적인 제재를 불러온 것이다. 당시 일본은 중국을 둘러싼 미국과의 대립이 전쟁으로 이어질 것을 인식하면서도 시장과 원자재 확보라는 현실적인 문제에 입각하여 중국시장과 만주를 포기하지 않았다.[14] 결국 중일전쟁은 미국의 즉각적인 개입을 초래하여 장기전으로 치닫게 되었으며, 전략물자의 대부분을 미국에 의존하고 있던 일본은 '협조'을 버리고 동남아시아 지역을 자원의 공급지로 삼아 해양으로의 '발전'을 추구했다. '대동아공영권'이 그 산물이다. 그러나 '대동아공영권'을 슬로건으로 내세운 아시아로의 '발전'은 1945년 8월 패전과 함께 끝이 났다. 말하자면 근대 일본 외교는 '외부 문명의 학습 → 자기혁신과 급속한 발전 → 일본으로의 회귀 → 파멸'이라는 사이클을 메이지유신 이래 77년 만에 완결한 것이다.[15]

'탈아'와 '입아'에 바탕을 눈 의식 구조는 패전 이후에도 이어졌으며,

---

14  김영호, 「일본 아베정권의 영토정책과 역사정책−식민지주의와 동맹의 딜레마의 시각에서」, 『독도연구』 14, 영남대 독도연구소, 2013.6, 426쪽.
15  이오키베 마코토, 조양욱 역, 앞의 책, 13쪽.

그것은 일본의 특수한 패전형태로 인해 미국에 대한 '협조'와 '자주'의 문제로 드러났다. 즉 전후 일본 외교에서 중요한 과제는 미국의 압력이며, 이에 대한 일본의 선택이 '협조'인가 아니면 '자주'인가가 문제의 본질이다. 미국에 대한 '협조'와 '자주'가 항상 정합적으로 나타나는 것은 아니었지만, 그 중에서 일본 외교의 주체를 담당한 것은 '협조' 노선이었으며 그 정신은 지금까지도 이어지고 있다. 미국의 간접통치 하에서 일본은 미국의 대일점령정책에 적극적으로 '협조'했으며, 1952년 4월 28일 강화조약이 발효된 이후에는 냉전체제의 국제사회에서 미일동맹체제에 철저히 편승하는 입장을 보였다. 이는 말하자면 '제2의 탈아입구' 노선이며, 그 과정에서 미국과의 '협조'는 무엇보다도 중요한 요소였다.[16] 반면 이러한 노선에서 탈피하고자 '자주' 노선은 대미일변도에 대한 자주외교, 점령헌법에 대한 자주헌법, 경무장 노선에 대한 재군비 주장으로 스스로의 정체성을 구축하고자 했다.[17]

1957년 9월 기시 노부스케岸信介 내각이 펴낸 『외교청서外交靑書』 제1호가 외교활동의 3원칙으로 '유엔중심주의', '자유주의 국가들과의 협조'와 함께 '아시아의 일원으로서의 입장 견지'를 제시한 것은 아시아에 대한 일본의 특별한 관심을 보여준다. 그러나 냉전기 일본의 아시아 외교는 독자적 외교 전략을 제시하지 못하고 미국의 아시아정책을 추종하는

---

16 이원덕, 「일본의 동아시아지역 형성정책의 전개와 특징」, 『일본연구논총』 22, 현대일본학회, 2005.12, 66쪽.
17 요시다 노선과 반요시다 노선의 이념적 대립에 대한 자세한 내용은 김남은, 「일본 외교와 전후 아시아주의 – 요시다 노선과 반요시다 노선을 중심으로」, 고려대 박사논문, 2016 참조.

이미지가 강조되었다. 켄트 칼더<sup>Kent Calder</sup>가 일본 외교의 특징을 '반응국가'로서 설명한 것도 이와 같은 맥락에서 이다. 그러나 일본은 샌프란시스코강화조약 이후 '아시아 유일의 공업국', '아시아 유일의 선진국' 등을 표방하며 독자적 지역 역할을 모색해 왔으며, 그것은 '자주외교'에 대한 욕구와 결합하여 미국의 아시아정책과 일정한 거리를 두는 정치적 역할을 모색하는 움직임으로 이어졌다.[18] 그리고 동남아시아에 대한 배상외교는 그것을 위한 첫 번째 실천이었다.

그러나 일본이 동남아시아에 대한 배상을 전쟁에 대한 보상이기보다 일본의 경제발전을 위한 투자라고 생각했듯, 배상외교는 일본이 동남아시아로 재진출하기 위한 발판이었으며 일본은 그 지역에 경제적 지원과 협력을 제공함으로써 영향력을 행사하고자 했다. 또한 당시 일본이 미국의 중국봉쇄정책에 가담하고 있으면서도 '정경분리' 정책으로 민간 레벨에서의 중국접근을 장려한 것은, 일본이 중국문제를 이데올로기의 대결을 넘어 현실외교의 견지로부터 '자주적'으로 결정되어야 한다고 생각하고 있었기 때문이다. 즉 일본은 미국과의 '협조'를 중시하면서도 아시아의 중심적 존재로서의 자기정체성을 추구하고 있었으며, 이는 말하자면 '제2의 입아' 노선이다. 다만 일본 외교의 핵심은 대미 '협조'와 '자주'가 서로 모순을 일으키지 않아야 하며, 동남아시아 국가들과의 관계개선과 대중접근 또한 그 틀 안에서 이뤄서야 한다는 점에 있다.

---

18  최희식, 「60년대 일본의 아시아 지역 정책―미일동맹과 자주외교 사이의 협곡」, 『일본연구논총』 28, 현대일본학회, 2008.12, 147쪽.

## 3. 일본의 배상외교와 동남아시아

1957년 9월 일본 외무성은 외교활동의 3원칙으로 '유엔중심주의, 자유주의 국가들과의 협조, 아시아의 일원으로서의 입장 견지'를 제시했지만, 당시 일본은 중국과 단절되어 있었고 한국과는 한일회담 타결의 실마리가 보이지 않는 상황이었다. 따라서 당시 일본 외교에서 아시아는 주로 동남아시아를 지칭하는 말이었다.

한편 한국전쟁으로 아시아 냉전이 고착화된 뒤 미국은 일본에 시장과 자원공급지를 제공하고, 중국과 소련진영으로의 경사를 막기 위해 일본과 동남아시아를 연결시키는 정책을 구상하고 있었다. 한국전쟁의 특수로 일본은 상당부분 경제를 회복했으나 1951년 이미 특수 소멸이 예상되었고 이에 대한 대응책으로 미국은 미일경제협력체제를 가동시켰다. 미일경제협력체제라는 것은 미국의 자본, 일본의 기술, 동남아시아의 천연자원을 유기적으로 결합시킴으로써 일본경제의 회복을 꾀하는 것이었다. 이러한 맥락에서 미국은 미국, 일본, 동남아시아를 연결하는 '삼각경제협력관계'를 형성시켰으며 이는 중국시장을 대체하기 위한 것이었다.[19]

또 다른 한편 냉전기 일본의 동남아시아 외교는 미국의 냉전전략의 틀 속에 편입되어 있었기 때문에 일본이 동남아시아에서 '자주외교'를 전개할 여지는 극히 제한되어 있었다. 그러나 일본은 미국의 아시아 정책이 지나치게 냉전 이데올로기로 기울어 있어 '아시아의 일원'으로서

---

19   강태훈, 「일본외교의 리더쉽 역할—동남아 외교를 중심으로」, 『분쟁해결연구』 1, 단국대 분쟁해결연구센터, 2003.12, 172~173쪽.

아시아의 특질을 이해하는 일본이야말로 그 중재자의 역할을 해야 한다고 생각하고 있었다. 즉 일본의 구상은 미국이 동남아시아와 일본을 연결시키기 위한 거액의 지출을 검토하고 거기에 일본이 개입한다는 것이었다.

당시 수상이었던 요시다 시게루吉田茂는 1953년 11월 정책연설에서 "무역촉진을 위하여 정부는 경제외교를 전개할 것이며 동남아시아와의 경제적 연계를 특별히 발전시킬 것이다"라고 표명했다.[20] 이는 동남아시아의 경제개발과 번영이 공산주의에 대항하는 효과적인 방법이자 중국 공산당에 대한 근본적인 대책이라고 판단했기 때문이다. 이러한 구상은 1954년 5월 19일 '동남아시아와의 경제협력'이라는 외무성 정책문서로 구체화되었으며, 이 문서는 군사력 강화만으로는 공산주의에 대한 강력한 방벽을 만들 수 없기 때문에 경제개발과 경제협력이 필요하다는 것을 지적하고 있다. 또한 경제협력으로는 일본의 단독투자, 미국의 자금지원, 타국과의 합작투자 등이 고려되었다. 요시다는 유연한 경제개발 방침을 관철시킴으로써 미국의 대규모 지원을 기대했다.[21]

요시다는 1954년 1월 '동남아시아 개발에 관한 대미 제안'을 발표하여 연간 40억 달러로 동남아 개발을 꾀해야 한다는 의사를 미국 측에 전달한 바 있다.[22] 이는 명확히 대규모 개발협력을 통해서 삭감 중인 미국

---

20  高坂正尭, 「吉田茂以後－保守政権の系譜と課題」, 『中央公論』 82(9), 中央公論新社, 1967, p.62.
21  임채성, 「전후 일본경제의 동아시아 경제권의 재편(1951-65년)」, 『국제지역연구』 11(1), 국제지역학회, 2007.3, p.381.

의 경제 원조를 확대시키고자 한 것이다. 요시다는 달레스와의 회담을 통해서도 전후배상을 계기로 일본이 동남아경제개발에 참여한다면 방공의 효과가 확실하게 나타날 것이라고 언급하고 미국 정부에 7~8억 달러의 차관을 요청했다. 그러나 아이젠하워Dwight Eisenhower 정권은 일본 정부가 구상한 동남아개발에 대한 일본의 역할을 크게 기대하면서도 거액의 경제원조에는 소극적이었기 때문에 원조자금의 살포를 원하고 있던 일본의 의도는 관철되지 못했다.[23]

실제로 일본의 동남아시아로의 진출은 샌프란시스코강화조약에서 규정된 배상의무에서 출발했다. 그러나 강화조약의 규정대로 소규모의 배상금액과 역무형식의 배상을 실시하려고 하는 일본과, 상대적으로 많은 배상을 요구하는 동남아시아 국가들 사이의 격차로 인해 배상협상은 진전을 보지 못했다. 이에 당시 오카자키 가쓰오岡崎勝男 외상은 1953년 10월 필리핀, 인도네시아, 미얀마의 3개국을 방문하여 협상을 타결하려 했지만 이들 국가들에게 협정상대로 취급받지도 못했다. 배상교섭이 결렬된 직접적인 원인은 배상금액 총액 300억 달러라고 하는 과도한 요구 때문이었지만, 일본의 경제적 진출이 대동아공영권의 재현이라는 강한 저항을 불러일으켰기 때문이다.[24] 근대 일본의 아시아 진출의 명분이었던 대동아신질서 건설이 이들 지역의 해방을 가져오기보다는 일본의 침

---

22　波多野澄雄, 「「東南アジア開発」をめぐる日・米・英関係」, 近代日本研究会, 『年報・近代日本研究16 戦後外交の形成』, 山川出版社, 1994, pp.232~234.

23　임채성, 앞의 책, 382쪽.

24　일본의 전쟁책임 자료센터 편, 서각수・신동규 역, 『세계의 전쟁 책임과 전후 보상』, 동북아역사재단, 2009, 525~526쪽.

략을 정당화하는 논리로 귀결되었다는 점에서 일본은 동남아시아 국가들에게 불신의 대상이었다. 이러한 과정에서 일본도 이 지역에 대한 관심을 철회하여 일시적으로 일본과 동남아시아 지역 간 상호연계의 가능성이 사라지는 듯 보이기도 했다.[25]

그러나 일본의 동남아시아 정책은 하토야마 이치로鳩山一郎 내각 이후 변화하기 시작했다. 하토야마는 대미자주외교의 대표적인 인물로 1956년 10월 19일에는 '일소공동선언'에 조인했다. 일소국교정상화는 미국을 축으로 하는 일본 외교에 큰 전환점이 되었는데, 일본은 아시아의 일원으로 다시 국제사회에 복귀하게 됨에 따라 아시아 여러 나라들과 친선우호관계 수립에 노력할 수 있는 길을 열게 된 것이다.[26] 하토야마는 자주외교를 각인시키려는 의도에서 동남아시아 국가들과의 관계개선에도 적극적인 자세를 취했는데, 그 결과 캄보디아1954, 라오스1956와는 국교정상화를 이뤄냈고 미얀마1955, 필리핀1956과는 배상협정을 체결했다.[27]

---

25  渡邊昭夫, 『アジア太平洋の国際関係と日本』, 東京大学出版会, 1992, p.80.

26  村川一郎, 「戦後保守政党と外交 14－苦難の日中国交樹立への道」, 『月刊自由民主』 534, 自由民主党, 1997, p.97.

27  일본과의 배상협정체결에 가장 먼저 나서게 된 것은 미얀마였다. 1954년 11월 '평화 조약' 및 '양국 간 배상 및 경제협력에 관한 협정'을 체결했다. 이 협정에서는 2억 달러 720억 엔의 배상금을 10년간 지불하고 더불어 10년간 5,000만 달러 경제협력을 실시할 것을 규정했다. 또한 이 협정에는 이른바 배상재검토 조항이 설치되어 이후 체결된 타국과의 배상협정과의 불균형이 발생할 경우 추가로 배상액을 요구한다는 내용을 담았다. 이 조항에 의거하여 미얀마는 1963년 3월 추가협정을 맺어 1억4,000만 달러의 무상원조와 3,000만 달러의 차관공여를 추가적으로 획득했다. 미얀마에 이어 배상협정을 타결한 것은 필리핀이었다. 필리핀은 1952년 1월 교섭을 개시하고 일본에게 80억 달러에 달하는 배상액을 청구했으나. 일본은 액수가 과다하다는 이유로 이를 거부하여 회담이 일시 중단되었다. 결국 1956년 8월에 교섭이 타결되어 양국은 '배상협

하지만 하토야마가 요시다의 대미협조외교에 반대했다고 해서 미국에 대한 협조 자체를 거부한 것은 아니다. 미국과의 협조는 당연한 것이지만, 다만 독립국가로서 미국으로부터 다소 거리를 둔 자주외교를 모색하자는 것이었다. 하토야마의 자주외교의 특징은 미국과의 관계를 악화시키지 않는 범위 내에서 다른 나라와의 관계를 발전시켜 일본 외교의 자주성을 실현하는 것에 있었다.

이러한 일본의 동남아시아 접근자세는 기시 노부스케岸信介 내각에서도 그대로 이어졌다. 기시는 미일관계를 축으로 하면서도 일본과 동남아시아의 정치적, 경제적 연계를 중시하여 인도네시아[1958], 남베트남[1959]과의 배상협정체결을 이뤄냈다.[28] 1957년 동남아시아 오세아니아 순방 때

---

정'과 '경제개발차관에 관한 교환공문'에 서명했다. 여기에서 일본은 5억5,000만 달러(1980억 엔) 상당의 역무와 생산물에 의한 배상과, 2억5,000만 달러(900억 엔)에 이르는 차관공여에 합의하여 전후처리가 마무리되었다(이원덕, 「일본의 전후처리 외교연구-대아시아 전후 배상정책의 구조와 함의」, 『일본학연구』 22, 단국대 일본연구소, 2007.9, 396~397쪽).

28  인도네시아의 경우 강화조약 이후 교섭에 착수했으나 독립 직후의 혼란상황에 직면하여 타결을 보지 못하다가, 1957년 기시 수상과 인도네시아의 수카르노 대통령의 직접회담에 의해 일거에 기본원칙이 확정되어 '평화협정'과 '배상협정'이 동시에 체결되었다. 여기서 일본은 배상금으로 인도네시아에게 2억2,300만 달러를 12년간 지급하고, 정부차관으로 4억 달러를 20년간 공여하기로 합의했다. 이와 더불어 일본은 인도네시아에 대한 무역채권 1억7,000만 달러의 청구를 포기하기로 결정했다. 이렇게 하여 그 총합은 약8억 달러에 이르게 되었고, 애초부터 인도네시아가 집요하게 주장했던 필리핀과의 동액 요구는 달성된 결과가 되었다. 한편 베트남은 남북분단과 정치적 혼란 그리고 7년에 걸친 인도차이나전쟁 때문에 배상협정을 제대로 진행시키지 못하다가, 1955년 4월부터 배상교섭이 재개되어 4년간의 교섭을 벌인 끝에 1959년 5월에 배상협정이 체결되었다. 여기서는 3,900만 달러 상당의 역무와 생산물을 5년에 걸쳐서 지불할 것이 합의되었다. 배상협정과 더불어 차관협정이 체결되어 3년간 750만 달러의 차관을 공여하기로 합의했다. 북베트남은 1956년 8월과 1959년 5월에 배상청

에는 '동남아개발기금구상'을 발표하기도 했는데, 이 구상은 일본의 자본 및 기술과 동남아시아의 자원을 결합하여 일본과 동남아시아의 경제개발협력을 강화하려는 것에 목적을 둔 것이었다. 하지만 동남아시아 국가들의 소극적인 반응으로 커다란 반향을 불러일으키지는 못했다.

동남아개발기금구상에 대한 기존 연구는 기시가 미국과의 협의 없이 자체적으로 입안하여 동남아시아에 발표한 것으로 다뤄져 왔다. 그러나 호시로 히로유키保城広至의 연구에 의하면 이 구상의 발단은 미국의 제의에서 시작되었으며, 또한 기시는 아시아 국가순방에 앞서 미국에게 이와 구상을 미리 알렸던 것으로 밝혀졌다. 즉 동남아개발기금구상 구상은 기시가 미국의 자금을 기대하며 거기에 일본을 개입시키고자 했다는 점에서 요시다의 동남아시아 외교의 구도를 답습하고 있다.[29] 그러나 호시로가 지적하고 있는 것처럼, 기시가 미국의 지출을 전제로 하면서도 미국의 관여를 한정하고 '아시아에 의한 아시아의 경제개발'의 지향했다는 점은 평가해야 한다.[30] 즉 기시는 미국의 아시아 정책이 너무 반공 이데올로기에 기울어져 있으며, 또한 그들은 아시아 민족주의를 이해하지 못하기 때문에 '아시아의 일원'인 일본이 '중개'를 할 필요가 있다고 생각한 것이다.

반면 미국은 기시의 동남아개발기금구상이 구체화되면 일본이 아시아 민족주의를 동원하여 동남아시아 국가들을 미국의 세력권으로부터 이탈시켜 독자적인 행동을 취할 가능성이 높다고 판단했다.[31] 이에 미국

---

구권을 유보한다는 성명을 발표했다(이원덕, 앞의 글, 397~398쪽).

29  '동남아시아개발기금구상'에 대해서는 保城広至,『アジア地域主義外交の行方 1952 −1966』, 木鐸社, 2008, 제4장 참조.

30  Ibid., pp.61~62.

은 동남아시아의 공산화를 막기 위한 일환으로 이 지역에 대한 일본의 경제 진출을 용인하면서도, 일본의 동남아시아 경제외교가 아시아 민족주의로 발전할 수 있다는 불안감으로 인해 일본과 동남아시아 국가들과의 관계개선 움직임에 소극적인 입장을 취했다.[32]

그러나 일본은 생산물과 서비스의 형태로 제공되는 배상 및 보상을 통해 동남아시아와 관계회복을 도모하는 한편, 일본 경제재건에 필요한 배후기지를 만들려 했기 때문에 동남아시아에 특별한 관심을 쏟고 있었다.[33] 그 결과, 동남아시아 4개국미얀마, 필리핀, 인도네시아, 베트남에 대한 일본의 배상협정은 1950년대 중후반을 통해 전부 체결되어 전후처리가 종료되었다.[34]

---

31  樋渡由美,『戦後政治と日米関係』, 東京大学出版会, 1985, p.162.

32  이기완, 「일본의 대동남아 인식과 정책―변화와 지속의 동학」,『국제정치연구』14(1), 동아시아국제정치학회, 2011.6, 307쪽.

33  山影進, 「アジア太平洋と日本」, 渡辺昭夫 編,『戦後日本の対外政策―国際関係の変容と日本の役割』, 有斐閣, 1985, pp.136~138.

34  캄보디아와 라오스는 샌프란시스코조약의 당사국이었지만 일본에게 배상청구권의 포기를 통보했다. 일본은 그러한 사실을 고려하여 라오스와의 사이에는 1958년 10월 경제기술협력협정을 체결하여 10억 엔의 원조를 2년에 걸쳐 무상으로 공여했다. 한편 캄보디아에 대해서는 1959년 3월 별도의 경제기술협력협정을 맺어 15억 엔의 원조를 무상으로 3년에 걸쳐서 제공하기로 했다. 한편 태국과는 1955년 7월에 '특별 엔 협정'이 성립되어 54억 엔 상당의 영화 파운드를 지불하기로 하고 96억 엔의 차관을 제공하기로 했다. 이와 더불어 독립이 늦어진 말레이시아, 싱가포르의 경우는 양국 모두 평화조약체결 시 영국의 식민지였던 관계로 정식 배상채권국이 되지는 못했지만 1957년 8월, 1965년 8월에 각각 독립을 달성한 이후 대일배상에 대한 청구를 요구했다. 일본은 이 두 나라에 대해 정식의 배상청구권을 가지고 있지 않다는 전제 하에 '경제협력협정'을 체결하여 말레이시아에 무상 29억 4,000만 엔, 그리고 싱가포르에 대해서는 동액의 유상, 무상 공여가 각각 이뤄졌으며, 미크로네시아에 대해서도 '신탁통치지역 미일협정'을 체결하여 18억 엔의 경제협력 자금이 제공되었다(이원덕, 앞의 책, 398~399쪽).

하지만 지금까지 단순한 원료공급원과 상품시장으로서 중요시되었던 동남아시아에 대한 인식은 1960년대 들어 자유세계의 경제적 공헌이라는 정치적 의미를 포함한 '일본역할론'으로 변화하기 시작했다. 그 배경에는 다음과 같은 두 요인이 있었다. 첫째, 1960년대 동남아시아 정치정세의 변화이다. 1964년 미국은 베트남전쟁 개입을 통해 동남아시아에서 공산주의가 확산되는 것을 막고자 했고, 또한 그에 따른 가중되는 경제적 부담을 완화하고자 동남아시아에 대한 경제적 원조를 일본에 요청했다. 둘째, 일본 경제력의 향상이다. 이케다 하야토池田勇人 내각은 '국민소득배증계획'을 발표하고 경제성장우선주의 노선을 추진했으며, 사토 에이사쿠佐藤榮作 내각도 대기업을 중심으로 자본축적을 촉진하는 다양한 정책을 전개하여 1960년대 일본경제는 비약적으로 발전하고 있었다. 1960년 당시 449억 달러였던 GNP는 1970년 1962억 달러로 4배 이상 증가했으며 연평균 15.9%의 높은 성장률을 기록하여 1968년 서독을 제치고 세계 제2위의 경제대국으로 부상하게 되었다.[35]

그러나 아시아에 대한 경제적 역할조차도 미국의 아시아 정책과의 연관성 속에서 인식해야만 하는 것은 일본 외교의 숙명이었다.[36] 미국과의 협조를 중시했던 사토 내각은 미국의 요청에 대응하는 형태로 동남아시아에 대한 경제 원조를 확대시키면서 동남아 진출을 본격화하기 시작했다. 이는 미국으로부터 적극적 역할을 요구받으면서도 평화헌법하에 군사적 역할이 불가능했던 일본이 모색한 결과의 산물이었다.

---

35    오노 고지, 이기완 역, 『일본현대정치사』, 케이시, 2003, 150~160쪽.
36    최희식, 「60년대 일본의 아시아 지역 정책─미일동맹과 자주외교 사이의 협곡」, 152쪽.

한편 동남아시아의 정치적, 경제적 상황이 악화되는 와중에 빠르게 진행된 소련의 동남아시아에 대한 원조공세 강화는, 일본으로 하여금 이 지역을 그대로 방치할 경우 공산화의 확산과 함께 시장으로서의 동남아시아를 상실할 수 있다는 위기의식을 불러일으켰다.[37] 1965년 7월 8일 발표된 '동남아시아개발각료회담' 구상은 동남아시아 경제협력을 요구하는 미국의 요청에 맞춘 계획이었다. 예상 참가국은 버마, 태국, 말레시아, 인도네시아, 남베트남, 캄보디아, 필리핀이었다. 베트남전쟁 참전국인 남베트남, 태국, 필리핀이 포함된 이 구상은 사실상 베트남전쟁의 후방지원의 성격을 띠고 있었다. 그러나 일본은 인도네시아 등 비동맹 국가를 포함시키는 것으로 그 성격을 억제하려고 했으며, 동시에 동남아시아의 경제개발을 의제로 설정하여 정치문제가 개입되는 것을 배제하려고 했다. 즉 일본은 인도네시아 등 비동맹 국가를 참가시켜 경제문제만을 논하는 것으로 이 회담이 미국의 대중봉쇄정책을 추종하는 것이 아님을 어필하려 했던 것이다.[38]

이어 1966년 4월 '동남아시아개발각료회의'가 개최되었으며 이 회의는 일본이 처음으로 주최로 한 국제회의로서 의의가 크다. 회의의 개최를 추진하게 된 직접적인 계기는 존슨Lyndon Johnson 정권이 제창한 동남아시아 개발구상에 있었지만, 자금 및 제도라는 측면에서 볼 때 이 회의는 미국의 구상과는 명백히 구별되었다. 일본이 자신들의 경제력을 활용하여 동남아시아 지역에 대한 경제개발협력의 필요성을 본격적으로 제기

---

37    이기완, 앞의 책, 308쪽.
38    保城広至, op. cit., pp.9~11.

했다는 점에서 이 회의는 일본 외교의 '자주성'을 내포하고 있었다. 즉 아시아에 대한 적극외교를 추진하고자 하는 외무성의 갈망이 이 회의의 개최로 귀결되었던 것이다.[39]

## 4. 일본의 '정경분리' 정책과 대중접근

샌프란시스코강화조약 이후 일본에서는 민간 레벨에서 경제·문화교류를 점진적으로 늘리는 것으로 중국과의 관계개선을 도모하자는 움직임이 일어났다. 당시 일본은 샌프란시스코 체제에 따른 '중국불승인' 규정에 따르고 있었으며, 더욱이 한국전쟁을 계기로 1952년 9월 일본은 공산권에 대한 수출통제위원회COCOM에 가입하여 미국의 대중봉쇄정책에 가담하고 있었다. 이러한 시기에 요시다 내각은 민간무역을 개시하는 등 제한적이나마 '정경분리'적 사고에 입각한 중일관계의 점진적 관계강화를 모색했다.[40] 요시다는 1951년 10월 국회에서 "중공에 대한 문제는 이데올로기 대결에도 불구하고 현실외교의 견지로 자주적으로 결정되어야 하며, 일본은 통상무역의 관점에서 중공의 태도 여하에 따라 상해에 재외사무소를 설치할 것을 고려하고 있다"[41]고 밝히고, 중국과의 무

39  상세한 내용은 조양현, 「戰後日本のアジア外交におけるアメリカ,ファクター―「東南アジア開發閣僚會議」設立を事例に」, 『일본연구논총』 26, 현대일본학회, 2007.12 참조.

40  손기섭, 「동아시아에 있어서의 일중국교정상화의 정치과정」, 『일본연구논총』 17, 현대일본학회, 2003.6, 114쪽.

41  田中明彦, 『日中関係 1945-1990』, 東京大学出版会, 1991, p.37.

역이 일본의 경제부흥을 위해 필요하다는 점을 피력했다.

그러나 한편으로 요시다는 중국과의 무역이 미국과의 '협조'와 모순을 낳을지 모른다고 우려했다. 요시다는 일본 내에서 중국과의 무역에 과다한 기대를 품고 안이한 접근을 시도하는 것에 대해 "중국과의 무역을 너무 과대하게 생각하는 것은 이상하다고 생각한다. 옛날과는 전혀 사정이 다르다. 혹시 중국에게 수출입의 여력이 있다면 그것은 소련으로 가 버린다"고 언급했다.[42] 또한 "그 공업화 등의 표면을 예찬할 뿐 올바른 판단을 하지 않는 대부분의 일본 인사의 경향은 놀라울 정도다. 그런 풍조 속에서 중국과의 접촉을 추진하는 것은 일본인으로서 특히 경계해야만 한다"고 경고했다.[43]

하지만 요시다 내각의 중국접근은 미국을 크게 당황시켰으며, 미 국무성은 델레스의 방일을 통해 '중화민국과 일본 간의 평화조약' 즉 '화일평화조약華日平和條約'을 강요하는 '요시다 서한吉田書簡'을 작성토록 했다. '요시다 서한'은 일본이 대만과 평화조약을 체결하되, 중국 공산정권과는 양국 간 조약을 체결하지 않는다는 것을 밝힌 것이다. 그러나 화일평화조약의 성립까지의 과정을 면밀히 분석한 다나카 아키히코田中明彦에 의하면 중국정세에 대한 요시다 정권과 미 정부 간의 견해는 달랐다. 일본 정부는 경제발전을 위해 중국과의 관계를 유지하고 확대하는 것이 반드시 필요하다는 인식을 가지고 있었기 때문에 미국의 방침에 동의하지 않고 상

---

42    吉田茂, 『大磯隨想』, 中公文庫, 1991, p.39.
43    吉田茂, 『世界と日本』, 中公文庫, 1991, p.143.

당히 저항했다고 한다.[44] 요시다 자신도 '요시다 서한'과 화일평화조약의 경위에 대해, 중국 정부를 명백히 부인하는 입장을 피하고 싶었지만 미 상원의 평화조약의 조인문제 때문에 어쩔 수 없었다고 밝히면서 대만 정부를 전 중국의 대표정권으로 승인한 것은 아니라고 부인하기도 했다.[45]

이처럼 요시다는 미국의 대중봉쇄정책에 기초한 대미협조외교를 선택하면서도 중국 정부를 명백히 부인하는 입장을 피하거나, '정경분리'라는 정책을 고안하여 민간 레벨을 통한 중국접근을 장려했다. 이는 요시다가 당시 여러 제약 속에서 중국과 취할 수 있는 현실적인 외교방식이었으며, 이러한 접근은 미국의 냉전 논리와 일정 거리를 두고 아시아에서 독자적 역할을 모색하고자 한 '자주외교의 희구'의 발현으로 평가할 수 있다. 그러나 요시다 내각은 미군정과의 조기강화를 실현시키기 위해 미국의 압력을 받아들이지 않을 수 없었으며, 샌프란시스코강화조약, 미일안보조약과 더불어 화일평화조약을 전략적으로 선택함으로써 미일협조외교를 기조로 중국과의 정상화를 포기했다. 1952년 4월 28일 강화조약과 안보조약이 발표된 같은 날에 일본과 대만의 평화조약이 체결되었으며 강화조약, 안보조약, 화일조약의 세 조약으로 이뤄진 샌프란시스코 체제가 목표하는 바는 공산주의 세력 남하저지, 특히 중국을 봉쇄하는 것이었다.[46]

한편 1953년 7월 27일 한국전쟁 휴전협정을 계기로 아시아 지역에

---

44  田中明彦, 『日中関係 1945-1990』, pp.40~42.

45  内田健三, 『戦後日本の保守政治 – 政治記者の証言』, 岩波書店, 1969, pp.181~182.

46  서승원, 「자민당 정권의 중국정책과 정경분리, 1955-1971 – 관료정치화, 파벌정치, 그리고 친중국 연합전선」, 『국제정치논총』 51(4), 한국국제정치학회, 2011.12, 134쪽.

서의 긴장이 완화되면서 일본에서는 대중무역에 대한 열기가 고조되기 시작했다. 이와 더불어 대중무역의 열기를 더욱 고조시킨 것은 중국의 대일정책 전환이었다. 중국은 기존의 '정경불가분'의 사고에서 벗어나 일본의 각계 대표에게 중국방문을 호소하는 '인민외교'를 전개하고 각종 민간협정 체결을 선행시킴으로써 중일 민간관계를 확대시켰다. 특히 1954년 12월 하토야마 내각 발족 이후 국회의원, 문화, 학술, 노동단체의 방중이 급속하게 증가하는 등 중일 간의 민간교류는 급속히 확대되기 시작했는데, 하토야마는 무역협정 외에도 COCOM 규제완화를 요구하는 등 미국의 대중봉쇄정책에서 일정 거리를 두면서 아시아에서 독자적 역할을 모색했다. 하토야마의 뒤를 이은 이시바시 단잔石橋湛山 내각도 1956년 12월 중일무역 확대방침을 밝혔으며,[47] 1952년부터 1958년까지 중일 간 민간무역단체는 점차 확대되어 4차에 걸친 무역협정이 체결되었다.[48]

　그러나 1957년 2월 25일 기시 내각 성립 이후 일본의 대중접근은 국내외적으로 거센 반발에 직면하게 되었다. 대만의 장제스는 1958년 3월

---

47　井上正也, 『日中國交正常化の政治史』, 名古屋大學出版會, 2010, pp.75~150 참조.

48　중일 민간무역을 담당한 조직으로는 1949년 5월에 설립된 일중무역촉진회(日中貿易促進會), 일중무역촉진의원연맹(日中貿易促進議員連盟), 일중무역회(日中貿易會)가 있다. 이들은 1952년 6월 제1차 민간무역협정, 1953년 10월 제2차 민간무역협정 체결을 주도했다. 이 세 단체는 1954년 9월 국제무역촉진협회(國際貿易促進協會)로 통합되어 무역협정 외에도 COCOM 규제완화 요구, 중국무역대표단 방일초청 등의 활동에 주력하고 있었다. 한편 1955년 5월 방일한 중국무역대표단과 일본 국제무역촉진협회, 일중무역촉진의원연맹 사이에 제3차 협정이 체결되었고, 이때 하토야마 내각은 '지지와 협력'을 약속했다. 그리고 이 제3차 협정을 더욱 구체화한 것이 1958년 3월의 제4차 협정이었다. 이외에도 하토야마 내각에서는 중국과 민간단체 사이에 중일 어업협정(1955년 4월)과 문화교류협정(1955년 11월)이 조인되었고, 중국에서 일본 상품 전람회가 개최되기도 했다(서승원, 앞의 글, 2011.12, 137~138쪽).

의 제4차 중일민간무역협정 내용 가운데 통상대표기구 직원의 외교관 특권[49]과 통상대표기구 국기게양의 조항[50]이 사실상 중국 정부에 대한 일본의 외교적 승인이라고 강력하게 반발하고 일본과의 통상회담과 수입거래를 중지시켰다. 미국 또한 국기게양에 깊은 우려를 표명했다. 결국 기시 내각은 대만과 미국의 반발을 고려해 1958년 4월 9일 아이치 기이치愛知揆一 관방장관의 담화를 통해 "정부는 현재 중공을 승인할 의사가 없음은 말할 필요도 없다. 이 민간협정을 통해 설치되는 민간 통상대표부에 대한 공적지위의 특권을 인정하는 법률은 없으나, 이 협정의 민간단체에 의한 대우에 관해서는 우리나라와 중화민국과의 관계, 그 이외의 국제관계를 존중해서 통상대표부의 설치가 사실상의 외교적 승인은 아닌가라고 하는 오해가 생기지 않도록 배려하고 동시에 국내의 여러 가지 법령이 인정하는 범위 내에서 지지와 협력을 보내는 바이다. 또한 (…중략…) 일본 국내법에 중국 국기게양을 저지할 수 있는 근거는 없지만 국기게양을 권리의 일종으로 인정하는 것은 아니다"[51]라는 내용을 성명했다.

한편 이로 인해 기시 내각에 대한 중국의 비난은 격렬했다. 그러한 와중에 발생한 1958년 5월 2일 '나가사키長崎 국기 사건'[52]을 계기로 요시

---

49  통상대표기구에 소속한 직원에 대해 출입국 편의를 부여하여 세관 대우조치 및 무역 활동을 목적으로 한 여행의 자유를 부여한다는 조항이다.

50  통상대표기구는 그 건축물에 본국 국기를 게양할 권리를 갖는다는 조항이다.

51  石川忠雄, 中嶋嶺雄, 池井優 編, 『戦後資料日中関係』, 日本評論社, 1970, p.251.

52  '나가사키 국기 사건'이란 나가사키 시내의 한 백화점에서 열린 '중국 우표·색종이 전시회'에서 일본 우익청년 두 명이 난입하여 회의장에 게양된 중국 국기를 끌어내린 사건을 말한다. 대만 정부는 중국 국기가 게양된 것에 강력하게 항의했고 이에 일본 외무성은 주최 측에 국기게양 중지를 권고했다. 사건 직후 일본 정부는 비수교 국가의 국기이므로 형사사건에는 해당되지 않는다는 이유로 청년들을 석방했다. 이에 격분한 중국

다 이래 조금씩 진전되어 온 중일관계는 완전히 파국을 맞이하게 된다. 중일관계 단절 이후 중국은 일본에 대한 '정경분리'는 인정하지 않는다는 '정경불가분' 원칙을 주장했으며 그러한 입장을 공식적으로 발표한 것이 '정치 3원칙'이다. 이것은 기시 내각에 대한 중국 정부의 요구라는 형태로 표명되었다. '정치 3원칙'에서 중국은 중일관계 개선의 조건으로 첫째, 중국을 적대시하는 정책을 중지하고 둘째, 두 개의 중국을 만드는 음모에 가담하지 말 것이며 셋째, 중일 양국의 정상관계회복을 방해하지 말 것을 요구했다.[53] 그러나 기시는 중국의 이러한 외교방침의 의도가 사실상 중국을 외교적으로 승인하도록 하는 것, 즉 '하나의 중국'을 인정하도록 하는 것에 있으며 이를 통해 일본과 대만, 미국과의 관계가 단절되기를 유도하는 것에 있다고 판단했다.[54]

사실 기시 내각의 최고 과제는 중일무역이 아닌 미일안보개정이었다는 점에서 미국과의 관계는 무엇보다 중요했다. 게다가 기시의 대중자세에서 중요한 사실은 대만과의 문제를 동남아시아와 연결시켜 고려했다는 점에 있다. 당시 일본경제에 있어 동남아시아 시장은 사활적인 지역이었으며 이를 확보하기 위해서라도 기시는 대만과의 관계를 배려해야만 했다. 1957년 동남아시아를 방문해 배상협정과 경제협력을 추진하는 등 이들 국가들과의 관계개선을 위해 많은 노력을 꾀한 기시에게 있어, 동남아시아 시장을 잃어버리는 것은 아시아 외교의 좌절을 의미하는 것

---

정부는 1958년 5월 11일 일본과의 무역을 포함한 모든 교류를 중단한다고 발표했다.

53    石川忠雄, 中嶋嶺雄, 池井優 編, op. cit., pp.97~101.

54    岸信介, 『岸信介回顧錄－保守合同と安保改定』, 広済堂出版, 1983, pp.367~368.

이기 때문이다. 더욱이 일본의 대중접근으로 인해 대만과 동남아시아에서는 일종의 '반일연합'이 형성될 기운마저 감지되고 있어, 이것이 냉전의 논리를 떠나 중국이나 한국에도 파급될 수 있는 것을 고려하지 않으면 안 되는 상황이었다.[55] 즉 기시는 샌프란시스코 체제에 기초한 대미협조외교에 입각한 대중자세를 취하면서 중국을 아시아 외교의 대상국으로 인식하기보다는 중국과의 관계를 단절함으로써 미일안보조약의 개정과 동남아시아 외교를 보다 유리한 쪽으로 이끌고자 했다.

이후 중일 양국은 내정 면에서 큰 변화를 겪게 된다. 일본에서는 안보개정 후 기시 내각이 퇴진하고 관용과 인내, 소득배증계획을 내건 이케다 내각이 출범했고, 중국에서는 대약진운동이 실패하여 중소관계의 불안과 미국과의 적대적 관계가 지속되고 있었다. 이러한 변화를 배경으로 중국의 저우언라이周恩來는 1960년 8월 '정치3원칙'을 견지하면서도 양국무역에 있어 정부간 협정, 민간계약, 개별적 배려라는 '무역3원칙'을 제시했다. 내용은 당장 정부 간 협정을 맺지 않더라도 민간계약이 가능하다는 사실상 일본의 '정경분리' 원칙을 수용하는 것이었다. 이케다 내각도 무역협정에 대한 전면적 지원을 통해 중국의 기대에 부응하고자 했으며, 1962년 11월 이른바 'LT무역'이라고 불리는 '중일장기종합무역각서'를 체결했다.[56]

이케다는 중일무역에 강한 의지를 가지고 있었지만 사실 이케다가

---

55  権容奭, 『岸政権期の「アジア外交」-「対米自主」と「アジア主義」の逆説』, 国際書院, 2008, pp.155~156.

56  LT무역에 관해서는 서승원(2011)과 添谷芳秀, 『日本外交と中国 1945-1972』, 慶応通信, 1996 참조.

희망한 것은 중일국교정상화보다는 단기적 무역확대였으며, 이는 미소 긴장완화와 자신의 경제우선주의를 중일무역에 반영시킨 것이다.[57] 그러나 이케다의 지나친 중국접근은 대만과 미국으로 하여금 또다시 반발을 샀으며 기시 등의 자민당 내 '친대만파'의 압력 또한 거세게 일어났다. 이에 요시다는 1964년 2월 대만을 방문해 요시다 개인의 서한 형식으로 일본 정부의 관계개선 방안을 제시했는데, 이것이 '제2차 요시다 서한'으로 불리는 것이다. 대신 중일관계는 다시금 냉기류가 흐르기 시작했다.

이케다의 뒤를 이은 사토 내각은 기시 내각과 유사한 강경노선을 채택하고 있었다. 사토 내각은 '제2차 요시다 서한'을 인정하고 중일무역에 대한 완강한 입장을 견지하면서 "현재 하나의 국가 안에 두 개의 정부가 존재하는 것이 중국이다. 따라서 양쪽 모두와 우호관계를 유지해야 한다. 그게 불가능하다면 대만 국민당 정부와 우호관계를 계속해야 한다"는 입장을 분명히 했다.[58] 사토 내각 시기 중일관계가 단절되지는 않았지만 베트남전쟁의 격화에 따른 미국에 대한 지지 확산과 오키나와 반환 정책의 구체화, 중국의 핵실험과 문화대혁명, 한일국교정상화 등의 복합요인이 상호작용하여 중일관계는 최악의 상태로 치닫게 되었다. 무엇보다 사토 내각은 오키나와 반환 정책을 최대과제로 삼고 있었기 때문에, 베트남전쟁으로 다급한 미국의 동아시아 전략에 적극 협조하는 것으로 오카나와 반환을 실현시키고자 했고 이것이 중일관계를 악화시킨 결정적인 요인

57  서승원, 앞의 글, 2011.11, 145쪽.
58  衛藤瀋吉, 『佐藤栄作』, 時事通信社, 1987, p.234.

이 되었다.[59] 이케다가 1969년 11월 닉슨 대통령과의 미일공동성명에서 '타이완조항'과 '한국조항'에 합의한 것은 한반도와 타이완 해협 유사시의 주일미군에 일본이 적극적으로 협조한다는 것을 의미했다.[60]

서승원에 의하면 일본 전후 내각의 '정경분리'는 중일무역을 확대시키고자 하는 기대 이외에 적어도 다음의 세 가지 특징을 가지고 있다. 첫째, 중국 측이 무역확대와 수교를 통해 샌프란시스코체제의 타파를 의도했다면, 일본 측은 어디까지나 샌프란시스코체제 내에서 수교를 전제조건으로 하지 않는 무역확대를 모색했다. 이는 중국이 주장하는 무역의 정치화, 그리고 '하나의 중국'에 대한 거절을 의미하는 것이다. 둘째, 일본은 COCOM 가입을 통해 대중봉쇄의 당사자가 되었지만, 역대 수상들은 봉쇄보다는 무역확대가 중국의 개방에 유익하며 일본이 미중 사이에서 중개자 역할을 할 수 있다는 인식을 가지고 있었다. 셋째, 정경분리는 '대미자주' 욕구의 표출이기도 하다. 미국, 대만 등이 중일무역에 이의를 제기할 때마다 일본은 이러한 우려를 불식시키기 위해 어디까지나 제한된 틀 안에서 중일무역을 추진할 것을 약속했다. 이 때 제시한 것이 "일본과 중국대륙은 역사적·전통적으로 특수한 관계를 갖고 있다"는 이른바 '특수관계론'이었다. 이러한 논리는 중일관계의 자기완결성 모색, 엄밀히

---

59  사토 내각의 외교정책의 기조는 첫째, 미일안보조약의 견지, 둘째, 미국의 대베트남정책의 지지를 통한 오키나와 반환에의 유리한 환경 조성, 셋째, 미중 대결, 중국의 핵무장, 문화대혁명의 혼란 속에서 일본은 중국에 신중하게 접근하며 미국의 대중정책에의 동조, 넷째, 한일국교정상화 등 외교현안의 적극적인 타개로 요약할 수 있다(内田健三, op. cit., pp.14~15).

60  서승원, 앞의 글, 2011.11, 142쪽.

말하면 일본의 중국정책에 대한 외부의 개입을 최소화하기 위해 고안된 것이었다.[61]


## 5. 나가며

냉전기 일본 외교는 미국의 냉전전략 틀 속에 편입되어 있었고 일본이 '자주외교'를 전개할 여지는 극히 제한되어 있었다. 특히 미국의 간접통치하에서 일본은 미국의 대일점령정책에 적극적으로 '협조'했으며, 1952년 4월 28일 강화조약이 발효된 이후에는 냉전체제의 국제사회에서 미일동맹체제에 철저히 편승하는 입장을 보였다. 이는 말하자면 '제2의 탈아입구' 노선이며, 그 과정에서 미국과의 '협조'는 무엇보다도 중요한 요소였다.

그럼에도 불구하고 일본은 동남아시아 지역을 대상으로 경제적 지원과 협력을 제공하면서 이 지역에서의 나름대로의 영향력을 강화시키고자 했다. 중국에 대해서는 '정경분리'적 사고에 입각한 점진적 관계강화를 모색함으로써 일본 외교가 반드시 대중봉쇄정책에 추종하는 것은 아님을 어필하려 했다. 이는 말하자면 '제2의 입아 노선'이었다.

그러나 요시다는 강화조약 조기실현을 위해서 중국과의 국교정상화를 포기했으며, 미일안보조약의 개정이 핵심과제였던 기시는 대중접근

61   서승원, 『북풍과 태양–일본의 경제외교와 중국, 1945-2005』, 고려대출판부, 2012, 83~84쪽.

을 단절했다. 사토 또한 오키나와 반환을 실현시키기 위해 대미협조 노선을 전면화하여 대중접근보다는 대만에 대한 경제 원조를 강조했다. 이는 중국과의 관계회복을 포기했다는 점에서는 미국과의 '협조'로 마무리한 사례이며, 그로 인해 원하는 바를 얻었다는 점에서는 '자주' 외교의 일환으로 볼 수 있다. 이러한 일본 외교적 접근은 대미 '협조' 안에서도 나름대로 '자주'의 발현으로 평가할 수 있으며, 이때 일본이 무엇보다 우려한 것은 대미 '협조'와 '자주'가 서로 모순을 일으키지 않아야 한다는 점에 있었다. 동남아시아 국가들과의 관계개선과 대중접근 또한 이러한 틀안에서 이뤄졌으며, 이러한 측면에서 보자면 일본 외교의 대미 '협조'와 '자주'는 모순되는 것이 아닌, 상호보완적이며 동일행위의 표리를 이루는 속성을 지니고 있는 것으로 평가 가능하다.

## 참고문헌

[한국어 문헌]

강태훈, 「일본외교의 리더쉽 역할-동남아 외교를 중심으로」, 『분쟁해결연구』 1, 단국대 분쟁해결연구센터, 2003.12.

고야스 노부쿠니, 이승연 역, 『동아·대동아·동아시아』, 역사비평사, 2005.

김남은, 「일본 외교와 전후 아시아주의 - 요시다 노선과 반요시다 노선을 중심으로」, 고려대 박사논문, 2016.

김동기·양일모, 「아시아주의의 경험과 동아시아 연대의 모색」, 『시대와 철학』 18(3), 한국철학사상연구회, 2007.9.

김영작, 『한말네셔널리즘 연구-사상과 현실』, 청계연구소, 1989.

김영호, 「일본 아베정권의 영토정책과 역사정책 - 식민지주의와 동맹의 딜레마의 시각에서」, 『독도연구』 14, 영남대 독도연구소, 2013.6.

박한규, 「아시아주의를 통해 본 전전 일본의 동아시아 정체성」 『일본연구논총』 20, 현대일본학회, 2004.12.

백영서·최원식 편, 『동아시아인의 '동양'인식-19-20세기』 문학과지성사, 1997.

서승원, 「자민당 정권의 중국정책과 정경분리, 1955-1971 - 관료정치화, 파벌정치, 그리고 친중국 연합전선」, 『국제정치논총』 51(4), 한국국제정치학회, 2011.12.

_____, 『북풍과 태양 - 일본의 경제외교와 중국, 1945-2005』, 고려대 출판부, 2012.

손기섭, 「동아시아에 있어서의 일중국교정상화의 정치과정」, 『일본연구논총』 17, 현대일본학회, 2003.6.

쑨 꺼, 류준필 역, 『아시아라는 사유공간』, 창비, 2003.

야마무로 신이치, 「일본의 아시아주의와 아시아 학지(學知)」, 『대동문화연구』 50, 대동문화연구원, 2005.6.

오노 고지, 이기완 역, 『일본현대정치사』, 케이시, 2003.

와카미야 요시부미, 오문영 역, 『일본 정치의 아시아관』, 동아일보사, 1996.

이기완, 「일본의 대동남아 인식과 정책 - 변화와 지속의 동학」, 『국제정치연구』 14(1), 동아시아국제정치학회, 2011.6.

이오키베 마코토, 조양욱 역, 『일본 외교 어제와 오늘』, 다락원, 2002.

이원덕, 「일본의 동아시아지역 형성정책의 전개와 특징」, 『일본연구논총』 22, 현대일본학회, 2005.12.

_____, 「일본의 전후처리 외교 연구 - 대아시아 전후 배상정책의 구조와 함의」, 『일본학연구』 22, 단국대 일본연구소, 2007.9.

일본의 전쟁책임 자료센터 편, 서각수·신동규 역,『세계의 전쟁 책임과 전후 보상』, 동북아
　　역사재단, 2009.

임채성, 「전후 일본경제의 동아시아 경제권의 재편(1951-65년)」,『국제지역연구』11(1), 국
　　제지역학회, 2007.3.

최희식, 「60년대 일본의 아시아 지역 정책－미일동맹과 자주외교 사이의 협곡」,『일본연구
　　논총』28, 현대일본학회, 2008.12.

한상일,『아시아연대와 일본 제국주의』, 오름, 2002.


[일본어 문헌]

天児慧,『日本の国際主義』, 国際書院, 1995.

石川忠雄, 中嶋嶺雄, 池井優 編,『戦後資料日中関係』, 日本評論社, 1970.

井上正也,『日中國交正常化の政治史』, 名古屋大學出版會, 2010.

内田健三,『戦後日本の保守政治－政治記者の証言』, 岩波書店, 1969.

衛藤瀋吉,『佐藤栄作』, 時事通信社, 1987.

岸信介,『岸信介回顧録－保守合同と安保改定』, 広済堂出版, 1983.

権容奭,『岸政権期の「アジア外交」－「対米自主」と「アジア主義」の逆説』, 国際書院, 2008.

高坂正尭, 「吉田茂以後－保守政権の系譜と課題」,『中央公論』, 82(9), 中央公論新社, 1967.

添谷芳秀,『日本外交と中国1945-1972』, 慶応通信, 1996.

竹内好,『アジア主義』, 筑摩書房, 1963.

田中明彦,『日中関係1945-1990』, 東京大学出版会, 1991.

狭間直樹, 「初期アジア主義についての史的考察(1) 序章 アジア主義とはなにか」,『東亜』
　　410, 霞山会, 2001.8.

波多野澄雄, 「「東南アジア開発」をめぐる日・米・英関係」, 近代日本研究会,『年報・近代日
　　本研究16 戦後外交の形成』, 山川出版社, 1994.

初瀬龍平,『伝統的右翼－内田良平の研究』, 九州大学出版会, 1980.

平石直昭, 「近代日本の「アジア主義」－明治期の諸理念を中心に」『アジアから考える 5』東
　　京大学出版社, 1994.

樋渡由美,『戦後政治と日米関係』, 東京大学出版会, 1985.

保城広至,『アジア地域主義外交の行方1952-1966』, 木鐸社, 2008.

松本健一,『挾撃される現代史－原理主義という思想軸』, 筑摩書房, 1983.

村川一郎, 「戦後保守政党と外交 14－苦難の日中国交樹立への道」,『月刊自由民主』534, 自
　　由民主党, 1997.

山影進, 「アジア太平洋と日本」, 渡辺昭夫 編,『戦後日本の対外政策－国際関係の変容と日
　　本の役割』, 有斐閣, 1985.

山室信一,『思想課題としてのアジア－基軸, 連鎖, 投企』, 岩波書店, 2001.

吉田茂, 『大磯随想』, 中公文庫, 1991.
_____, 『世界と日本』, 中公文庫, 1991.
渡邊昭夫, 『アジア太平洋の国際関係と日本』, 東京大学出版会, 1992.

# 일본의 전쟁배상에 의한
# 아시아 시장 재진출과 '제국'의 온전

김웅기

## 1. 들어가며

패전 후 일본의 '제국' 의식은 문화나 사회, 정치 등 여러 측면에서 계승되고 있다. 그중 하나가 '과거사'에 대한 희박한 '반성' 의식이다. 이 글은 이에 대해 경제적 측면이 어떻게 작용했는지에 대해 논의해 보고자한다. 과거사에 대한 자성을 일본인 스스로가 주체적으로 행할지 여부를떠나 일본이 굳이 과거사를 반성하지 않아도 될만한 구도가 형성되는 과정을 검토해 보는 것이 이 글의 목적이다. 그 구체적 고찰대상으로 일본이 패전 후 최초로 아시아 국가들, 특히 인도네시아, 필리핀 등 동남아시아 국가들과 관계를 맺게 된 배상을 대상으로 삼고자 한다. 동아시아를둘러싼 국제정치나 각국의 국내 정치가 배상 협상과 사업 내용에 어떻게영향을 미쳤으며, 이 같은 외적 여건이 일본에 어떻게 유리하게 작용했고아시아 국가들에 불리하게 작용했는지를 살펴볼 것이다. 또한, 이 글은단순히 국가 관계를 개관하는 것이 아니라, '제국' 시기와의 연속성과 당시부터 지속되어온 인적 관계에 대해서도 주목해 볼 것이다.

'대동아공영권' 구상이 아시아에서 거부반응을 일으키는 것은 일본과의 수직관계와 직결되기 때문이다. 이는 1945년 8월 15일 일본의 무조건항복으로 끝나지 않았다는 것이 이 글이 주목하는 점이다. 일본의 의도는 오히려 패전 후 고도성장기에 이뤄졌으며, 이 발판이 된 것은 한국전쟁이나 베트남전쟁에 따른 특수와 더불어 배상과 관련된 아시아에 대한 경제진출이었다. 비록 정치적 종속관계에서는 벗어났지만, 경제적 주종관계는 '제국' 시기와 유사하게 남아 있었다.

이 같은 관계성을 형성케 한 요인으로 일본의 대아시아 배상의 특징이 된 역무役務배상service reparation이라는 방식에 주목하여 논의해 볼 것이다. 후술하겠지만 이는 미국의 냉전 대응 차원에서 구상되었으며, 일본의 배상 부담을 최소화할 뿐만 아니라 경제부흥에 이바지하도록 하게 하기 위한 것이었다. 이 글은 이 역무배상이 어떻게 추진되었으며, 일본과 아시아 국가들에 어떠한 영향을 미쳤는지 살펴봄으로써 일본과 아시아 국가들과의 관계성을 이해하는 데 이바지하고자 한다.

이상의 논의에 입각하여 2절에서는 배상을 둘러싼 패전국 일본의 부담이 미국의 주도로 점차 경감되어가는 과정과 이에 대한 아시아 국가들의 반발에 초점을 맞출 것이다. 3절에서는 1951년 샌프란시스코강화조약의 결과에 따라 일본과의 양국 간 교섭에 임하게 된 아시아 국가들의 교섭 과정상의 특징을 개관할 것이다. 4절에서는 역무배상의 특징과 이행과정 그리고 이것이 일본에 어떤 점에서 유리하게 작용했는지, 나아가 아시아 국가들에 어떻게 불리하게 작용했는지를 검토할 것이며, 결론 부분인 5절에서는 일본에 의한 아시아 국가에 대한 배상의 함의를 요약적으로 정리할 것이다.


## 2. 미국 주도의 배상 경감과 아시아 각국의 반발

연합국에 대한 일본의 배상과 관련해서는 포츠담선언 제11조가 근거가 되었다. 그 내용은 첫째, 일본의 비군사화를 기본목적으로 하여 배상정책을 책정할 것이며, 일본 '비군사화'를 위해 물리적 전쟁 수행능력의 근거가 된 군사설비 등을 실물배상으로서 전승국에 인도할 것이다. 둘째, 제1차 세계대전 후 독일에 대한 배상정책을 교훈 삼아 결코 보복적·징벌적 목적으로 배상을 청구하지 않을 것이며, 교전국이나 침략지역에 끼친 피해 액수에 따른 산출도 하지 않아 일본의 지불능력에 배려했다. 그리고 셋째, 배상 방식은 배상금이 아니라 실물배상 형태가 되었다.[1] 그러나 일본의 부담 완화 수위가 처음부터 현실적으로 이뤄진 수준으로까지 낮아질 것은 아니었다.

연합국의 점령 초기 대일 배상정책의 기본방침은 1945년 11월에 일본에 온 미국 점령군 E. W. 폴리가 이끄는 미국 배상조사단이 실시한 조사[2]에 따라 같은 해 12월 7일에 나온 대일 배상 중간보고로 제시되었다.

---

1    王広涛,「日本の戦争賠償問題と対中政策」,『法政論集』第267號, 名古屋大学大学院法学研究科, 2016, p.45.
2    『朝日新聞』, 1945.11.6.

그 내용을 대략 설명하면 첫째, 대일 배상의 목적은 일본의 군국주의 부활을 불가능하게 하고, 일본경제의 안정과 민주주의의 정착을 도모한다는 방침에 따라 일본의 공업생산력 부흥을 허용하지 않고 농업국으로서 존속시키는 동시에 필요 이외의 국내 자본설비 및 시설을 연합국에 인도하는 것으로 되어 있다. 둘째, 일본 국민의 최저생활 수준과 점령군의 점령통치를 방해하지 않는 범위 내에서 현물배상을 징수하는 동시에 일본의 재외자산을 연합국에 인도하기로 했다. 그리고 셋째, 그 경제수준은 일본에 의해 피해를 본 아시아 국가들을 능가하는 것을 허용하지 않고, 이들 국가에 일본의 설비를 이전해 부흥을 도모하는 등 매우 강경했다.[3] 이러한 자세는 일본의 공업설비를 침략전쟁 수행을 위해 대폭 확장된 것으로 보아, 잉여능력을 높은 수준으로 지닌 것으로 평가했던 것을 알 수 있다.[4] 이 중간보고를 토대로 일본의 산업시설 중 약 30%에 해당하는 기계설비가 일본의 침략으로 직접적 피해를 본 네 개 연합국 — 중화민국, 네덜란드령 동인도, 필리핀, 영국버마(오늘날의 미얀마), 말라이, 극동영국 식민지 — 에게 인도되었다. 1950년 5월까지 철강, 조선, 화력발전, 공작기계, 항공기공장, 과학공장 등 43,919대에 이르는 기계설비가 일본에서 이들 국가로 반출되었으며, 1939년 가격을 기준으로 중화민국 54.1%, 네덜란드령 동

---

3    大蔵省財政史室 編, 『昭和財政史 ─ 終戦から講和まで』第1巻, 東洋経済新報社, 1984, pp.209~214.

4    平川均, 「賠償と経済進出」, 倉沢愛子等 編, 『岩波講座 アジア太平洋戦争7 ─ 支配と暴力』, 岩波書店, 2006, p.441. 폴레이사절단이 일찍이 1946년 4월에 최종보고서를 매듭지었음에도 불구하고 7개월동안 방치된 후 11월에 겨우 발표되었다. 이 배경에는 미국정부 안에서 대일배상 완화를 둘러싼 의견대립이 있었다. 『朝日新聞』, 1946.11.26.

인도 11.5%, 필리핀 19.0%, 영국 식민지 15.4%의 비율로 분배되었다.[5]

 그러나 냉전구조 고착화에 따라 제2차 세계대전 피해에 대한 대일 배상 청구 문제는 제1차 세계대전 후 독일에 부과한 배상 내용과는 전혀 다른 양상을 보이기 시작했다. 또한 폴레이 중간보고서는 끝내 채택되지 않았다. 미국 육군성은 스트라이크Clifford S. Strike가 이끄는 대일배상특별위원회에 재조사를 위촉했으며, 1947년 1월 새로운 배상계획 입안을 제안하게 됨에 따라 배상 규모의 대폭 경감이 예상되었다. 스트라이크 위원회의 제안은 실로 배상의 대폭 경감을 주장했다. 그 골자는 ①폴레이 최종보고서 폐기, ②준 군사시설을 제외하고 일본 공업 부문의 생산능력 유지 수준 인상, ③생산물에 의한 배상을 시행하지 않기로 함 등, "배상 완화로 일본 경제가 자립화하지 못하는 한, 미국은 대일원조를 제공하지 않을 수 없어 결국 일본의 배상을 미국 납세자가 부담하게 된다"라고 주장했다.[6] 이 보고를 옹호하듯 그해 3월 맥아더Douglas MacArthur는 "일본은 만주, 조선, 대만 상실로 이미 거액의 대가를 지급했으며, 더 이상의 배상 추심에는 반대"한다고 밝혔다. 이후 여러 차례에 걸쳐 배상 규모 축소가 제안된 후, 스트라이크 2차 보고서는 "지금과 같이 방치하는 것보다 일본을 공업국으로 재건시키는 것이 극동의 평화와 번영에 위험이 적다고 본다는 판단 아래 철강, 화력발전, 공작기계, 베어링, 석유정제 등 중화학공업 주요 산업을 철거대상에서 제외한다"라고 밝혔다. 결국 1949년 5월

---

5    大蔵省財政史室 編, op. cit., p.316.
6    日本銀行百年史編纂委員会, 『日本銀行百年史』 第五巻, 日本銀行, 1985, p.75(不川均, 「賠償と経済進出」, pp.442~443 재인용).

극동위원회 매코이Frank Ross McCoy 미국 대표가 중간배상 추심 정지와 기존 배상정책 파기를 골자로 하는 무배상 원칙을 표명하기에 이르렀다.[7]

이러한 과정을 통해 정해진 대일배상 청구의 특징을 정리해 보면, ① 일본에게 요구한 징벌적 배상 수준을 낮춘다. 일본 국민으로 하여금 최소한의 생활수준의 유지할 것을 인정 즉 부담을 경감했다. ② 경감은 현금 배상이 아니라 일본 본토와 식민지, 점령지의 공장 설비 등의 철거하여 실물로 배상 또는 일본인 및 일본 기업에 의한 역무에 의한 배상을 기본으로 정했다. ③ 배상 총액 및 내역에 대해서는 일본과 보상을 받는 아시아 국가 간의 2개국 협상에 맡기기로 한다 등의 내용이 포함되었다.

이 같은 특징을 지니게 된 대일배상 청구의 배경에는 제1차 세계대전 이후 독일에 대한 천문학적 액수의 배상 요구가 세계경제의 혼란을 일으킨 요인으로 작용하여 나치 대두에 도화선 역할을 했다는 점과 이것이 결국 제2차 세계대전을 야기했다는 반성이 있었다. 게다가 조약문 초안을 작성한 미국 국무장관 J. F. 달레스John Foster Dulles는 제1차 세계대전의 강화조약인 파리강화조약에 참여한 인물로 거액의 배상이 독일과 유럽을 파괴했음을 뼈저리게 느끼고 있었다. 그는 대일배상 포기론자의 급선봉으로 필리핀을 비롯한 연합국의 배상 청구국에 대해 포기를 요구하고 있었다. 이 같은 자세는 결국 1951년 샌프란시스코강화조약 체결에 따라 연합국 대부분이 미국이 추진하는 무배상 방침에 동참하여 배상청구권을 포기하는 결과로 이어졌다.[8] 즉, 대일배상 청구는 일본을 결코 몰

---

7    平川均, op. cit., p.444.
8    北岡伸一, 「賠償問題の政治力学(一九四五—五九年)」, 北岡伸一 · 御厨貴 編, 『戦争 · 復

아붙이지 않는 관대한 내용이 된 것이다. 이리하여 일본은 패전국임에도 불구하고 피침략국과의 교섭에서 유리한 입장에 서게 되었다. 여타 아시아 국가들에 비해 국력에서 압도적으로 우위에 있었기 때문에 배상액을 대폭 낮출 수 있는 교섭력을 갖게 된 것이다.

그러나 일본의 침략을 직접 겪은 아시아 피해국들은 이 같은 미국 측 의향에 강경하게 반대하여 끝까지 일본에 대해 배상을 촉구했다. 달레스 초안에 찬성한 것은 네덜란드와 프랑스뿐이었고 영국마저도 대일 무역 제한을 표명했다. 인도는 나중에 배상 포기에 찬성했지만, 기타 배상 청구국에 대해서는 포기를 요구할 수 없었다. 필리핀, 인도네시아, 중국중화민국 등 일본군의 침략행위로 직접적 피해를 본 국가들이 강경하게 배상청구를 포기하지 않았기 때문이다.

특히 필리핀의 키리노Elpidio Quirino 대통령은 거듭 밝힌 항의 표명으로 중간배상 등 인계받은 배상 물건만으로는 도저히 필리핀의 전쟁피해를 보상할 수 없다고 주장했다. 배상을 중단하는 데 대한 국민의 분노는 장래 대일무역에 타격을 줄 것이라고 경고하는 한편, 중국중화민국 또한 피침략국에게 불공정하여 받아들이기가 어렵다고 항의했다.[9] 필리핀은 제2차 세계대전 중 미국과 일본이 격돌한 태평양전쟁 최대의 격전지가 되었기 때문에 전투에 휘말려 희생된 필리핀인의 수는 110만 명에 이르렀다. 하여 대일배상 포기는 필리핀 국민의 강한 반발을 불러일으켰을 뿐만 아니라 일본조차도 필리핀에 대한 배상 자체는 피할 수 없다는 견해가 지

興·発展』, 東京大学出版会, 2000, p.36.
9     平川均, op. cit., p.274.

배적이었다. 달레스는 여러 차례 필리핀에 배상청구 포기를 촉구했으나, 1951년 2월 킬리노Elpidio Quirino 대통령이 비록 분할지불이라 할지라도 어떠한 배상이 필요하다며 미국이 일본으로부터의 배상 추심을 보장할 것을 요구하는 강경한 태도를 고수했다.[10] 이 같은 필리핀의 태도에 호주와 뉴질랜드가 동조함에 따라 미국은 더 이상의 무배상 원칙을 포기할 수밖에 없었고, 타협 조치로 등장했던 것이 샌프란시스코강화조약의 배상포기 취지의 유보조항 격인 동 조약 제14조 a항이었다. 일본에게 배상을 요구하는 국가는 샌프란시스코강화조약과 별개로 일본과의 양자 간 협상에 의한 배상의 길을 모색하기로 한 것이다.[11]

14조 a항은 일본의 배상의무를 확인하는 동시에 배상을 역무役務방식에 따라 이행할 것을 취지로 삼은 것이 특징이다.[12] 일본의 배상 이행의무 자체는 인정하지만, 그 이행능력이 미흡하다고 판단될 때, 배상을 요구하는 국가는 '일본의 존립가능한 경제유지 범위에서만 생산, 침선 인

---

10  Ibid..
11  샌프란시스코강화조약 제14조 a항의 조문은 다음과 같다. "일본국은 전쟁 중에 발생시킨 손해 및 고통에 대하여 연합국에 배상을 지불해야 할 것이 승인된다. 그러나 존립가능한 경제를 유지할 것을 전제한다면 일본국의 자원은 일본국이 모든 상기 손해 및 고통에 대하여 완전한 배상을 하며, 이와 동시에 다른 채무를 이행하기에는 현 시점에서 충분치 않다는 점이 승인된다."
12  관련 조문은 다음과 같다. "일본국은 현재의 영역이 일본군대에 의해 점령되고, 또한 일본국에 의해 피해를 입은 연합국이 희망할 시에는 생산, 침선인양 및 그 밖의 작업에서의 일본인에 의한 역무(役務)를 해당 연합국의 이용에 제공함으로써 입힌 피해복구 비용을 이들 국가에 보상하는 데 이바지하기 위하여 해당 연합국과 신속히 협상을 개시하도록 한다. 그 약정은 다른 연합국에 대한 추가부담을 부과하는 일을 피해야 한다. 또한, 원자재 제조가 필요한 경우에는 외환 상의 부담을 일본국에게 부과하지 않기 위하여 원자재는 해당 연합국이 공급해야 한다."

양 등 역무에 의해서만 배상을 받을 수 있다'고 규정했다. 이 같은 미국의 의도는 반공 방파제로서의 역할 수행 필요성 때문에 일본 재공업화를 촉진하는 동시에 미국의 부담을 경감시키는 데 있었다.


## 3. 동남아 국가에 의한 대일배상 교섭

상술한 바와 같이 샌프란시스코 강화교섭 과정에서 미국이 주장한 무배상 원칙이 좌절되었지만 제14조 a항에 근거하여 아시아 각국에 대한 일본에게 배상을 요구할 여지를 남기는 형태가 되었다. 그러나 이마저도 "존립가능한 경제를 유지해야 할 것을 전제한다면 일본국의 자원은 (…중략…) 손해 및 고통에 대하여 완전한 배상을 실시하며 또한 동시에 여타 채무를 이행하기 위해서는 현시점에서 충분하지 않은 것이 승인된다"라는 내용이 적시되는 등 일본에게 유리하게 작용될 여지를 남기는 내용이었다.

제14조 a항의 적용을 요구하여 일본과의 양자 간 협상을 요구한 것은 필리핀, 인도네시아, 버마, 베트남, 라오스, 캄보디아 등 여섯 개 국가들이었다. 이 중 버마는 대일배상조항에 대한 불만으로 샌프란시스코 강화회담에 초청되었음에도 불참했으며, 라오스와 캄보디아는 배상청구권을 포기[13]했다. 인도네시아는 강화조약을 조인했다가 국내에서 의회가 비

---

13  일본은 이들 국가에게 '경제 및 기술협력협정'을 체결하여 캄보디아에게는 15억 엔, 라오스에게는 10억 엔 규모의 경제원조를 무상으로 공여했다. 일본에게 점령을 당한

준을 거부하자 다시 배상을 요구했다. 시종일관 일본에게 배상을 요구했던 것은 필리핀과 남베트남이었다. 이처럼 일본에게 점령을 당한 동남아 국가들의 입장은 다양하고 복잡한 양상을 띠었다.

여기서는 상대적으로 배상 규모가 큰 필리핀과 인도네시아 사례에 국한하여 일본과의 배상 교섭 과정을 검토해 보기로 한다.

일본은 배상의 근거가 된 제14조 a항에 적시된 '손해와 고통'[14]의 범위를 최대한 좁게 해석하려 했다. 제14조 a항은 일본에 의해 '전쟁 중에 야기된 손해 및 고통'에 대한 배상을 규정했지만, 그 구체적 내역을 규정하는 a항 1에서는 단순히 '손해를 복구'로만 되어 있어 '고통'에 대해서는 일절 언급이 없었다. 또한, '복구하는 비용'의 보전이 거론되기는 했지만, 전쟁으로 인한 손해나 정부지출, 산업시설 수용으로 인한 소득 상실, 사상자·실종자 발생으로 인한 가정소득 상실 등에 대해서는 '손해'로 인정되지 않았다.[15]

일본과 아시아 국가 간의 최초 배상 협상은 1951년 12월 인도네시아 사이에서 시작되었다. 인도네시아는 일본에 사절단을 파견했으며, 한 달 뒤에는 일찌감치 일본과 중간협정을 가조인했다. 그러나 이 중간협정이 샌프란시스코강화조약 제14조 a항을 앞세운 일본에 대한 패배라는 인도

---

캄보디아와 라오스는 배상청구권을 포기하는 대신 경제협력을 요구했다는 점이 협정에 명기되어 있어 단순한 경제협력이 아니라 준배상으로 보는 것이 일반적이다.

14  일본국은 전쟁 중에 발생시킨 손해 및 고통에 대하여 연합국에 배상을 지불할 것이 승인된다.

15  原朗,「戦争賠償問題とアジア」,『近代日本と植民地8-アジアの冷戦と脱植民地化』,岩波書店, 1993, p.274.

네시아 정부에 대한 비판과, 법률론만을 앞세운 일본 측 태도에 대한 거센 반발을 불러일으켜 의회에 상정조차 할 수 없었다.[16]

이후 인도네시아와의 교섭이 장기화된 원인으로 들 수 있는 것은 스카르노의 취약한 정치기반과 인도네시아의 정치시스템 상 내정에 있어서는 총리의 권한이 지극히 공고했던 점을 들 수 있다. 역대 총리들은 공통적으로 일본에 대해 강경한 자세를 보이며 고액의 배상을 요구한 데 대해 스카르노는 이를 진정시킬 수 없었다.[17] 태평양전쟁 중 종주국 네덜란드에 대항하기 위한 전략적 차원이라고는 하지만 일본이 주창한 대동아공영권 구상에 적극 참여했던 점은 스카르노에게 부정적으로 작용했다. 그가 일본과의 협상에 본격적으로 임할 수 있게 된 것은 인도네시아 국내의 반란을 진압하여 '지도제 민주주의'를 표방하며 국내 정치 기반을 다진 후의 일이다. 그는 정당 활동을 제한하고 총선을 정지시킴으로써 1인 독재로 향하게 되었는데, 후에 필리핀이나 한국이 그랬듯이 일본으로부터의 자금 도입은 자신의 정치생명을 굳건히 하기 위해 중요한 역할을 하게 된다. 일본과의 교섭에서 스카르노가 기시 노부스케 총리와의 직접 회담을 가진 것을 비롯해 단숨에 최종타결로 향하게 된 이면에는 이 같은 사정이 있었던 것이다.[18]

---

16  藤崎伸幸, 「インドネシア賠償問題の経緯とその背景」, 『アジア問題』 1955.6月號, 1955, p.50.

17  예를 들어 1950년대 중반에 재직했던 두 명의 총리는 대일배상 청구액として172억 달러를 요구했다. 鄒梓模, 増田与 譯, 『スカルノ大統領の特使, 鄒梓模回顧録』, 中央公論社, 1981.

18  林理助, 「フィリピン賠償」, 永野慎一郎, 近藤正臣 編, 『日本の戦後賠償ーアジア経済協力の出発』, 勁草書房, 1999, p.65.

시기가 전후하지만 1953년 10월 오카자키 가쓰오岡崎勝男 외무대신이 인도네시아를 방문함에 따라 침선인양 교섭이 재개되었고, 같은 해 12월 이 문제로 국한된 중간배상협정이 조인되었다. 그러나 본배상과 관련해서는 1954년 1월 교섭이 재개되었지만, 난항을 겪었다. 일본 측이 배상 총액 산정이 어렵다는 이유로 교섭을 서두르지 않았기 때문이다. 인도네시아 측은 이에 맞서 1954년 6월 대일무역수지 지급을 거부하여 배상 중 일부로 상계할 것을 요구함에 따라 일본은 인도네시아에 대한 수출을 중단할 수밖에 없을 정도로 양국관계가 험악해졌다. 그러다가 1956년 2월 네덜란드와의 경제적 관계를 인도네시아가 파기함으로써 외자 조달이 어려워지자 일본과의 배상 교섭에 적극적으로 나설 수밖에 없게 되었다. 이에 따라 협상이 급속도로 진행되어 11월 기시와 스카르노가 배상 4억 달러의 12년 동안 분할지불,[19] 경제 차관 4억 달러 20년 지불에 합의하여 1958년 1월 평화조약 및 배상협정 조인에 이르렀다. 협상 시작 당시 인도네시아 측이 70억 달러를 요구했던 점을 감안해 볼 때, 정정政情 변화로 협상에서 우위에 선 일본의 부담은 상당한 수준으로 경감되었음을 알 수 있다.

인도네시아에 이어 1952년 1월 필리핀이 마닐라에서 일본과의 협상을 시작했으며, 당초 80억 달러를 요구했다. 이 자리에서도 법률론을 고집하는 일본에 대한 필리핀 측 비난이 거셌다. 필리핀 측은 당초 징벌적 배상을 청구하지는 않겠다고 밝혔지만, 공정한 배상을 포기할 수 없다고

---

19  연간 단위의 배상지불액은 2000만 달러였으며, 이는 앞서 체결된 버마와의 배상협정의 연간지불액과 일치되는 것이었다. 原朗, op. cit., pp.278~279.

주장했고, 역무배상에 대해서도 일본에게 다시 경제적으로 종속될 결과를 초래할 것이라며 반대했다. 이에 대해 일본 측은 2억 5000만 달러, 15년 분할지급을 주장했다. 필리핀 측의 강경한 태도는 1945년 2~3월 한 달 사이에 10만 명에 이르는 필리핀인이 마닐라시가전에 휘말려 사망한 것을 비롯해 태평양전쟁 동안 막심한 피해를 겪은 점을 감안할 때 그 요구는 무리가 없는 수준이었다고 할 수 있다. 당시 필리핀 측은 샌프란시스코 강화조약 14조 a항에 대해 회담 자리에서 강한 불만을 토로하기도 했다.[20]

이처럼 필리핀과 일본 간의 관계는 이후 험악한 상태로 유지되었으나, 한국전쟁과 인도차이나 전선의 격화로 반공 방위망 구축에 다급해진 미국이 중재에 나서 타개되는 기미를 보이기 시작했다. 1952년 가을에 앨리슨John Moore Allison 국무부 차관보가 양국에 조정작업을 벌였고, 특히 필리핀 측에 과도한 배상액을 요구하지 말 것을 촉구했다. 이 같은 움직임에 호응해 오카자키 외상이 필리핀에 가서 유화적인 자세를 보이는 것과 동시에, 배상액의 추가나 조건의 개선에 응하는 자세를 보였다.[21] 1952년 12월 예비회담에서 제2차 본회담 개최가 결정되었으나 필리핀 국내 배상문제 19인위원회가 강력히 반대함에 따라 무기한 연기되었다. 이때 침선 인양에 관해서만 별도협정으로 합의되었고 1953년 3월 침선 인양 중간배상협정이 체결되었다.[22] 그 후 1953년 12월 자민당 오노 반

---

20  이 불만은 14조 a항이 필리핀과 같은 약소국에게 불리하게 작용하는 점에서 비롯된다. 1951년 9월 7일 필리핀 대표 로무로(Carlos Peña Romulo)장군은 강대국에게는 일본 영토 및 재외자산 몰수라는 징벌적 처분 길이 열려 있는 반면에 피해보상을 받을 방법이 배상으로 국한된 약소국에게는 일본에게 관대할 것을 요구하는 구도를 비판했다.
21  林理助, op. cit., p.74.

보쿠大野伴睦 간사장이 특사로 파견되어 2억 5,000만 달러의 15년 지급을 제안했으며, 이에 가르시아Carlos Polestico Garcia 대통령은 이듬해 4억 달러, 20년 분할지급을 제안했다. 일본이 이를 수용함에 따라 양자 간에 예비협정이 체결되었으나 이 시기에 맞춰 일본에 온 필리핀 경제조사단이 일본의 배상 이행 능력을 10억 달러 정도로 평가함에 따라 필리핀 상원이 분규하면서 예비협정은 파기되었다. 이후 요시다 내각 총사퇴와 배상사절단에 대한 매수설 등이 문제가 되어 교섭은 진전되지 않았으나, 1954년 12월 하토야마 내각이 탄생하자 여당 간사장이 된 기시는 이미 필리핀과의 물밑 조정에 관여하고 있던 나가노 마모루 등과 연결되어 조정에 적극적으로 관여하게 되었다. 이때 필리핀에 파견되었던 것이 후에 기시 내각의 외무대신이 되는 후지야마 아이이치로藤山愛一郎였다. 1956년 3월에 후지야마가 막사이사이 대통령과 회담함으로써 최종적으로 배상 5억 5,000만 달러, 20년 분할지불에 더해 경제협력 2억 5,000만 달러 등, 총계 기준으로 인도네시아와 같은 금액인 8억 달러에 합의했다. 배상 분의 내역은 5억 달러가 자본재, 5,000만 달러가 역무였으며, 역무 중 2,000만 달러가 가공역무였다.[23]

---

22  그러나 상세한 실시항목이 결정되지 않은 탓에 실체로 침선인양 작업이 시작된 것은 1956년 8월부터였다.

23  가공역무란 일본에서 필리핀으로 수출되는 소비재 중 일부를 가공비용만큼 공제하여 매각하여 필리핀 정부가 이를 자국 안에서 판매함으로써 페소화를 현금으로 얻는 방식이다. 필리핀 정부는 이에 따라 얻은 수익을 전쟁으로 발생한 과부와 고아에 대한 위로금으로 사용했다. 일본이 개인을 대상으로 하는 금전적 보상을 인정하게 될 경우, 다른 국가들과의 협상에 영향을 미칠 수 있어 이를 회피하기 위하여 이 같은 우회적 방법이 채택되었다.

다음으로 버마는 일본과의 협상 타결에 있어 가장 이른 시기에 타결되었던 점이 주목할만하다. 협상 개시 자체는 1954년 8월로 인도네시아, 필리핀보다 늦었지만, 당초 요구액이 4억 달러, 20년 분할지급으로 낮은 수위에 머물렀기 때문에 협상 한 달 만에 타결되어 11월 총 배상액 2억 달러, 경제협력 5,000만 달러, 각 10년 분할지급으로 평화조약과 함께 조인되었다. 그러나 버마는 이후 인도네시아와 필리핀에 비해 현저히 낮은 수준에 불만을 품어 일본과의 재협상을 요구했으며, 더 이상의 재검토를 하지 않는 조건으로 1963년 1월 무상 경제협력 1억 4,000만 달러, 12년 분할지급, 차관 3,000만 달러, 6년 분할지급으로 하는 협정이 체결되었다.

마지막으로 남베트남은 1953년 6월 침선인양 협상이 시작되어 9월 가조인했으나, 내전이 격화되면서 발효될 수 없었다가 1955년 4월 협상을 재개하여 1959년 5월 3,900만 달러, 5년 분할지급, 차관 공여 750만 달러, 3년 분할지급으로 하는 협정이 1960년 1월에 발효되었다.[24]

## 4. 역무배상의 특징과 그 이행과정

상술한 바와 같이 일본의 아시아 국가에 대한 배상에 있어 가장 큰 특징은 역무배상이라는 형식이 채택된 데 있다. 이는 제1차 세계대전 이후 독일에 부과한 금전배상과 이탈리아에게 부과한 현물배상이 결국 양국

---

24  단, 북베트남은 배상을 요구할 권리를 유보하겠다는 성명을 1956년과 1959년 두 차례에 걸쳐 낸 바 있다.

국민의 분노와 원망을 초래하여 파시즘이 대두하는 원인으로 작용했던데 대한 반성에서 비롯된 것이다. 한편, 역무배상도 냉전구조 아래서 반공 진영 강화를 꾀하려 했던 미국의 시급한 필요성이 없었더라면 채택되지 않았을 것이다.

역무배상은 샌프란시스코강화조약에서 "생산, 침선 인양 및 기타 작업 등에 일본인은 역무를 연합국에 제공할 것"으로 규정되어 있었다. 하여, 역무배상의 본래 취지에서 추진된 전형적 사업은 상술한 바와 같이 인도네시아와 필리핀 해역에서 일본 기업이 침선을 인양하는 작업이었는데, 이 같은 역무는 배상 중 일부를 차지하는 데 불과했다. '역무'라는 용어를 상황에 따라 이행할 내용에 맞추도록 해석을 달리 했던 것이 현실이다. 역무배상을 일본의 재공업화에 이바지하게 하며, 그것이 아시아의 경쟁력 강화로 이어지도록 할 의사를 미국이 가지고 있었다는 사실은 샌프란시스코 강화회의를 주도한 달레스 미 국무장관의 역무배상에 관한 다음과 같은 발언이 방증하고 있다.

일본은 오늘날 고용이 불안정한 인구와 불완전한 공업 능력을 갖추고 있다. 양자를 모두 활용할 수 없는 상황은 원료 부족으로 인한 것이다. 그러나 그 원료는 일본군이 침략했던 국가가 충분히 가지고 있다. 만일 전쟁으로 황폐진 이들 국가 대부분이 가진 원료를 일본으로 보낸다면 일본인은 이를 원료 공급국을 위해 가공할 수 있을 것이며, 일본인의 역무가 자유롭게 제공된다면 배상을 상당량 지급할 수 있게 된다.

또한, 일본이 이 같은 미국의 전략에 편승할 뿐만 아니라, 그것이 일본 공업화를 위한 투자라는 관점에서도 유효하다는 견해를 가지고 있었던 것을 요시다 총리의 다음과 같은 발언을 통해서도 알 수 있다.

이른바 자유주의 진영 공동의 (…중략…) 동남아시아 대책본부와 같은 것을 만들어 거기에 일본과 영국, 프랑스, 네덜란드 등 관련국들이 인적, 물적 자본을 주입하여 (…중략…) 대규모, 효과적으로 동남아시아에서 반공 공세를 전개한다. (…중략…) 배상이라고는 해도 (…중략…) 우리 편에서 보면 투자다. 이 투자로 (상대국이) 개발되어 일본의 시장이 된다. 그렇다면 투자도 충분히 회수할 수 있다. (…중략…) 배상이라는 이름으로 우선 버마에 손을 대고, 머지않아 필리핀, 인도네시아에도 그것을 넓혀 나갈 것이다.[25]

이 같은 미국과 일본의 의도와 더불어 배상받는 국가들 또한 역무에 대한 해석의 폭을 넓히기를 원했다. 이는 공업화를 서두르는 이들 국가가 자본재 수급을 역무의 일부로 원했던 데 따른 것이다. 이 같은 사정에 따라 배상의 중심은 자본재 제공으로 변용되었다. 정확히는 이에 더하여 소비재 등 공급도 이뤄진 것이다.

다음으로 자본재 중심인 각국에 대한 배상 내역[26]을 살펴보면 먼저 인도네시아에 대해서는 엔화로 환산한 총 561억 엔 중 하천개발 등 인프라 건설 프로젝트나 제지, 면방적, 합판 등 플랜트류 282억 엔, 기계류

---

25  吉田茂述,『回想十年』第一卷, 中央公論社, 1998, p.191.

26  이하, 각국에 대한 배상의 내역에 관해서는 주로 原朗, op. cit., pp.283~286 참조.

214억 엔이 약 88%로 대부분을 차지했다. 구체적인 사업내역은 동자바 화산지대 브란타스강 개발에 89억 엔이 투자된 것이 최대규모였으며, 남 카리만탄 리암카난 종합개발계획, 남부 수마트라 팔렘방 무시강 교량 건 설, 자카르타 시내 위스마누 산타라빌 건설 등이었다. 또한, 플랜트류는 각지의 제지공장에 총 41억 엔, 면방적은 자카르타, 중부 자바 라완, 발리 덴파사르 등에 공장이 들어섰다. 기계류로는 수송용 기계가 132억 엔(이 중 선박 77억 엔), 자동차류 50억 엔이었으며, 그 밖에 일반기계가 70억 엔, (이 중 토목, 농경용 기계 45억 엔) 등을 일본에서 구입했다.

다음으로 필리핀을 살펴보면 인도네시아와 마찬가지로 공공사업 관 련 기초자재 조달을 중심으로 농촌 전화, 지방 중소공업 개발, 침선인양, 가공역무 등이 중심을 이뤘다. 분할 지급기간 중 2차년도는 해운력 강화 를 위해 필요한 외항 화물선에 중점을 두어 석회석, 목재, 수산 자원 등의 국내 자원 개발용 물자가 주를 이뤘다. 이후 배상 추진이 필리핀의 정계 상황 변화에 따라 정체되기도 했으나, 5, 6차년도에 최대 프로젝트인 마 리키나강 다목적댐 개발과 전기통신설비 확충에 관한 배상 담보 차관이 추진되었다. 또한, 침선인양사업은 4차에 걸쳐 총 158척을 인양하여 고 철 11만 톤을 회수했다. 6차년도 이후에는 배상 담보 차관의 비중이 높아 져 총 1,770억 엔의 내역은 수송용 기계, 도로주행차량, 일반기계, 전기기 기 등이었다.

버마에 관해서는 엔화 환산으로 총액 713억엔이 이행되었다. 그중 29%인 209억 엔을 인프라 프로젝트가 차지했고, 최대규모의 벌루찬 발 전소 건설 계획이 104억 엔을 차지했다. 그 외 소형 트럭·버스 조립공장이 33억 엔, 대형 버스·트럭 조립공장 25억 엔, 전기 기구 조립공장 31억 엔, 펌프, 농기구 조립공장 16억 엔 등이 있었다. 다음으로 수송용 기기 공여가 25%인 182억 엔을 차지했으며, 그 내역은 버스·트럭 등 45억엔, 철도 차량 42억 엔, 선박 80억 엔 등이었다. 또한, 절연전선·라디오류 등 전기 기기가 8%로 59억 엔, 섬유기계·토목기계 등 일반기계류가 9%로 66억 엔인 것을 비롯하여 기계류가 총 307억 엔으로 총계 중 43%를 차지했다. 원료별 제품으로는 아연철판이 59억 엔으로 19%, 레일·철도재료를 비롯한 강재·금속제품 총 136억 엔, 기타 플랜트류, 화학제품, 약품류, 수송역무 등이 있었다.

마지막으로 남베트남의 경우, 엔화 환산으로 140억 엔 중 70%인 99억 엔이 다림발전소 건설에 집중적으로 투자되었다. 그 외에 골판지 제지공장과 라디오·셀로판지 등 소비재가 차지했으며, 여기서도 다림발전소 건설에 충당된 관계로 실제로는 90%가 다림발전소 건설에 투입되었다.

지금까지 살펴본 바와 같이 일본에 의한 배상 중 상당 부분이 침선인 양과 같은 말 그대로의 역무를 통해 인프라 프로젝트나 플랜트 건설, 이를 위해 필요한 자본재 조달에 충당되었던 점을 확인할 수 있다. 또한, 역무배상 방식은 일본에 의한 아시아 배상 전개 과정에서 이른바 '배상 비즈니스'를 일본 기업에 가져왔던 점도 확인할 수 있다. '배상 비즈니스'라는 속어가 널리 통용된 이유로 들 수 있는 것은, 첫째, 배상관련 사업 내용에 대해서는 아시아 각국이 결정할 수 있지만, 이에 대한 입찰권은 오로지 일본 기업에게만 인정되었다는 점을 들 수 있다. 둘째, 배상이라고는 하나, 일본이 각국과 합의한 배상액에 해당하는 현금을 지급했던 것이 아니라, 그만큼의 한도가 주어졌을 뿐 실제 결제는 일본 정부가 각기 사업을 수주한 일본 기업에게 직접 결제했다. 셋째, 배상 관련 사업 중 압도적 비중을 차지했던 것은 다목적댐이나 발전소 건설 등 대규모 프로젝트가 차지했다. 넷째, 일본 기업의 입찰이 경쟁 입찰이 아닌 수의계약이었기 때문에 불투명한 거래가 빈번히 이뤄지면서 납품액이 부풀려졌다. 이리하여 각국의 피해에 대한 보상, 특히 침략행위의 희생자에 대한 보상이라는 점에서는 미흡할 수밖에 없었고, 결국 일본의 침략행위에 대한 책임은 모호해졌을 뿐만 아니라 배상을 통해 스스로 이익을 챙기는 구조와 함께 아시아의 원자재와 시장에 대한 접근을 얻게 됨으로써 아시아에 재진출할 기회도 얻게 된 것이다. 즉, '일본의 아시아 배상 규모가 곧 일본 기업의 수익 규모'[27]라는 공식이 여기에서 성립된 것이고, 아시아 국가의 자원과 시장을 획득하고자 했던 태평양전쟁의 목적을 성취하게 된 것이다.

여기서 주목해야 할 점은 각국에 대한 배상 이행과정에서 경제사절단이 일본에 파견되었고, 이것이 창구 역할을 했다는 점이다. 이 같은 방식은 버마가 요청한 것에서 시작되었으며, 이후 필리핀, 인도네시아, 남베트남 그리고 후에 한국도 답습하게 되었다. 경제사절단이 채택된 것은 각국이 일본 정부에 대해 강한 불신을 품었기에 배상액에 상당하는 역무 및 생산물을 정당한 가격으로 입찰받으려 했기 때문이다.[28] 또한, 일본 측 입장에서도 조달에 책임을 지지 않아도 되기에 마찰을 피할 수 있는

---

27  拙稿, 「日本의 對韓 '賠償 비즈니스'를 둘러싼 韓日 '滿洲人脈'의 結合과 役割」, 『한국학』 31(3), 한국학중앙연구원, 2008.9, 131~153쪽 참조.
28  平川均, op. cit., p.453.

데다가 창구의 일원화로 행정적 부담을 덜 수 있었기 때문에, 이 방식의 도입에 적극적이었다. 그러나 앞서 거론한 바와 같이 수의계약으로 인한 불투명한 거래가 빈발하는 부작용을 낳기도 하여 아시아 각국과 일본의 유력자에게 사적 이익 제공의 의혹이 끊이지 않았다.

　다음 절에서는 이 같은 일본의 대아시아 배상의 성격과 의의에 논의하면서 아시아 각국이 어떤 인식을 가지고 있었는지에 대하여 논해 보고자 한다.


## 5. 배상이 일본과 아시아 국가에게 미친 영향

　지금까지 살펴본 바와 같이 아시아 국가들의 대일 배상 협상 및 그 이행과정에서 알 수 있는 것은 여러 측면에서 일본에게 유리하게 작용했다는 점이다. 또한, 양측의 관계는 태평양전쟁 중 지배-피지배의 관계에서 일본의 패전으로 일시적으로 관계가 단절되기는 했으나 배상에 의해 다시 관계가 구축되고, 이를 발판으로 삼아 후술하듯이 경제적 주종관계로 변화되었다. 여기서 중요한 것은 양자 간의 관계가 시종일관 대등한 적이 없었다는 점이다. 그리고 일본이 가장 피하고 싶어 했던 전쟁 희생자 개인에 대한 직접보상이 냉전이나 아시아 각국의 국내 정세 변화로 양보하는 구도가 형성됨에 따라 일본의 전쟁책임 소재가 모호해졌다. 이것이 오늘날까지 영향을 미치고 있는 것이다. 여기서는 이를 검토하기 위하여 배상에 의해 일본과 아시아 각국의 관계가 어떻게 변용되고 누가 어떤 이익을 얻었는지에 관해 검토해 보고자 한다.

배상에는 패전국 일본과 아시아 국가 간의 연결고리가 되었다는 측면과 더불어 양측 위정자를 비롯한 권력층 간의 네트워크가 형성되어 서로 유착하는 구도가 강화된 측면도 함께 있었다. 또한, 이 유착의 특징으로 점령기간 중부터 일본과 인맥을 구축해온 각국 지도층 또는 그 인맥을 계승한 이들이 중심에 섰던 점을 들 수 있다. 여기서는 전형적이고 비교적 규모가 큰 사례로 인도네시아와 베트남에 국한하여 살펴보기로 한다.

우선 인도네시아에 대해 일본이 자금과 기술을 제공한 것은 상술한 바와 같이 기시 내각 시절이다. 스카르노를 비롯한 인도네시아 지도층은 1920년대부터 네덜란드에 대한 독립투쟁을 벌여온 인사들을 중심으로 구성되었다. 이들은 태평양전쟁 동안 일본이 네덜란드를 인도네시아에서 몰아내고 점령했을 때 일본군에 협력한 역사를 갖고 있으며, 스카르노는 1943년 열린 대동아회의에 초청되었을 만큼 일본과 긴밀한 관계를 구축하고 있었다.

스카르노는 일본 패전 후 4년여 벌여온 네덜란드와의 독립투쟁을 거쳐 독립을 이뤄냈다. 그러나 소규모 정당의 난립과 좌우 대립, 지역 갈등에다가 종교 갈등까지 겹쳐 권력 기반이 매우 취약했다. 일본과의 배상 교섭이나 비동맹주의 표방 그리고 이에 따른 반둥에서의 아시아 · 아프리카 회의 개최 등은 스스로의 권력 기반을 보강하려는 데 따른 것이었다. 강력한 대립파 측에서 총리가 계속해서 선출됨으로써 샌프란시스코 강화조약 비준이 부결되기도 했고, 이들이 대일배상 청구로 당초 172억 달러를 주장하는 등, 일본과의 배상 문제 타결 또한 매우 어려운 상태에 놓여 있었다.[29] 스카르노는 이 같은 국내 정치 속에서 대립 세력 간의 균형 위에 자신을 두는 형태로 권력을 장악하려 했다. 자신의 권력 기반 강화를 위하여 중국과 비동맹주의에 입각한 연대에 의하여 냉전구조로 인한 사상적 제약으로부터 스스로를 해방시키는 한편 일본으로 받게 될 자금 및 기술로 경제적 기반을 다지고자 한 것이다.

스카르노 또한 당초 일본과의 배상 교섭에서 지극히 강경한 자세로 임하기는 했다. 중국과의 관계 등 용공容共적 자세를 보임으로써 반공 진영의 결속 강화를 바라는 일본을 견제하려 했다. 이는 일본 정재계나 상사를 비롯한 기업의 로비스트들이 배상관련 사업의 수주를 노리고 적극적으로 로비를 벌이고 있던 상황을 역으로 이용한 데 비롯된다. 스카르노는 태평양전쟁 당시 일본 군정국과 관계가 깊었던 인도네시아 화교 조우 지모鄒梓模를 연락담당 및 로비스트로 도쿄로 파견하여 일본 정재계의 동향을 살피도록 했다.[30]

한편, 일본 측에서는 기시와 직접 연결되어 있고 일본개발은행 총재 등을 역임한 고바야시 아타루小林中가 후술하듯이 필리핀과의 배상 교섭에서도 중요한 역할을 담당하게 될 나가노 마모루永野護, 신일본제철 사장 나가노 시게오(永野重雄)의 형와 같은 재계인들의 관여가 눈에 띈다. 그러나 이들을 로비스트로 보기에는 너무 고위직에 있었으며, 실제로 로비스트 역할을 맡은 것은 상사를 비롯한 기업인들이었다. 그중에서 아시아 각국의 배상 사업

---

29    永野慎一郎, 近藤正臣 編, 『日本の戰後賠償−アジア經濟協力の出發』, 勁草書房, 1999, p.65.
30    이에 관한 다양한 일화는 鄒梓模, 增田与 譯, op. cit., 참조.

에서 큰 이익을 거머쥔 대표적 인물로 알려진 것은 전문상사인 기노시타 상점의 경영자 기노시타 시게루木下茂다. 기노시타는 일제 시절부터 만주 등지에서 고물상으로 활약하다가 배상 교섭이 시작되는 시기에 두각을 나타내기 시작한 인물로 A급 전범으로 스가모프리즌에 수감된 기시의 가족을 경제적으로 지원했다. 기시가 석방된 후에는 자산을 잃은 그의 정계 진출을 돕기 위해서 경제적 지원을 제공했다. 이 같은 경위로 기노시타는 인도네시아 배상 교섭에서 물밑교섭을 주도했을 뿐만 아니라 협상 타결 후에 실시된 '배상 비즈니스'에서 거액의 이익을 얻게 되었다.[31]

이 같은 양국의 로비스트 간, 그리고 정재계 간의 연결고리는 상술한 배상 이행과정의 불투명성과 맞물려 배상 본래의 취지에서 동떨어진 것으로 변용되었으며, 이 같은 현상은 인도네시아에서 특히 두드러지게 되었다. 인도네시아의 경제발전을 위해 필요한 자본재 도입보다는 백화점이나 고층빌딩 건설 등 본래 취지와는 거리가 있는 사업들이 다수 추진되었고, 여기에 기노시타상점이 깊숙이 관여했다. 기노시타상점은 드러난 것만으로도 자카르타 시내 29층 규모의 위스마누 산타라빌 건설공사(21억 엔 규모)와 발리 등 세 개 호텔 건설(51억 엔) 수주 등에 관여했으며, 인도네시아 배상 선박 16척 중 최소 9척을 수주하기도 했다.[32]

기노시타상점과 유사한 사례로 들 수 있는 것은 구보 마사오久保正雄의

---

31    第31回衆議院予算委員會, 第11號, 1959.2.14.

32    이 배상선박 수주에서도 기노시타상점(木下商店)이 "일본 중고선박을 시가의 세배 이상의 가격으로(사드린 것으로 하여 이를) 배상물자로 인도네시아 측에 기증했다"는 일로 거액에 이익을 올렸다는 설이 있다. 村井吉敬, 「インドネシアと日本の癒着の構造」, 『世界』 1998.8月號, 1998, p.80.

도지쓰상사東日商事다. 구보는 1959년 스카르노가 일본을 방문했을 당시 경호 업무를 맡은 것이 계기가 되어 스카르노와 지우 관계를 구축하면서 배상관련 사업에 관여할 수 있게 되었다.[33] 또한 도지쓰상사 임원 중에 고노 이치로河野一郎와 고다마 요시오児玉誉士夫 등을 포진시켜 정재계와 깊은 관계를 구축할 수 있었다.[34] 기노시타상점, 도지쓰상사는 비록 대기업이 아니었으나, 기노시타는 미쓰이물산, 도지쓰는 이토추상사와 깊은 관계가 있어 인도네시아에 사업거점이 없었던 이들 종합상사를 대신하여 사업활동을 진행했다.[35]

다음으로 필리핀에 대해 검토해 보기로 한다. 인도네시아의 스카르노와 마찬가지로 일제에 의해 필리핀이 점령되던 시절부터 일본과의 관계를 가진 라우렐이 대통령에 취임했다. 라우렐 자신은 필리핀에서 본의 아니게 일본 군정국에 의해 필리핀인을 모으는 역할을 맡지 않을 수 없었기 때문에 전시 중에 개최된 대동아회의에서도 일본의 독선적 자세를 비판하는 연설을 한 바 있다.[36] 그러나 그 입장상 일본이 패전국면을 맞은 1945년 3월 도쿄로 망명함에 따라 그를 비롯한 필리핀인들이 대일협력자 혐의로 구속되어 스가모프리즌에 갇히게 되었다. 이들은 스가모에

---

33  인도네시아 '배상 비즈니스'를 둘러싼 부패문제에 관해서는 共同通信社社會部, 田中章, 魚住照, 保坂渉, 光益みゆき, 『沈黙のファイル』, 共同通信社, 1996, pp.9~26 참조.

34  平川均, op. cit., p.456.

35  Ibid..

36  라우렐은 대동아회의 석상에서 "대동아공영권이란 이를 형성케 하는 어떤 한 나라의 이익을 위해 건설되는 것이 아닙니다. (…중략…) 일본은 오로지 자신만이 생존하며 동아의 동포들이 멸망에 시달리는 것을 행복으로 여기지 않을 것이라는 것을 나는 충분히 이해하고 있는 바입니다"라는 내용으로 일본을 적시하며 비판했다.

서 A급 전범 혐의로 수감된 기시를 만나게 됨으로써 교류가 시작되었으며, 이 교류가 이후 기시가 필리핀 배상뿐만 아니라 양국관계 구축에 큰 영향을 미치게 될 요인이 되었다.[37]

일본의 필리핀에 대한 자원 조달은 일제 시대부터 이뤄져 왔고 그 의존도는 매우 높았으며, 특히 필리핀 최대의 철광산인 라랩 광산은 태평양전쟁 발발 전까지 이미 380만 톤이나 되는 철광석을 일본에 수출하고 있었다.[38] 라랩 광산은 일본 패전 후 미국과의 합작회사 소유가 되었으나, 1952년에는 일찌감치 기노시타상점의 주선으로 후지, 야와타, 니혼강관, 고쿠라제철 등 네 개 기업에 의하여 개발 수입이 재개되었다. 당시 라랩 광산은 필리핀 대일 수출 중 3분의 2를 차지했을 정도로 규모가 컸다.[39]

친동생이 후지제철 회장으로 재계 중진이었던 나가노 마모루는 철강업계와 정계를 잇는 인물로 정계와 재계 양측에서 활동했던 인물이다. 나가노의 필리핀과의 관계는 처가가 필리핀 개발에 일제 시기부터 관여해왔으며, 라우렐과의 개인적 친분 관계와 자신이 몸담은 일본 철강업계의 라랩 광산에 관한 관심에서 비롯된 것이다.[40] 재계의 요망에 따라 정계에 입문한 나가노는 당파 싸움으로부터 비교적 자유로운 입장에 있었기에 요

---

37   라우렐의 아들로 역시 스가모프리즌에 수감되었던 라우렐 3세는 기시에 대해 "지금도 매우 존경하는 비일(比日)관계 건설의 일본 측 일등공신이었다"고 평가하는 것으로도 알 수 있듯이 스가모에서 다져진 라우렐 일가와 기시 간의 관계가 양국관계에서 중요한 역할을 했다. 津田守 · 横山正樹 編, 『開発援助の実像－フィリピンから見た賠償とODA』, 亜紀書房, 1999, p.42.

38   池端雪浦, 『日本占領下のフィリピン』, 岩波書店, 1996, pp.160~164.

39   津田守 · 横山正樹 編, op. cit., p.44.

40   吉川洋子, 「対比賠償交渉の立役者たち」, 日本国際政治学会 編, 『日本外交の非公式チャンネル(『国際政治』75号)』, 1983, p.135.

시다 내각 시절에 필리핀을 수 차례 왕래하며 필리핀 정부 수뇌부와의 교섭에서 자신의 사안을 제출하는 한편, 기시 내각 시절에는 운수대신으로 입각하여 배상 사업을 전면에서 주도하는 입장이 되기도 했다.[41] 인도네시아의 사례와 마찬가지로 필리핀에서도 유착관계가 일찍부터 지적되고 있었다. 라랩 광산 사례에서도 기노시타상점이 철광석을 부풀린 가격에 구입하는 조건으로 3억 엔의 커미션을 받았고, 그것이 기시의 정치자금으로 유용되었다는 내용이 보도되는 한편, 일본 국회에서는 야당 의원이 기시, 나가노 마모루, 기노시타 시게루 등이 '배상 비즈니스'로 사재를 축재한다는 의혹이 다음과 같이 추궁되었다.[42]

왜 이 라랩 문제를 이렇게 끈질기게 묻느냐 하면 기시 씨가 전시 중 군수성 통제 실권을 쥐고 있었을 당시, 기노시타 씨는 제2차 제품 통제회 이사장이었습니다. 나가노 씨는 철강 통제회 임원이었습니다. (…중략…) 요컨대 이는 예로부터 이어져 온 오래된 친분이지 않습니까. 동지와 같은 것이 아닙니까. (…중략…) 결산 보고서만으로 (…중략…) 일본에 광석을 팔기 위해 일본 측에 대해 사용한 돈이 연간 3억 엔이나 계상되고 있는 것입니다. (…중략…) 항간에서는 이 라랩의 거래로 생긴 돈으로, 기시 씨의 간사장 시절부터 총재 선거 비용이 나왔다고 전하는 사람도 있습니다. 저는 필리핀과 철강 3사와 기노시타 씨와 원래 군수성 대신이었던 기시 씨와의 관계를 생각해 보면, 이

---

41  나가노가 배상에 관여했던 것은 1959년 배상과 관련하여 기노시타상점(木下商店)으로부터의 뇌물수수 의혹으로 운수대신을 사임하게 된 사실로 알 수 있다.

42  일본 사회당 이마즈미 이사무(今澄勇) 의원의 발언. 第31回衆議院予算委員会議事錄, 第10號, 1959.2.13.

같은 의혹은 당연히 일어날 수 있다고 생각합니다.

이 발언을 통해 필리핀을 둘러싼 기시를 정점으로 하는 나가노, 기노시타와의 관계가 패전 이전부터 지속되어왔던 것을 알 수 있다.[43] 그러나 유착구조가 본격화되는 것은 마르코스 정권 출범 이후의 일이다. 마르코스 정권 시기는 일본의 필리핀 배상 기간 20년 중 후반 10년과 일치하며, 배상 내용이 인도네시아처럼 민간부문에 의한 자본재 조달에서 공공부문에 의한 소비재로 중심이 변용된 시기였다. 그 결과 일본의 배상은 국가산업의 발전과 크게 동떨어진 것이 되어, 당초 도입이 고려되고 있던 종합제철소 건설도 검토사항에서 제외되고 말았다. 이는 곧 마르코스와 그 측근들에 의한 사재화를 의미했으며, 배상의 본래 목적이어야 할 산업진흥을 위해 "유익한 경제효과를 가져오지 않았다"[44] 뿐만 아니라 일본 기업으로부터 거액의 리베이트를 수수한 사실이 드러나기도 했다. 마르코스 정권 붕괴 후에 실시된 조사에 따르면 마르코스는 배상에 의한 사업 수주에서 최소 6,470만 달러를 리베이트로 받은 것으로 나타났으며, 이는 그가 집권했던 배상 후반기에 일본으로부터 받은 배상 총액 3억 달러 중 21.6%에 해당한다. 즉 양국 사이에서 이미 형성되던 유착구조의 필리핀 측을 마르코스가 이어받게 됨에 따라 배상 사업 자체가 권력자의 이익증식 수단으로 전락하여 국가개발에 필요한 인프라나 플랜트 건설

---

43　참고로 기노시타는 라랍광산의 철광석 적출업무를 맡은 이와이상점(岩井商店)에서 일했기에 나가노 형제를 알게 되었다. 岩井隆, 『巨魁』, ダイヤモンド社, 1977, pp.211~213.

44　津田守・横山正樹 編, op. cit., p.118.

에 자금이 사용되지 않았던 것이다.

지금까지 살펴본 바와 같이 일본 측 입장에서 볼 때 아시아 각국에 대한 배상은 일제 시기의 대동아공영권 구상처럼 아시아경제권을 구축하기 위한 발판을 마련하기 위한 차원에서 추진된 측면이 있다. 물론 당시 구상을 그대로 계승할 수 없었고 패전국으로서의 제약도 당연히 존재하긴 했지만, 냉전으로 인해 미국이 일본에게 중국 시장과의 경제 관계 축소에 압박을 넣었고 일본의 부흥을 미국 스스로가 주도했기 때문에 아시아 국가들을 중국을 대체할 일본의 시장으로 삼고자 하는 일본의 독자성을 인정할 수밖에 없었다. 일본은 이러한 미국의 한계를 인지하면서 나름의 아시아 시장 진출을 의도하여 구상했다. 그 구체적 사례가 요시다 내각의 1954년 '아시아판 마셜 플랜'과 기시 내각에 의한 1957년 '동남아경제개발기금'이라고 할 수 있다.

대동아전쟁의 옳고 그름을 떠나 그 전쟁의 목표는 개전 조칙에도 일본의 희생으로 아시아를 해방시키고 아시아인의 아시아를 건설하는 것이 분명히 나와 있다. 아시아 민족의 정치적 해방은 일본이 전쟁에 패배함으로써 달성되었지만, 일본으로서의 궁극적 목표는 근대 아시아 건설에 있었다. (…중략…) 과거의 이 민족적 비원이야말로 전후 일본에게 부과된 유일한 책무라고 믿어 의심치 않는다.[45]

---

45   아시아문제조사회 이시하라 고이치로(石原広一郎) 이사에 의한 발언. 平川均, op. cit., p.463.

한편, 일본으로부터 배상을 공여받은 아시아 국가들은 이 같은 일본의 의도에 적극적으로 영합하지는 않았다. 일본이 미국에 의해 배상 부담 최소화를 보장받은 상태에서 임한 아시아 국가들과의 배상 협상에서 유리한 위치를 차지할 수 있게 된 요인으로는 상술한 바와 같이 냉전, 구종주국과의 독립투쟁 그리고 기반이 취약한 위정자들의 권력기반 등을 들 수 있다. 게다가 인도네시아와 필리핀에서는 국내에 공산주의 세력이 대두되어 이들과도 맞서야 하기도 했다. 인도네시아에서는 스카르노 자신이 공산주의자를 일본에 대한 외교적 견제 세력으로 활용한 측면도 있었고, 필리핀에서는 국내에서 세력을 확대하고 있던 공산 세력 후쿠바라 합단을 약화시키기 위한 반공촌을 건설하는 데 활용되는 등 일본의 배상은 각국 권력자의 권력기반을 강화하기 위해 조기에 도입할 수 있는 유일한 수단이었다. 이 점에서는 한국도 유사한 상황에 놓여 있었다고 볼 수 있을 것이다.

하여 일본은 굳이 배상 교섭 타결을 서두를 필요성이 전혀 존재하지 않았다. 교섭이 장기화할수록 더욱 낮은 감액과 지불의 장기 이행이라는 유리한 조건을 쟁취했을 뿐만 아니라, 경제협력으로서의 성격을 전면에 내세우는 형태를 얻게 됨에 따라 본래 취지인 침략행위에 대한 반성을 희석시키는 데도 성공했다. 또한, 배상 협정 체결이 지연되는 동안 벌어진 한국전쟁 특수로 경제적 여력을 회복한 일본은 배상 부담을 실질적으로도 줄일 수 있었다. 이 같은 경위에 따라 일본 국민 1인당 배상 부담은 캄보디아나 라오스 그리고 한국 등에 대한 준배상까지 합쳐도 5,000엔 선에 불과하다.[46]

배상을 통한 일본에 의한 아시아 국가에 대한 인프라 구축을 위한 자본재 공급과 역무는 일본 산업계의 이익에 부합하는 것으로 1960년대 후반 이후의 제조업 투자 주도에 의한 시장진출이라는 모델이 이때 마련되었다고 할 수 있다. 아시아 국가들이 공업화를 이루는 과정에서는 필연적으로 경공업 산업의 성장을 거치게 되는데, 일본으로부터 공여받은 것은 주로 당시 국제경쟁력이 취약했던 중공업 제품이었기 때문에 주력 상품이었던 경공업 산업의 통상적 수출을 가로막지 않았다. 오히려 배상 공여 물자가 아시아 시장에 널리 확산함으로써 특히 국제 경쟁력이 약하던 기계제품의 시장 개척에 크게 도움을 주는 동시에 일본의 불황기에는 국내 체화를 흡수하는 발판의 기능도 담당했다. 대형건설회사와 상사들은 배상 이행에 따른 최대 수익자였으며, 1960년대 초부터 국가의 보호 아래 해외 공사 경험을 축적할 수 있었고, 배상이 완결된 후에도 외국 업체와의 경쟁에 대비할 수 있었다. 또한 자본재가 배상의 중심이 되면서 자연스레 일본 제품에 대한 수요를 창출하여 수출 확대를 부르는 효과를 가져오게 했다. 배상 이행이 10년 이상의 장기간에 걸쳐 있었기 때문에 이들 국가에 일본 제품을 지속적으로 공급할 수 있었던 것이라고 할 수 있다.[47]

이처럼 배상이 일본 산업계의 이익에 철저히 부응했던 반면에 아시아 국가들은 자신이 필요로 하는 물자의 조달조차도 일본에 의해 제약을 받는 사례가 발생하기도 했다. 일례로 필리핀에 의한 선박 구입에 대한 일본의 저항을 들 수 있다. 필리핀이 해양국가라는 점에서 일본의 배상

---

46    原朗, op. cit., p.270.
47    賠償問題研究会 編, 『日本の賠償－その現状と問題点』, 外交時報社, 1959, p.24.

에서 원양 항해용 고속화물선을 구입함으로써 자국 선박에 의한 외항해 운력 증강을 도모하기 위한 것이었으며, 그 제조는 일본 조선업계에 경쟁력이 있었다. 그러나 일본의 해운업계가 장래에 경합 관계가 될 것을 우려해 강력히 반대함에 따라 일본으로부터의 선박 공급은 불과 12척에 그치게 된 것이다.[48] 이를 통해 알 수 있는 것은 국가외교적 차원에서 이 행되어야 할 배상이 업계의 반대라는 일본의 국내 사정으로 좌우되고 있었다는 점이며 배상 자체가 반성이나 보상이라는 차원이 아니라 철저하게 경제 논리에 의거했던 점이다. 이 점 또한 배상이 곧 피해국의 복구나 국가건설에 이바지했다고 보기가 어려운 이유다.

또한, 배상을 계기로 하는 아시아 시장진출은 일본과 이들 국가 간의 관계를 전쟁 전의 지배-피지배 관계와 유사한 경제적 주종관계를 온존시키는 역할을 담당했다고 할 수 있을 것이다. 이를 바꿔 말하면 공업생산국으로서의 일본과 자원공급국으로서의 여타 아시아 국가 간의 관계성이 유지되었다는 것이다.

문제는 이것이 '중심-주변'이라는 관계를 형성케 했다는 것이다. 대동아공영권 구상에서는 이들 국가는 주변적 역할인 자원착취의 대상이었는데, 이 구상은 내수, 식민지, 점령지를 묶어 하나의 경제권을 형성하고 개별 국가의 틀을 넘어 일본의 전쟁 수행에 봉사하기 위한 일원적 물류 및 경제정책의 도입이 시도되고 있었다. 배상을 통해 일제 시기 이래의 숙원을 일본은 이룰 수 있게 된 반면에 그 반작용으로서 아시아 국가들은 일본

---

48  『朝日新聞』, 1959.2.12. 나가노 마모루(永野護)는 필리핀 측과의 교섭 자리에서 "알겠다. 단, 너무 많으면 안 된다"고 말했다고 한다.

의 자금 도입으로 공업화를 이룩하려 했지만, 일본의 자원공급국이라는 종속적 지위에 머물 수밖에 없었다.


## 6. 나가며

지금까지 일본에 의한 아시아 국가에 대한 배상을 둘러싼 교섭 및 사업 추진과정을 검토해 보았다. 여기서 중요한 것은 일본에 의한 배상이 아시아 각국의 경제발전에 그리 크게 도움을 주지 못했다는 점이다. 유일한 예외는 후에 청구권이라는 명목으로 추진될 한국이지만 일본 측과 각국 권력자 간의 뇌물사건 등 불투명한 거래 의혹이 제기되었던 점에서는 여타 아시아 국가와 마찬가지였다. 배상 사업은 오로지 일본 기업만이 입찰할 수 있었기 때문에 배상은 결국 일본이 경제진흥을 위한 수요 창출 차원에서 지방에서 대규모 인프라 사업을 건설하는 것과 크게 다를 바가 없었다. 게다가 패전으로 자원과 시장에 대한 접근성을 잃게 된 상황에서 탈피하여 일본 제품을 판매할 수 있는 시장으로 종속구조로 넣을 수 있게 된 것은 일본이 냉전에 대처하기 위한 미국의 국제관계상의 전략의 최대 수혜자가 된 덕분이다. 심지어 배상이 현금, 게다가 외화도 아니며 일본 정부가 일본 기업에 외화 기준에 상당하는 엔화 결제를 일본 국내에서 했다는 점에서 외화 지출 부담에서도 자유로웠고, 아시아 국가들은 배상금에 상당하는 일종의 '쿠폰'을 얻은 셈이었다. 또한, 배상을 한 번에 집행하지 않고 10년 이상의 기간에 걸쳐 분할 지급했던 점은 당시 일본과 세계경제가 역대 최고로 성장했던 추세를 감안해 볼 때, 지출 부담이 상당히 완화되었던 것을 짐작하기에 충분하다. 일본의 배상 부담을 덜기 위한 샌프란시스코강화조약 14조 a항의 취지는 이렇게 구체적인 형태로 실현된 것이다.

일본과 아시아 국가 간의 국력 차이는 일본이 폐허가 된 직후 시기조차 경제 규모가 몇 배 규모였던 것만으로도 확인된다. 냉전과 구 종주국과의 독립투쟁 그리고 취약한 정권 기반은 아시아 국가에 일본과의 배상 협상에서 교섭력을 약화시키는 효과를 가져다주었는데, 이 글은 제1차 세계대전에 대한 반성의 연장선상에서 일본에게 적용된 역무배상이 어떻게 일본 경제부흥이라는 이익에 철저히 부합하는 것인지에 대해서도 검토했다.

'제국'이 일본의 패전으로 단절되지 않았다는 점은 다양한 관계 속에서 확인되는바, 패전 후 최초의 일본과 아시아 국가 간의 관계 형성과정인 배상문제에서도 마찬가지라는 점을 이 글의 논의를 통해 확인할 수 있었다. 일본의 경제적 이익 실현이 대동아공영권과 흡사한 아시아 국가와의 경제적 주종관계를 형성케 하며, 무엇보다도 일본이 이를 통해 경제대국으로 등극하게 된 성공체험을 얻게 되었다. 이로 인해 과거 침략행위에 대한 자성이나 문제의식이 희박해진 점은 '포스트제국' 시기 일본인의 인식 근저를 형성케 하는 요인으로 작용했다고 해도 무방할 것이다.

## 참고문헌

『朝日新聞』

第31回衆議院予算委員会議事録, 第10號, 1959.2.13.
第31回衆議院予算委員會, 第11號, 1959.2.14.


池端雪浦, 『日本占領下のフィリピン』, 岩波書店, 1996.
岩井隆, 『巨魁』, ダイヤモンド社, 1977.
大蔵省財政史室 編, 『昭和財政史－終戦から講和まで』第1巻, 東洋経済新報社, 1984.
北岡伸一, 御厨貴 編, 『戦争復興発展』, 東京大学出版会, 2000.
共同通信社社會部, 田中章, 魚住照, 保坂渉, 光益みゆき, 『沈黙のファイル』, 共同通信社,
    1996.
金雄基, 「日本의 對韓 '賠償 비즈니스'를 둘러싼 韓日 '滿洲人脈'의 結合과 役割」, 『한국학』
    31(3), 한국학중앙연구원, 2008.9.
鄒梓模, 増田与 譯, 『スカルノ大統領の特使, 鄒梓模回顧錄』, 中央公論社, 1981.
永野慎一郎·近藤正臣 編, 『日本の戦後賠償－アジア経済協力の出発』, 勁草書房, 1999.
賠償問題研究会 編, 『日本の賠償－その現状と問題点』, 外交時報社, 1959.
林理助, 「フィリピン賠償」, 永野慎一郎, 近藤正臣 編, 『日本の戦後賠償－アジア経済協力の
    出発』, 勁草書房, 1999.
原朗, 「戦争賠償問題とアジア」, 『近代日本と植民地8－アジアの冷戦と脱植民地化』, 岩波書
    店, 1993.
平川均, 「賠償と経済進出」, 倉沢愛子等 編, 『岩波講座アジア·太平洋戦争7－支配と暴力』,
    岩波書店, 2006.
藤崎伸幸, 「インドネシア賠償問題の経緯とその背景」, 『アジア問題』1955.6月號, 1955.
村井吉敬, 「インドネシアと日本の癒着の構造」, 『世界』1998年8月號, 1998.
吉川洋子, 「対比賠償交渉の立役者たち」, 日本国際政治学会編, 『日本外交の非公式チャンネ
    ル(『国際政治』75号)』, 1983.
吉田茂(述), 『回想十年』第一卷, 中央公論社, 1998.

# 해외의 정주외국인 정책으로 본
# 포스트제국 일본

### 『계간삼천리』의 재일조선인 법적지위 관련 기사를 중심으로

**김현아**

## 1. 들어가며

1980년 8월 23일 자 『매일신문每日新聞』에는 파리특파원이 쓴 글이 실렸다. 그 신문기사는 "서유럽 국가의 다민족·다종족·다언어의 국가에 대해 일본인을 단일민족의식의 소유자로 규정하고, 일본인은 본능적으로 세계에서 제일가는 '국가주의자', '민족주의자'"라고 지적한다. 평론의 결론 부분에서 일본인에게 중요한 것은 애국주의 교육이 아니라, 현재의 국제사회에서 일본이 완수해야 할 '국제주의' 교육을 어떻게 추진할 것인지를 생각해야 한다고 강조한다.[1] 그리고 서유럽 국가들은 다민족·다종족·다언어의 사회이기 때문에 항상 통일적인 애국심 교육이 필요하고 이를 전세로 서유럽 각국의 국제주의가 성립하고 있다고 설명하고 있다.[2]

---

[1]    幼方直吉, 「定住外国人の法的地位について－在日朝鮮人の場合」, 『季刊三千里』 24, 三千里社, 1980.11, p.95.

[2]    Ibid., p.94.

그렇다면 일본인은 단일민족이면서 스스로 민족 동일성을 더욱 강조하는 이유는 무엇인가. 그것은 황실 제사가 중심이 되고, 천황 지배를 정당화하는 가족국가관을 기반으로 한 국체 사상에서 찾을 수 있다. 패전 후 일본국헌법이 제정되면서 황국 사상은 퇴색했지만, 단일민족국가라는 공동체 의식은 전후 일본인 사회에 여전히 잠재되어 있다.

1986년 9월 나카소네中曾根 수상은 '일본은 이렇게 고학력 사회가 되면서 상당히 지능적인 사회가 되었다. 미국보다 훨씬 그렇다. 평균점으로 보면 미국에는 흑인이라든가 푸에르토리코라든가 멕시칸이라든가, 그런 것이 상당히 있어서 평균적으로 보면 아직 매우 낮다'라고 인종을 차별하는 발언을 했다. 이 발언 속에서 일본은 단일민족국가라는 배타성을 강조하고 미국은 다민족·다종족으로 구성된 이질성과 다양성이 공존하는 사회라는 것을 알 수 있다.

따라서 이 글에서는 일본과 미국 양국 사회가 대조적이므로 이민족에 대한 외국인 정책은 어떠한지를 재미동포와 재일동포의 사회적 환경과 지위를 비교하는 관점에서 살펴보고자 한다. 그리고 영국의 경우는 인종차별을 법률로 금지하고 있는 점에서 법제法制를 통해서 정주외국인 정책이 일본과 어떠한 차이를 보이는지를 비교 검토해 보고자 한다.

## 2. 재미동포와 재일동포의 사회적 환경과 지위

재일동포의 존재는 한마디로 말하면 일본의 식민지정책의 부산물이다. 일본의 식민지 지배를 받을 때 일본에 240만 명의 동포가 살고 있었다. 일본이 패전하고 해방이 된 후 많은 조선인이 귀환했고, 1959년 이후에는 10만 명 이상이 북한으로 귀환함으로써 1980년대의 재일동포는 재미동포보다 조금 적은 70만 명 정도가 된다.[3]

초기의 재미동포는 일본의 식민지 지배 정책을 피해 미국으로 이주한 사람들이었다. 이러한 점에서 재미동포의 미국으로의 이주에 영향을 미친 것은 재일동포와 마찬가지로 일본의 식민지 지배라는 것을 부정할 수 없다. 이후 재미동포는 한국전쟁을 계기로 미국으로 공부하러 가는 유학생이 많았고, 미국인과 국제결혼을 한 한국인 여성과 그 가족들이었는데 그 수는 많지 않았다. 그러나 1960년대에 들어 미국의 이민법이 개정되면서 이민이 늘어났고 재미동포 수도 증가하기 시작했다.

한편, 재일동포는 경상도와 제주도 출신 농민이 많았고, 교육 및 경제 수준은 낮은 편이었다. 이와 비교해 재미동포의 경우 초기 이민의 경우는 재일동포와 비슷한 상황이었지만, 이후의 이민은 경제적인 궁핍에서 벗어나기보다 '보다 좋은' 교육과 경제적인 기회를 찾아 미국으로 이주해왔다.[4]

일본의 법률제도에서는 시민권이라는 개념보다는 일본국민이라는

---

3 南仁淑·曹瑛煥, 洪大杓編 訳, 「在日同胞と在米朝鮮人－その環境, 地位, 展望の比較」, 『季刊三千里』 50, 三千里社, 1987.5, p.52.
4 Ibid., p.53.

용어를 사용하고 있다. 국민 이외는 모두 외국인으로 간주하기 때문에 재일조선인도 정주외국인으로 취급받는 경향이 강하다. 이러한 배경에는 1965년에 한일조약이 체결될 때 한국정부가 경제를 원조하는 것에 치중하고 재일동포의 법적 지위 문제에는 소극적인 태도로 일관한 점을 하나의 원인으로 들 수 있다. 첫 단추를 잘못 끼워 계속 어긋난 상태로 한일 양국은 서로 책임을 회피하고 있다.

1985년 일본은 국적법을 부계우선혈통주의에서 부모양계혈통주의로 개정함으로써 국제결혼으로 일본인 여성과 외국인 남성 사이에서 태어난 자녀는 일본 국적을 취득할 수 있게 되었다. 하지만 외국인 아버지의 국적도 취득하여 이중국적이 된 아이는 태어난 날로부터 3개월 이전에 국적을 유보한다는 신고서를 관공서에 제출해야 한다. 22세 이전에 일본 국적을 선택하지 않으면 일본 국적을 상실한다고 규정하고 있다. 주목하는 점은 같은 일본인 어머니에게서 태어났지만 1985년 국적법개정이 이뤄진 시점에서 만 20세 이상인 자는 일본 국적을 취득할 수가 없다는 사실이다. 일본인 어머니에게서 태어난 같은 형제가 만 20세라는 법률 규정으로 일본 국적을 취득하려면 귀화 신청을 해야 한다. 이러한 일본 정부의 국적법개정에 의한 귀화는 동화를 의식한 측면이 있다.

1985년 말 현재 귀화한 재일동포의 누계 수는 14만 명으로 미국 귀화율 37%와 비교해 볼 때 적은 수치이다.[5] 재일동포가 귀화를 거부하는 이유는 첫째, '귀화해 일본 국적을 취득해도 일본 사회에서 일본인으로 대

---

5    南仁淑·曺瑛煥,洪大杓編 訳,op. cit., p.55.

우받지 못하고 재일동포로서 권익 옹호를 위해 싸우는 것도 곤란하고' 둘째, '일본식 이름으로 개명을 강요받고' 셋째, '귀화하면 조선인으로서의 정체성이 말살되기 때문에 일본인에게 굴복한 것 같은 생각이 들어서'라고 한다.[6] 이러한 이유로 귀화하지 않은 재일동포는 참정권이 없어 권리를 행사할 수 없고 사회복지 등의 혜택을 보장받지 못한다. 그리고 일본 정부의 인허가가 필요한 공공기관에 취직하기가 어렵다.

미국의 경우 귀화를 강요하지는 않지만 시민이 아닌 영주권자는 참정권을 행사할 수 없고 공공기관에 취업할 수 없는 것은 일본과 마찬가지이다. 그러나 미국 영주권자는 시민이 되는 과정에 있는 외국인이라는 인식보다는 국민의 일원으로서 징병 대상자 명부에 등록하고 있다.[7] 그래서 미국 사회는 정주외국인을 어떻게 처우하고 있는지를 보고자 한다.

20세기 들어 미국은 이민 문호를 개방했는데 이민 대다수는 아시아와 남미 등의 개발도상국 출신자들이었다. 그중에서도 아시아계 소수민족의 이민이 좀 더 많았다. 아시아계 소수민족의 총인원은 1985년 현재 약 510만 명으로 미국 전체 인구의 21.1%를 차지하고 있다. 아시아계 미국인의 경우는 중국계가 가장 많고, 필리핀, 일본계, 조선계, 그리고 인도·동남아시아계 순 등으로 구성되어 있다.[8]

---

6    Ibid..
7    Ibid..
8    이 표의 출처는 ノ・グァンヘ, 梁澄子 編訳, 「米国のアジア系少数民族の比較調査－日本, 中国, 朝鮮系移民を中心にして」, p.58. 1960년까지의 통계는 미국 본토의 숫자, 1970년과 1980년은 하와이와 알래스카를 포함한다.

〈표 1〉 미국의 소수민족 인구(단위 : 명)[9]

| 연도 \ 소수민족 | 중국계 | 일본계 | 조선계 |
|---|---|---|---|
| 1860 | 34,933 | | |
| 1870 | 63,199 | 55 | |
| 1880 | 105,465 | 150 | |
| 1890 | 107,488 | 2,039 | |
| 1900 | 89,863 | 24,326 | |
| 1910 | 71,531 | 72,157 | |
| 1920 | 61,639 | 111,010 | |
| 1930 | 74,954 | 138,834 | |
| 1940 | 77,504 | 126,947 | |
| 1950 | 111,629 | 141,768 | |
| 1960 | 199,095 | 260,877 | |
| 1970 | 435,062 | 591,290 | 70,598 |
| 1980 | 812,178 | 716,331 | 357,393 |

〈표 1〉을 보면 1950년대 이후 소수민족의 인구가 조금씩 증가하다가 1970년대에 증가 경향을 보이고 1980년대에 들어 대폭 증가한 것을 알 수 있다. 그렇다면 조선인은 언제부터 미국으로 이민을 갔던 것일까. 조선은 1876년에 개항을 하고 1882년에 미국과 조미수호통상조약을 맺었다. 조선인의 미국 이민은 하와이 사탕수수 농장주들이 장기적으로 저렴하게 고용할 수 있는 노동력을 아시아인에게서 찾으면서 시작되었다.

많은 조선인이 조선에 파견된 미국인 선교사의 알선으로 하와이 사탕수수재배 농장에서 일하기 위해 하와이로 이주했다. 1903년 1월에 조선인 102명이 하와이에 도착했고, 1903년부터 1905년 사이 약 3년 동안

---

9    ノ・グァンへ, 梁澄子 編訳, 「米国のアジア系少数民族の比較調査 – 日本, 中国, 朝鮮系移民を中心にして」, 『季刊三千里』50, 三千里社, 1987.5, p.60.

에 7천여 명이 되는 조선인이 조선을 떠나 하와이로 새로운 삶의 터전을 찾아 이민을 왔다.

1950년대까지 미국에 거주하는 조선인은 1만 명을 넘지 않았는데 한국전쟁 이후 주로 유학생과 미국인 남성과의 국제결혼으로 여성의 이민이 증가하기 시작했다. 1965년의 이민법 통과 후에는 매년 1만 5,000명 이상의 이민자가 미국으로 입국했다. 이러한 사실에서 재미동포의 70%가 1970년 이후에 이민했다는 것을 알 수 있다. 1985년도의 자료에 의하면 3만 5,000명의 이민자가 미국에 입국했다고 한다.[10]

이처럼 한국에서 미국으로 향하는 이민자가 증가하고 미국 전역에 '코리아타운'이 조성됨으로써 조선인도 차츰 미국 내에서 경제적, 사회적으로 입지를 형성하게 되었다. 이렇게 미국 사회에 재미동포의 생활기반의 확대는 지금까지 아시아계 소수민족이라고 하면 중국인과 일본인이라는 고정된 인식을 바뀌게 했다. 특히 조선인들이 다양한 전문분야에서 두각을 드러내고 있다. 이러한 배경에는 하와이에 최초로 이민을 온 조선인은 배우지 못한 사람들이었지만, 그들은 '전통적으로 교육을 중요시하는 태도를' 가지고 자녀들에게 충분한 교육을 받을 수 있도록 노력한 점이 있다. 그리고 '1950년대와 1960년대 초에 입국한 유학생들이 미국에 정착하여 지식과 전문기술이 필요한 전문직에 종사한 것'을 들 수 있다.[11] 이렇게 미국은 소수민족의 이민자들이 자신의 의지로 자유롭게 자녀들이 교육받을 수 있는 사회적 환경을 제공했다.

---

10    Ibid..

11    Ibid..

미국 사회의 공정한 교육 평등의 기회는 배운 지식과 기술을 미국 사회에 환원하는 기회로 이어졌다. 미국의 소수민족에 대한 이민자 정책은 정주외국인들이 자신들의 능력에 따라 미국 내 기업에 취업하여 경제적 활동이 가능하도록 했다. 이러한 인간이 살아가는 데 필요한 경제활동을 통해 정주외국인들은 미국인과 교류하면서 미국의 사회문화를 자연스럽게 받아들이는 공생의 관계를 더욱 발전시켜 나갔다. 그렇다면 소수민족의 정주외국인들이 미국 사회에서 어느 정도의 경제적 지위에 있는지를 살펴보도록 하자.

〈표 2〉 1세대당 연간 소득별 계층(1979년도)[12]

|  | 중국계 | 일본계 | 조선계 | 미국인 |
|---|---|---|---|---|
| 5,000달러 이하 | 191,640명 | 167,795명 | 67,457명 | 59,190,133명 |
| 5,000 ~ 7,499달러 | 7.5% | 3.5% | 9.6% | 7.3% |
| 7,500 ~ 9,999 | 5.5 | 2.9 | 5.9 | 6.2 |
| 10,000 ~ 14,999 | 6.2 | 3.8 | 6.1 | 6.9 |
| 15,000 ~ 19,999 | 12.3 | 9.1 | 13.5 | 14.7 |
| 20,000 ~ 24,999 | 11.9 | 10.7 | 13.4 | 15.1 |
| 25,000 ~ 34,999 | 19.4 | 23.5 | 17.8 | 19.1 |
| 35,000 ~ 49,999 | 15.6 | 20.9 | 10.8 | 10.7 |
| 50,000 이상 | 9.7 | 11.9 | 8.7 | 5.6 |
| 평균수입 | 22,559달러 | 27,354달러 | 20,459달러 | 19,917달러 |

〈표 2〉는 1979년도 1세대당 연간 소득을 중국계, 일본계, 조선계 등의 정주외국인과 미국인을 대상으로 비교한 것이다. 고소득층이라 할 수 있는 5만 달러 이상의 계층은 일본계가 11.9%로 가장 많고, 이어서 중국계 9.7%, 조선계 8.7%, 미국인 5.6% 순이다. 아시아계 이민자가 미국인

---

12    이 표의 출처는 출처 : Ibid., p.61.

보다 고소득자가 많다는 것을 보여준다. 평균수입을 보면 일본계가 2만 7,354달러로 1위를 차지하고, 이어서 중국계 2만 2,559달러, 조선계 2만 459달러, 미국인 1만 9,917달러로 가장 낮은 비율을 나타낸다. 이를 통해 아시아계 소수민족은 미국 사회에서 활발한 경제활동을 통해 경제적인 입지를 다진 것으로 해석할 수 있다.

아시아계 소수민족은 어떠한 경제활동을 통해 미국인보다 고소득을 올릴 수 있었는지 직업과 관련하여 살펴볼 필요가 있다. 아시아계 이민자의 대부분은 소규모 장사에서 시작하여 경제적 독립을 획득하는 경향을 보이고, 특히 조선계 이민자는 기업경영 능력이 타국 출신자와 비교해 탁월하여 4명 중 1명이 개인 기업에 종사하고 있다.[13] 이러한 사실에서 소수민족 아시아계 정주외국인은 미국 사회에서 소수민족의 차별과 편견에 구애받지 않고 자신의 노력과 능력에 따라 경제활동의 기회를 부여받고 스스로 선택한 삶을 살고 있음을 말해준다.


## 3. 영국과 일본의 정주외국인에 대한 법제의 차이

영국과 일본의 공통점은 대륙에서 가까운 섬나라이며 역사적으로 식민지를 지배한 제국이라는 것이다. 그리고 제2차 세계대전 이후 영국의 지배를 받았던 유럽의 식민지와 일본의 식민지였던 동아시아 국가들이

---

13    Ibid..

독립함으로써 비식민지화de-colonization를 경험했고, 구 식민지 주민의 다수가 영국과 일본의 국내 사회에서 마이너리티 혹은 외국인으로 존재하고 있는 것도 비슷하다.[14] 하지만 양국의 역사나 정치사회 제도가 같을 수 없으므로 그에 따라 외국인 정책은 다를 수밖에 없다. 그래서 양국의 정주외국인 정책의 차이를 살펴보고자 한다.

영국 국내의 외국인은 일본 국내의 정주 외국인의 대부분을 차지하는 조선인한국적·조선적자의 통칭과는 그 정주 원인이 전혀 다르다고 할 수 있다. 영국 국내의 정주외국인은 구 식민지제국, 특히 서인도제국과 서아시아제국에서 자신의 의사와 목적에 의해 입국하여 정착한 사람들이다. 이에 대해 재일조선인 대부분은 일본 제국주의의 식민정책과 침략전쟁의 결과로서 개인의 의지와는 상관없이 정착하게 된 사람들과 그 후손들이다.[15]

그리고 영국은 지배하던 식민지가 독립한 후에도 '연방군'이라는 형태로 구 식민지와의 법적 관계를 그대로 존속시키면서 식민지 주민이 영국으로 입국하는 것을 쉽게 허용하고 영국의 시민 또는 주민으로 받아들였다.[16] 그 반면에 일본은 1952년의 샌프란시스코강화조약을 체결하자 즉시 구 식민지에 대한 권리를 완전히 포기했고, 모든 법적 관계도 단절했으며, 일본 국내에 거주하는 구 식민지 출신자를 일반 외국인과 마찬가지로 취급해왔다.[17]

---

14    金東勳, 「英国における定住外国人の法的地位－日本の外国人法制と比較して」, 『季刊 三千里』50, 三千里社, 1987.5, p.64.

15    Ibid..

16    Ibid..

17    Ibid..

한편 영국이 직면하고 있는 외국인 문제는 인종차별문제이다. 구 식민지제국 특히 서인도제국 및 인도·파키스탄 등에서 입국 후 정착해 생활하는 구 식민지제국의 유색인종에 대한 차별문제이다.[18] 식민지 시기부터 일본에서 생활하고 있는 정주외국인, 특히 조선인에 대한 민족차별문제와 비슷하다. 그래서 영국은 법률로서 정주외국인을 어떻게 관리하고 있는지 일본의 정주외국인 정책을 시야에 넣고 살펴보고자 한다.

외국인의 첫 통과 관문인 출입국관리법을 보면 영국은 여행자와 유학생 등 단기 체류자의 입국은 까다롭지 않지만, 장기 체류자의 입국은 상당이 엄격하다.. 하지만 정주외국인에 대해서는 주민으로서의 권리를 보장하고 있다. 일본의 경우는 장단기에 상관없이 체류자는 외국인으로서 모두 엄격하게 규제를 받고 있다.

외국인등록의 경우 영국은 「이민법세칙移民法細則」 제13조에 고용을 목적으로 3개월 이상 체류하거나 기타의 목적으로 6개월 이상 체류를 허가받은 16세 이상인 자는 경찰에 등록하도록 의무화하고 있다. 영국 사회의 생활자인 정주외국인은 경찰에 등록할 필요가 없다. 이 점에 있어 영국과의 차이는 일본은 정주외국인을 관리하는 외국인등록제도를 두고 있다는 것이다. 일본의 외국인등록제도는 불법 입국자의 단속을 주요 목적으로 하고, 영국은 입국 후의 고용 또는 노동의 관리를 목적으로 하고 있다. 그렇다면 일본의 경우 정주외국인은 불법 입국자와 아무런 연관이 없는데 어째서 외국인등록제도의 대상이 되는지 의문이 아닐 수

---

18    Ibid..

없다. 이러한 점에서 정주외국인을 불법 관리의 대상으로만 보는 일본 정부의 외국인 정책에 근본적으로 문제가 있다고 볼 수밖에 없다.

재입국제도는 어떠한가. 영국의 이민법은 허가받은 체제 기한 내에 재입국하려는 외국인에게는 출국 전에 재입국 허가를 요구하지 않는다. 그래서 체제 기한 내에는 언제든지 횟수에 상관없이 출입국이 가능하다. 이와 달리 일본은 허가받은 체류자는 물론이고 영주허가자까지도 재입국허가를 받도록 하고 있다. 영국의 정주외국인에 대한 인식은 일본과는 달리 해당 사회의 주민으로 간주하고 일반 외국인과 같은 법적 관리의 대상으로 보지 않는다는 것이다.[19]

그리고 인종관계법을 보면 영국의 경우 다른 인종에 대한 증오를 선동하는 책이나 문서를 출판 또는 배부하고 공공장소나 여러 사람이 모이는 자리에서 다른 인종을 모멸하거나 공격적인 발언을 하면 처벌받는다. 이를 위반할 시는 6개월 이하의 징역 또는 400파운드의 벌금을 부과하고 있다. 이것은 인종차별철폐조약 제4조가 체약국에 대해 그 금지와 처벌을 요구하고 있는 인종주의racism 사상의 유포, 인종적 증오의 선동과 같은 행위를 국내법으로 금지하고 처벌하고 있음을 알 수 있다.[20]

그런데 일본의 경우는 인권규약의 체약국이면서도 입법 조치를 마련하지 않고 다른 민족의 존재조차 인정하지 않는 '단일민족국가' 즉 일본형 인종주의로 일관하고 있다.[21] 일본 국내에서 자주 발생하고 있는 다른

---

19    Ibid..

20    Ibid..

21    Ibid..

민족의 개인이나 집단을 차별하고 공격하는 행위는 인권규약을 제대로 이해하고 실천해 옮기지 않는 일본 정부의 그릇된 태도에서 비롯되고 있다는 것을 간과해서는 안 된다. 이러한 인종주의에 대한 일본 정부의 태도는 교육정책에서도 뚜렷히 나타나고 있다.

먼저 영국의 인종주의와 인종차별에 관련하여 정부의 교육정책을 보면, 인종차별주의에 반대하는 교육을 모든 교육과정에 포함하고 인종 간의 우호와 공존을 지속해서 유지하고 발전시켜 나가기 위해 다문화교육 multi-cultural education 또는 문화간교육 inter-cultural education 을 실시하고 있다.[22] 그리고 다문화교육센터에서는 다양한 민족 언어로 작성된 텍스트를 배치하고 민족교사를 채용하고 있으며, 학교기관과 연계하여 필요에 따라 각 학급에 텍스트를 제공하고 교사를 파견하고 있다. 이러한 영국 정부의 노력은 소수민족이 다수 거주하고 있는 도시에서는 거의 이뤄지고 있다.[23]

일본의 경우는 어떠한가. 단일민족국가 사상에 뿌리를 둔 전전戰前의 동화정책이 전후戰後 일본 사회에 여전히 유지되고 있다. 이는 일본 정부가 조선인학교의 민족교육과 아이누 민족이 고유의 언어를 가르치는 것을 부정하는 사실에서도 드러난다. 예를 들어 조선인이 많이 거주하는 오사카大阪시의 한 초등학교에서는 절반 이상이 조선인임에도 불구하고 모국어는 물론이거니와 문화 또는 역사에 관한 교육은 전혀 이뤄지지 않고 있나. 일본의 공교육이 민속차별을 외면하고 있다고 볼 수 있다.

일본의 정주외국인 정책은 일본 내에서 나고 자란 일본인과 마찬가

---

22    Ibid..

23    Ibid..

지로 일본 사회의 일원으로 생활하는 정주외국인을 법적으로 관리하는 것이며, 이처럼 일본 정부가 정주외국인을 일반 외국인처럼 취급하는 것은 영국의 정주외국인 정책과 큰 차이점이라 할 수 있다.


### 4. 나오며 __ 국제인권규약과 재일조선인

현대국제사회는 국제연합체제를 중심으로 발전해왔고, 국제사회를 이끄는 기본원칙은 평화유지와 함께 인권과 기본적 자유의 보편적 존중에 있다고 할 수 있다. 그러므로 인권과 기본적 자유의 보편적 달성은 국제사회를 구성하는 모든 국가의 책무이며 의무이다. 일본은 1952년에 샌프란시스코강화조약을 체결하고, 1956년에 국제연합에 가입하고 있으므로 국제사회의 구성원으로서 당연히 인권과 기본적 자유를 존중하고 이행할 의무가 있다.[24] 따라서 일본은 일본인과 동등하게 정주외국인의 인권과 기본적 자유를 보장해야 함에도 불구하고 법률과 제도적인 측면에서 볼 때 외국인 차별 철폐에 대해서는 소극적 자세로 일관해왔다.

국가에 대한 법적 구속력이 있는 국제인권규약에 1979년에 비준했는데 국제인권조약 중에 일본이 비준한 것은 국제인권규약 및 난민인정서를 포함한 5개 조약뿐이다. 재일조선인에 대한 차별 철폐와 인권보장에 있어 중요한 '인종차별철폐조약'과 '교육에서의 차별을 금지하는 조

---

24   金東勲, 「人権保障の国際化と在日朝鮮人」, 『季刊三千里』 28, 三千里社, 1981.11, p.26.

약' 그리고 '고용 및 직업에서의 차별에 관한 조약'을 비준하지 않는 것은 일본 정부가 얼마나 타민족에 대해 배타적인가를 말해주고 있다.[25]

재일조선인의 법적 지위는 인권존중과 더불어 역사적 정주 원인을 고려하지 않으면 안 된다. 일본에 거주하는 조선인의 대부분은 일본의 식민지 지배 과정에서 파생된 존재이기 때문이다. 그리고 일본 사회의 구성원으로 노동과 납세의무를 다하고 생활하고 있는 재일조선인에 대한 법적 지위와 처우는 국제인권규약을 반영하여 개선방안이 모색되어야 한다. 특히 재일조선인의 일할 권리와 직업선택의 자유는 차별 없이 보장되어야 하며, 국제인권규약에 따라 지금까지의 외국인 배제가 합리적 차별인가를 재검토해야 한다.

25    Ibid., p.28.

## 참고문헌

幼方直吉,「定住外国人の法的地位について－在日朝鮮人の場合」,『季刊三千里』24, 三千里
　　　社, 1980.11.

金東勲,「人権保障の国際化と在日朝鮮人」,『季刊三千里』28, 三千里社, 1981.11.

_____,「英国における定住外国人の法的地位－日本の外国人法制と比較して」,『季刊三千
　　　里』50, 三千里社, 1987.5.

南仁淑·曺英煥, 洪大杓 編訳,「在日同胞と在米朝鮮人－その環境, 地位, 展望の比較」,『季刊
　　　三千里』50, 三千里社, 1987.5.

ノ·グァンヘ, 梁澄子 編訳,「米国のアジア系少数民族の比較調査－日本, 中国, 朝鮮系移民
　　　を中心にして」,『季刊三千里』50, 三千里社, 1987.5.

# 찾아보기

## 필자 소개 [게재 순]

**후쿠마 요시아키** 福間良明, Fukuma Yoshiaki

리쓰메이칸대학 산업사회학부 현대사회학과 교수. '전쟁의 기억', '격차와 교양'을 미디어사 · 역사사회학을 통해 연구하고 있다. 주요 논저로는 『司馬遼太郎の時代－歷史と大衆教養主義』(中公新書, 2022), 『昭和50年代論－「戰後の終わり」と「終わらない戰後」の交錯』(편저, みずき書林, 2022) 등이 있다.

**마쓰다 히로코** 松田ヒロ子, Matsuda Hiroko

고베학원대학 현대사회학부 교수. 동아시아, 오키나와, 대만, 이민의 제 문제를 역사사회학, 문화인류학을 통해 연구하고 있다. 주요 논저로는 『沖繩の植民地的近代－台灣へ渡った人びとの帝国主義的キャリア』(世界思想社, 2021), 『社会のなかの軍隊/軍隊という社会』(공저, 岩波書店, 2022) 등이 있다.

**히라노 가쓰야** 平野克弥, Hirano Katsuya

UCLA 역사학과 조교수. 근세/근대 일본의 역사를 대상으로 이데올로기, 정치경제, 주제/주관성 문제에 초점을 맞춰 역사와 비판이론의 교차점을 찾고자 하며, 제국, 자본주의, 식민지주의의 글로벌 히스토리 시점에서 본 아이누 체험의 역사 등을 연구하고 있다. 주요 논저로는 『*The politics of dialogic imagination : power and popular culture in early modern Japan*』(University of Chicago Press, 2014), 『環太平洋地域の移動と人種－統治から管理へ、遭遇から連帶へ』(공저, 京都大学学術出版会, 2020) 등이 있다.

**왕유틴** 王鈺婷, Wang Yu-Ting

국립칭화대학 인문사회학원 대만문학연구소 교수. 대만 현대문학, 전후대만 여성문학, 홍콩문학, 현대산문, 여성주의 등을 연구하고 있다. 주요 논저로는 『女聲合唱－戰後台灣女性作家群的崛起』(國立台灣文學館, 2012), 『臺灣現當代作家研究資料彙編－郭良蕙』(선집, 國立台灣文學館, 2018) 등이 있으며 그 외 다수의 논문이 있다.

**신조 이쿠오** 新城郁夫, Shinjo Ikuo
류큐대학 인문사회학부 류큐아시아문화학과 교수. 일본 근현대문학, 오키나와 근현대문학, 범죄문학, 포스트콜로니얼 비평, 젠더·섹슈얼리티 등을 연구하고 있다.『沖縄文学という企て－葛藤する言語·身体·記憶』(インパクト出版会, 2003),『沖縄に連なる－思想と運動が出会うところ』(岩波書店, 2018) 등 다수의 논저가 있다.

**김동현** 金東炫, Kim Dong-Hyun
경희대학교 글로벌류큐·오키나와연구소 책임연구원. 제주민예총 이사장. 주요 논저로는『제주, 우리 안의 식민지』(글누림, 2016),『욕망의 섬, 비통의 언어』(한그루, 2019),『김시종, 재일의 중력과 지평의 사상』(공저, 보고사, 2020),『냉전 아시아와 오키나와라는 물음』(공저, 소명출판, 2022) 외 다수의 논문과 비평이 있다.

**김남은** 金男恩, Kim Nam-Eun
한림대학교 일본학연구소 HK연구교수. 주요 논저로는「일본의 국제질서관과 중국－탈아시아의 인지적 관성을 중심으로」(『아세아연구』 2, 고려대 아세아문제연구원, 2017.6),「일본의 전후 아시아주의－대미협조 틀 안에서의 자주외교에 대한 희구(希求)」(『일본공간』 25, 국민대 일본학연구소, 2019.6) 등이 있다.

**김웅기** 金雄基, Kim Woong-Ki
한림대학교 일본학연구소 HK교수. 대한민국의 정책대상으로서의 재일코리안을 연구하고 있다. 주요 논저로는『朝鮮籍とは何か－トランスナショナルの視点から』(공저, 明石書店, 2021),『재일한인의 인류학』(공저, 서울대 출판문화원, 2021),「재일코리안에 대한 한국 법제도 상의 배제 문제－그 특수성 간과 문제를 중심으로」(『한림일본학』 39, 한림대 일본학연구소, 2021.12) 외 다수의 논저가 있다.

**김현아** 金炫我, Kim Hyun-Ah
한림대학교 일본학연구소 HK연구교수. 주요 논저로는「전시기 경성호국신사의 건립과 전몰자 위령·현창」(『일본역사연구』 47, 일본사학회, 2018.6),「전시체제기 식민지조선의 군사원호와 전몰자유가족」(『일본공간』 27, 국민대 일본학연구소, 2020.6),『제국과 국민국가－사람·기억·이동』(공저, 학고방, 2021) 등이 있다.